Im Schatten der Derivate

Wolfgang Hafner ist Wirtschaftshistoriker und Journalist. Er hat mehrere Jahre in einem vom Schweizerischen Nationalfonds finanziell unterstützten Forschungsprojekt Geldwäsche mit Derivaten untersucht. Als Finanzexperte veröffentlicht er unter anderem in der *Neuen Zürcher Zeitung* und der *Zeit*.

Die Deutsche Bibliothek – CIP-Einheitsaufnahme

Hafner, Wolfgang:
Im Schatten der Derivate : das schmutzige Geschäft
der Finanzelite mit der Geldwäsche / Wolfgang Hafner. –
Frankfurt am Main : Eichborn, 2002
ISBN 3-8218-1692-9

© Eichborn AG, Frankfurt am Main, Februar 2002
Umschlaggestaltung: Christina Hucke
Lektorat: Dr. Ute Gräber-Seißinger
Satz: Fuldaer Verlagsagentur, Fulda
Druck und Bindung: GGP Media, Pößneck
ISBN 3-8218-1692-9

Verlagsverzeichnis schickt gern:
Eichborn Verlag, Kaiserstraße 66, D-60329 Frankfurt/Main
www.eichborn.de

Wolfgang Hafner

Im Schatten der Derivate

Das schmutzige Geschäft
der Finanzelite
mit der Geldwäsche

 Eichborn.

Inhalt

5. Japan oder die hohe Kunst, mit Hilfe von Derivaten das Gesicht zu wahren

Vorwort

Die Finanzmärkte prägen unser modernes Leben. Sie spiegeln in einer globalisierten Welt alle Veränderungen der ökonomischen Rahmenbedingungen. Sie erlauben Absicherungsgeschäfte und – vor allem – Spekulationen in einem bisher noch nie da gewesenen Ausmaß. Sie sind die eigentlichen Motoren einer umfassenden Deregulierungswelle, die das Denken und Handeln in Marktkategorien vorantreibt und den Gestaltungswillen einer demokratischen Politik einschränkt.

Das bedeutendste Instrument der modernen Finanzmärkte sind Derivate, die »wilden Untiere« (»wild beasts«). Obwohl sie seit den siebziger Jahren einen entscheidenden Aufschwung erlebten, ist das Wissen um ihre Wirkungsweise und ihre Bedeutung für die Wirtschaft einem kleinen Kreis von Experten vorbehalten geblieben. Wer aber etwas von Derivaten versteht, ist meistens reich geworden. Denn derivative Instrumente haben entscheidend mitgeholfen, die Börsenkurse in die Höhe zu treiben – und sie haben auch deren Niedergang beschleunigt.

Derivate treiben die Deregulierungswelle voran, indem sie in einem umfassenden Sinne die Steuerflucht von Unternehmen und Privatpersonen unterstützen. Derivate ermöglichen eine Kreativität im Umgang mit Zahlen, die die Steuerbehörden mit ihren national orientierten, schwerfälligen Regelwerken und Vorschriften ins Hintertreffen geraten lässt. Derivate helfen so auch mit, organisierte politische Strukturen auszuhöhlen.

Die Derivate und die damit angereicherte Bewirtschaftung der privaten Vermögensbestände haben das System der Wirtschaft revolutioniert. Das geschickte Portfoliomanagement eines Unternehmens ist zuweilen wichtiger geworden als dessen Produktion. Da aber Derivate zukunftsgerichtete Spekulationsinstrumente sind, kann ihr heutiger Wert, der vorwiegend erst in Zukunft realisiert wird, nur schwer bestimmt werden. So wurde die Aussagekraft von Buchhaltungen und Jahresabschlüssen von Unternehmen mit Hilfe von Derivaten ausgehöhlt. Auch hilft die Komplexität dieser Instrumente, mancherlei dunkle Stellen einer Bilanz zu verschleiern.

Ein anderes dunkles Kapitel der modernen Wirtschaft, die Geldwäscherei und die häufig damit verbundene Abzockerei von Anlegern sowie die Rolle, die die Derivate in diesem Zusammenhang spielen, ist bis heute kaum untersucht worden. Warum, ist unklar. Sollen die Derivate nicht mit den dunklen Seiten der Wirtschaft in Verbindung gebracht werden? Oder glaubt man, wer mit Derivaten spekuliert, sei selbst geschickt genug, um diesen Gefahren auszuweichen? Oder ist für die Finanzmärkte der Zufluss an Schweizer Franken, Deutscher Mark und US-Dollars zum Hochhalten der Börsenkurse so wichtig, dass auch das schmutzige Geld gern genommen wird?

Derivate jedenfalls eignen sich ausgezeichnet, um Geld zu waschen. Wie dies getan werden kann, wird in diesem Buch gezeigt. Den ursprünglichen Anlass zu dem Buch bildete ein Projekt des Schweizerischen Nationalfonds unter dem Titel »Geldwäscherei mit Derivaten«, das ich zusammen mit Gian Trepp durchgeführt habe.[1] Nach den Diskussionen um die Rolle des Finanzplatzes Schweiz im Zweiten Weltkrieg öffnete sich plötzlich für kurze Zeit auch in der Schweizer Forschung ein Fenster für kritische Untersuchungen zur Rolle der Finanzmärkte. Das Projekt wurde im zweiten Anlauf – als einziges seiner Art – bewilligt.

Bankkreise versuchten daraufhin, das Projekt zu torpedieren. Der politische Wind begann sich rasch zu kehren. Das Projekt »Geldwäscherei mit Derivaten« wurde von der zuständigen Kommission und deren Präsidenten, dem Baseler Strafrechtsprofessor Mark Pieth, später gerne in einer unteren Schublade versorgt.[2]

Gesuche zur finanziellen Unterstützung einer überarbeiteten Publikation wurden von verschiedenen angefragten Stellen – dem Justizdepartement des Kantons Zürich etwa, das einen reichen Segen an beschlagnahmten Drogengeldern einfahren konnte, sowie dem Schweizerischen Nationalfonds – abschlägig beschieden. Diskussionen und Publikationen zu diesen für den Finanzplatz heiklen Fragen wollen der Staat bzw. die betroffenen Finanzinstitute von abhängigen Instituten oder Privatpersonen durchführen lassen, um sie besser kontrollieren zu können. Das Buch wurde so ohne weitere finanzielle Unterstützung geschrieben. Es ist daher ein unabhängiger Beitrag zur Aufklärung, zur besseren Kenntnis der Möglichkeiten des Missbrauchs dieser hochgepriesenen Instrumente der modernen Finanzmärkte.

1. Geldwäsche als organisiertes Geschäft

Geldwäscherei ist eine Technik, die die Herkunft illegal erworbenen Eigentums verdecken hilft. Denn wird der illegale Hintergrund von Eigentum entdeckt, droht die Justiz dieses Vermögen zu beschlagnahmen. Was »legal« und »illegal« ist, definieren die staatlichen Gesetze. Der Inhalt des Begriffs »legal« ist daher durch die Machtverhältnisse, die ökonomischen Rahmenbedingungen und die Kultur einer Gesellschaft geprägt. Dabei passen sich die Methoden der Geldwäscherei den Veränderungen der Gesetze und den Maßnahmen der Justiz zur Bekämpfung der Geldwäscherei an – und umgekehrt.

Man kann sich den Schutz des illegal erworbenen Vermögens auch kaufen. Die Kosten, die zum Schutz des illegalen Geldes auf sich genommen werden, hängen vom Motiv des interessierten Kunden ab. Verschiedene Möglichkeiten kosten unterschiedlich viel – aber ein besserer Schutz kostet mehr. Geldwäscher verhalten sich wie andere Geschäftsleute. Sie passen ihr Verhalten und ihre Methoden den sich ändernden Rahmenbedingungen an. Im Bedarfsfall reagieren die Geldwäscher mit Innovationen auf neue Anforderungen.

Bei der Geldwäscherei ist es aber nicht der Markt selbst, der aus sich heraus Innovationen erzeugt, um beispielsweise technologische Engpässe bei der Produktion zu überwinden. Denn im Gegensatz zum »normalen« Markt setzt bei der Geldwäscherei der Staat mit seinen Gesetzen die Rahmenbedingungen, auf die die Geldwäscher mit entsprechenden Innovationen reagieren. So findet auch bei der Geldwäscherei ein Innovationsprozess mit Verdrängung traditioneller Methoden statt, wie ihn etwa Joseph Schumpeter (1883-1950) als typisch für Marktgesellschaften beschrieb. Nach Schumpeter erfolgt dieser Wandel allerdings nicht kontinuierlich, sondern in Schüben: »Innovationen sind keine isolierten Ereignisse. Sie sind auch nicht gleichmäßig über die Zeit verteilt. Vielmehr tendieren sie dazu, in Anhäufungen zu erscheinen.«[1] Geldwäscherei verändert sich so parallel zu dem innovativen Potenzial der Finanzmärkte. Werden neue finanztechnische Methoden entwickelt, wie etwa die Derivate, wirkt sich das auf das Vorgehen der Geldwäscher aus. Das heißt, es entstehen in Abhängigkeit vom technischen Fortschritt neue Formen der Geldwäscherei, die jeweils neu erforscht werden müssen.

In historischer Perspektive werden die Auswirkungen des Fortschritts auf die Geldwäscherei sichtbar. Waren früher in einer hauptsächlich kleinräumig organisierten Welt nur wenige Schritte nötig, um Geld zu waschen, wurde Geldwäscherei in unserer globalisierten Welt mit ihrem primär auf wirtschaftliche Interaktionen ausgerichteten Beziehungen zu einem komplexen Vorgang. In der zweiten Hälfte des 19. Jahrhunderts beispielsweise musste ein Bankräuber wie Jesse James mit seiner Beute bloß den Ort des Verbrechens verlassen und das Geld in einer anderen Stadt auf sein Bankkonto einzahlen; Geld auf einem Bankkonto war grundsätzlich saubere Geld.

In den wilden zwanziger Jahren reichte es nicht mehr, schmutziges Geld bloß auf einem Bankkonto zu deponieren; der Staat hatte die Möglichkeit, auf diese Konten zuzugreifen. So entwickelte sich auch die Geldwaschtechnik. Neue Methoden wurden erfunden: Grenzüberschreitende Transaktionen wurden eingeführt, um das Fehlen einer internationalen Rechtshilfe auszunutzen. Der legendäre Chicagoer Bandenkönig Al Capone etwa legte sein Geld bei kanadischen Banken an. In Europa wurde Liechtenstein als Steuerfluchtort für reiche Deutsche von einigen Anwälten in Zürich erfunden.

Das Drei-Phasen-Modell

Als 60 Jahre später, also in der Mitte der achtziger Jahre, der von den USA initiierte Kampf gegen die Geldwäscherei offiziell begann, wurden die zugehörigen Maßnahmen zunehmend ausgebaut. Von den US-Zollbehörden wurde zu dieser Zeit ein Konzept geschaffen, das noch heute als wegweisend gilt. Dieses dreiteilige Modell besteht aus folgenden Schritten: 1. Placement, 2. Layering und 3. Integration. Phase eins, das Placement, ist die Platzierung des auf illegalen Märkten eingenommenen Bargelds bei Finanzinstitutionen, das heißt beispielsweise die Einzahlung von Bargeld an einem Bankschalter. Phase zwei oder Layering bedeutet »Verwirrspiel«. Dabei wird versucht, die illegale Herkunft des Geldes zu verschleiern. In Phase drei, der Integration, wird das gewaschene Geld in die Wirtschaft reintegriert.

Das Placement ist der zentrale Ansatzpunkt, gewissermaßen die Schlüsselstelle, das A und O bei der technokratischen Variante der Bekämpfung von Geldwäscherei. Die Idee dabei ist, den oder die Kriminellen bei dem Versuch, ihr Geld in den Wirtschaftskreislauf einzuspeisen, zu schnappen. Dieser Idee stehen kleingewerbliche Vorstellungen Pate, da sie davon ausgeht, die Kriminellen würden ihren illegal erworbenen Verdienst ebenso auf die Bank bringen, wie das jeder anständige Kleingewerbetreibende oder Handwerksmeister auch tut. Sobald dies geschieht – so die Fantasie der Geldwäschereispezialisten –, müssen die Übeltäter gefasst werden.

Das Konzept basiert auf den Verhältnissen, wie sie in der zweiten Hälfte der achtziger Jahre in der US-Drogenkriminalität herrschten. Dort standen die Drogenhändler vor dem Problem, ihre in Bargeld in kleiner Stückelung anfallenden, wachsenden Verkaufserlöse irgendwie in den US-Buchgeldkreislauf einzuschleusen. Noch Mitte der neunziger Jahre erließen etwa die amerikanischen Justizbehörden die Weisung, kurz nach der Hanf- oder Marihuanaernte müsse bei allen Käufern von landwirtschaftlichen Maschinen genauestens abgeklärt werden, ob das Geld nicht aus dem Ertrag der Drogenernte stamme. Der US-amerikanische Kampf gegen die Drogen richtete sich diesmal gegen die Ausläufer der Flower-Power-Subkultur der siebziger Jahre.

Angesichts der modernen Zahlungsmethoden und der entsprechenden Kapitalflüsse muten die vor knapp 15 Jahren entstandenen Vorstellungen über die Geldwäscherei ebenso romantisch an wie die noch teilweise existierenden, häufig aber eher bemitleidenswerten Überbleibsel der einstigen Hippiebewegung.

Das technokratische Konzept vergangener Zeiten findet immer noch zahlreiche Anhänger. Unter anderem benutzt es auch Elmar Altvater als Grundlage für seine Arbeiten zur Geldwäscherei für den Deutschen Bundestag. Altvater meldet jedoch seine leisen Zweifel an der Bargeldfixierung an: »... dieser für Drogenkriminalität typische Sachverhalt (ist) für moderne Vortaten der Geldwäsche eher untypisch geworden«.[2] Allerdings unterlässt er es, die modernen Varianten der Geldwäscherei – wie sie vor allem die Finanzmärkte zur Verfügung stellen – weiter zu untersuchen. So ist seine Arbeit wenig zukunftsträchtig.

Heute zahlen wohl bloß noch die auffälligen Drogenkonsumenten auf der Straße in bar. Die meist besser situierten Kokainkonsumenten hingegen werden zur Kreditkarte greifen, was heute das allgemein übliche Zahlungsverfahren ist. Kokain ist nahe bei der Finanzwirtschaft. Es hat sich beispielsweise in der zweiten Hälfte der achtziger Jahre des 20. Jahrhunderts als Währung für Insiderinformationen an der Wall Street etabliert, wie etwa R. T. Naylor in seinem Report *Hot Money and the Politics of Debt* ausführt.[3] Selbst bei Prostituierten ist unterdessen das Zahlen mit Kreditkarte üblich geworden, wie aus den entsprechenden Annoncen hervorgeht.

Ist das schmutzige Bargeld einmal im Buchgeldkreislauf, setzt Phase zwei ein, das so genannte Layering oder Verwirrspiel. Das Layering bezweckt, die illegale Herkunft des zu waschenden Geldes zu verschleiern und zu verhindern, dass nachvollziehbare Buchungseinträge auf den Ursprung des Geldes verweisen. Dies geschieht durch systematische Transaktionskaskaden über Staaten mit ausgeprägtem Bankgeheimnis wie beispielsweise die Schweiz oder über wenig regulierte Offshore-Standorte wie etwa die britischen Kronkolonien. Die Aneinanderreihung von Transaktionen geschieht mit dem Ziel, die Papierspur zur illegalen Vortat zu verwischen. Meistens gehen bei diesen wenig regulierten Offshore-Standorten Steuerfluchtgelder und illegal erworbene Vermögen fließend ineinander über, was den Aufzug des Verwirrspiels beträchtlich vereinfacht.

Doch wenn die Behörden es ernsthaft wollen, kann heutzutage der Ursprung dieser Transaktionen meistens aufgedeckt werden. Die weltweit verschärften Bestimmungen gegen die Geldwäscherei und die massiv aufgestockten Ressourcen für ihre Bekämpfung bringen es mit sich, dass ein Staatsanwalt irgendwo auf der Welt diesen Schleier völlig überraschend plötzlich wegziehen kann.

Die Beziehungen zwischen der Schweiz und Italien sind ein gutes Beispiel für diese Entwicklung. Bis zum Durchbruch einer Gruppe von Strafverfolgern aus Mailand, der »mani-pulite« oder »Saubere Hände gegen Korruption«, im Januar 1993 war das schweizerische Bankgeheimnis für die italienischen Behörden praktisch nicht zu knacken. Seit Beginn der mani-pulite-Aktionen erhielten die Schweizer Behörden jedoch über 1.000 Anfragen von den mailändischen Strafverfolgungsbehörden zur Aufhebung des Bankgeheimnisses, die sie in den meisten Fällen auch positiv beschieden. Heute allerdings haben sich die Verhältnisse umgekehrt. Die Regierung Berlusconi will laut den neuesten Gesetzesvorschlägen alles unternehmen, damit die schweizerischen Behörden keine Rechtshilfe gewähren können. Sie beabsichtigt, die internationale Rechtshilfe mit komplexen Verfahrensvorschriften praktisch stillzulegen. Dies vor allem aus Eigeninteressen des Unternehmensimperiums Berlusconi, das in zahlreiche anhängige Verfahren verwickelt ist, die bei einer lahm gelegten internationalen Rechtshilfe versanden würden.

Zu guter Letzt – diese dritte Phase wird mit »Integration« beschrieben – wird das so gereinigte Geld wieder in der legalen Wirtschaft investiert. Mit diesem dritten Schritt ist immer auch die Gefahr verbunden, dass kriminelle Organisationen wichtige Positionen in einer nationalen Wirtschaft übernehmen könnten.

Im Schatten der Derivate

Hinter dem Drei-Phasen-Konzept steht die Vorstellung klar definierter und weitgehend kontrollierbarer Wirtschaftsräume. Es ist ein kleingewerblich ausgerichtetes Modell, und es geht stillschweigend von der Dualität des Ost-West-Konfliktes mit seinen klar abgegrenzten wirtschaftlichen Hemisphären sowie weitgehend noch national orientierten Wirtschaftskreisläufen aus. Dieses Weltbild der Strafverfolger war schon zum Zeitpunkt seiner Entstehung – zumindest aus ökonomischer Sicht – veraltet und entsprach im Wesentlichen einer juristischen, auf Verfehlungen von Personen ausgerichteten Denktradition. Dass sich auch juristische Gebilde wie Broker, Banken und Investmenthäuser organisiert missbräuchlich verhalten können, wurde nur indirekt in Betracht gezogen.

Das Modell entspricht auch nicht den modernen geopolitischen Verhältnissen, wie sie sich nach dem Mauerfall entfalteten. Mit dem Zusammenbruch der kommunistischen Regimes setzte die Globalisierung der Wirtschaft mit ihrer ausdifferenzierten internationalen Arbeitsteilung verstärkt ein: Den Extraktionswirtschaften im Osten und Süden (Gas, Öl, Rohstoffe) und den Produktionsindustrien in den Schwellen- und Industrieländern einerseits stehen andererseits die Finanz- und Dienstleistungszentren in den hoch entwickelten Wirtschaftsregionen gegenüber. Die Finanzwirtschaft und mit ihr gekoppelt die Geldwäscherei entwickelten sich nun entlang dieser internationalen Arbeitsteilung. Während im ehemaligen Ostblock zahlreiche Staaten mit zum Teil – aus westlicher Sicht – höchst korrupten Machtapparaten an der Spitze entstanden und das Geldsystem dieser Länder zum Teil nicht funktioniert, zum Teil auf einer Schattenwährung (vorwiegend Dollar und D-Mark) aufbaut, verschwindet in den entwickelten Ländern des Westens das Bargeld mehr und mehr aus dem Wirtschaftskreislauf. Das heißt, das Waschen von Bargeld wurde dank der modernen Verkehrs- und Kommunikationsmittel zunehmend in die Staaten des ehemaligen Ostblocks oder in andere politisch und wirtschaftlich instabile Länder ausgelagert. Trotzdem gibt es Geldwäscherei zur Verwischung von Spuren mit Hilfe von Bargeldtransaktionen noch immer. Bargeldtransaktionen sind immer da von Bedeutung, wo in unkomplizierter und einfacher Art und Weise Geld von einem Bestimmungsort zu einem anderen verschoben werden muss, ohne dass irgendeine Spur, sei es nun eine elektronische oder auch eine Papierspur, gelegt wird. Tatsächlich dürfte der wachsende Anteil der Schwarzarbeit hier noch für ein gewisses Wachstum sorgen. Aber im Großen und Ganzen verlieren Bargeldtransaktionen in den hoch entwickelten Ländern an Bedeutung.

Eine Bekämpfung von Geldwäsche, die in Westeuropa, den USA und anderen wirtschaftlich fortgeschrittenen Ländern ihr Schwergewicht vor allem auf die erste Phase, das so genannte Placement legt, wird vor diesem Hintergrund fragwürdig. Anders gesagt: Sie konzentriert sich auf Formen, die lediglich in grundsätzlich unbedeutenderen Fällen eingesetzt werden und so vorwiegend symbolischen Charakter haben.

Der neue Trend: Bargeldlos und komplex

Der Trend zur Auslagerung der Geldwäscherei aus dem Bargeldbereich zeichnete sich schon Mitte der neunziger Jahre klar ab und wird durch Forschungen eines Mitarbeiters des Internationalen Währungsfonds, Peter Quirk, bestätigt. So schreibt Quirk in einem vom Internationalen Währungsfonds 1996 herausgegebenen Arbeitspapier: »Untersuchungen zeigen, dass die Erträge aus Steuerflucht und krimineller Herkunft in den entwickelten Ländern in erster Linie nicht mehr durch Bargeldtransaktionen gewaschen werden.«[4] Im Gegenteil. Nach Quirk besteht zwischen der Kriminalitätsrate und dem Anteil der umlaufenden Devisen sowie des gesamten umlaufenden Bargelds in den entwickelten Ländern eine umgekehrte Beziehung. Das heißt, vereinfacht ausgedrückt, je mehr Bargeld in den entwickelten Ländern im Umlauf ist, umso geringer ist die Kriminalitätsrate.

Diese Aussage wird durch praxisnahe Untersuchungen im Bereich missbräuchlicher Börsenmanipulationen erhärtet. So gelangt die Organisationssoziologin Mary Zey in ihrer Untersuchung zu den großen börsengetriebenen Übernahmeschlachten der achtziger Jahre in den USA zu folgendem Ergebnis: »Betrug ist einfacher und effizienter durch einzig monetäre Manipulationen zu bewerkstelligen denn durch die Verbindung von Waren- und Kapitalaustausch. Mit reinen Kapitaltransaktionen können in kürzerer Zeit missbräuchliche Gewinne erzeugt werden als durch Güterproduktion. Denn für eine Güterproduktion müssen ganze Produktionslinien und allenfalls ein Vertrieb aufgezogen werden. Gleichzeitig sind Kapitaltransaktionen nicht materiell sichtbar, was ihre Entdeckung erschwert.«[5]

Erstaunlich sind daher die Ausführungen der FATF-Experten in ihrem Typologie-Bericht über die neuesten Geldwaschmethoden vom 2. Februar 2001: Sie sind der Ansicht, »dass illegale Werte vor allem in der Form von Bargeld entstehen«. Die Financial Action Task Force oder abgekürzt FATF ist die bedeutendste internationale Organisation zur Bekämpfung der Geldwäscherei mit Sitz in Paris und wurde von den wichtigsten Industrienationen als Einrichtung der OECD ins Leben gerufen.

Begründen hier die FATF-Experten eine ideologische Ausrichtung im Kampf gegen Geldwäscherei, die sich in jüngster Zeit vermehrt abzeichnet? Bei der von den US-Behörden groß aufgezogenen Aktion gegen Geldwäsche »Casablanca« etwa wurden über 100 Millionen Dollar beschlagnahmt und nahezu 170 Menschen inhaftiert – vorwiegend Mexikaner. Große Banken – auch amerikanische – waren in den Fall verwickelt, wurden aber kaum bestraft. Es sei schon auffällig, meinte dazu ein südamerikanischer Diplomat, wie immer wieder südamerikanische Finanzinstitutionen der Geldwäscherei bezichtigt und in die Mangel genommen würden, selten aber US-amerikanische Banken. Tatsächlich konnte beispielsweise der ebenfalls verwickelten amerikanischen Citybank aufgrund des komplexen Transaktionsverlaufs keine eindeutige Schuld zugewiesen werden.

So gibt es bezüglich Geldwäscherei ein Komplexitätsgefälle zwischen den entwickelten und den weniger entwickelten Ländern. Je ausgeklügelter die Dunkelmänner bei der Geldwäsche vorgehen, umso geringer ist die Gefahr, erwischt zu werden – und bei den entwickelten Ländern ist die Komplexität der Abwicklung in der Regel höher. Auf internationaler Ebene wiederholt sich hier das Muster der Bekämpfung, das sich auf der Ebene einzelner Länder beobachten lässt: Komplexe Fälle werden höchst selten näher untersucht, dafür wird die Aufmerksamkeit auf die einfacheren Verfahren konzentriert.

Wie schwierig es ist, im Rahmen der globalisierten Finanzströme und Wertpapiergeschäfte Geldwäscherei nachzuweisen, mussten auch die beiden Autoren des Buches *Révélation$*, Denis Robert und Ernest Backes, erfahren.[6] In dem Buch wird die Geschichte von Clearstream aufgearbeitet. Clearstream ist ein so genanntes Clearinghaus, das in die Geldwäsche von Narcodollars verwickelt gewesen sein soll.

Um die Funktion eines Clearinghauses zu verstehen, muss man sich den Ablauf einer Wertpapiertransaktion vor Augen halten. Dabei werden einerseits Zahlungen, andererseits Wertpapiere ausgetauscht. Den Zahlungsstrom können die Banken entweder unter sich auslösen, über eine Zentralbank abwickeln, oder sie schaffen den Ausgleich per SWIFT. SWIFT steht für »Society for

Worldwide Interbank Financial Telecommunication«. Der SWIFT ist eine global ausgerichtete, zentrale, privatwirtschaftlich geführte Abrechnungsstelle für die Banken mit Sitz in Brüssel, die heute für rund 7.000 Geldinstitute weltweit die Geld- und Devisenflüsse koordiniert und archiviert.

Der Austausch der Wertschriften wiederum findet innerhalb eines Clearinghauses statt oder – seltener – zwischen verschiedenen Clearinghäusern. Dabei werden die gekauften oder verkauften Wertschriften aus dem Depot des Verkäufers »genommen« und in das Depot des Käufers »gelegt«, ein Prozess, der allerdings nur im Computer stattfindet, dafür aber zentralisiert ist und sich in einem globalen Rahmen abspielt.

Jeder Wertpapierhandel wird genauestens registriert. Jede Wertschrift erhält so ihre eigene »Geschichte«, die wiedergibt, von wem sie wann zu welchem Preis gehandelt wurde.

Denis Robert und Ernest Backes haben in ihrer Geschichte zu Clearstream zu Recht bemerkt, die Clearinghäuser und die SWIFT-Zentralstelle seien ein »Gedächtnis der internationalen Finanzmärkte«. Und selbstverständlich besteht ein sehr großes Missbrauchspotenzial, wenn beispielsweise »nicht öffentliche Konten« geführt werden, wie sie bei Robert/Backes erwähnt werden. »Nicht öffentliche Konten« sind Konten, deren Existenz in den öffentlich zugänglichen Unterlagen nicht erwähnt wird.

Aber die bloße Verschiebung von Wertpapieren von einem Depot ins andere sagt noch nichts über allfällige Geldwäscherei oder andere Formen von Gesetzesübertretungen aus, sondern sie zeigt zunächst einmal nur, zwischen welchen Unternehmen oder Organisationen Wertpapiere gehandelt worden sind. Um zu relevanteren Aussagen zu gelangen, müssten zumindest noch die parallel erfolgten Zahlungsströme bekannt sein. Auch die Untersuchung der Zahlungsströme allein wie etwa der SWIFT ist wenig aussagekräftig, abgesehen von der Schwierigkeit, einzelne Abwicklungen zu identifizieren. So ist es heute praktisch nicht mehr möglich, anhand einzelner Transaktionen Geldwäsche zuverlässig nachzuweisen. Vielmehr zeigt sie sich erst aufgrund einer Analyse der verschiedenen, parallel ablaufenden Transaktionen.

Das Dilemma der staatlichen Organe

Die Konzentration auf einfachere Methoden der Geldwäsche und damit die Schonung der hoch entwickelten Finanzhäuser hat ihre guten Gründe: In einem 1995 veröffentlichten Report einer hochrangigen US-Kommission zum Thema »Geldwäsche durch elektronische Datentransfers« wird vermerkt, durch entsprechende Kontrollen zur Verhinderung von Geldwäsche könne die Attraktivität des US-Dollars als Mittel des internationalen Zahlungsverkehrs unterminiert werden. Denn mehr Kontrollen bedeuten höhere Kosten. Kontrollen wiederum schrecken den Zustrom bestimmter Kapitalien ab, die aus weniger gewichtigen Vergehen wie zum Beispiel Steuerumgehung stammen. Fehlt dieses Kapital, wirkt sich dies nachteilig auf die Wettbewerbsfähigkeit der US-Banken und des US-Finanzplatzes aus.

Die staatlichen Organe befinden sich hier in einem geradezu klassischen Dilemma: Einerseits sollte Recht – das heißt die Bekämpfung der Geldwäscherei – durchgesetzt, andererseits darf der eigenen Wirtschaft nicht geschadet werden. Fehlen verpflichtende internationale Vereinbarungen, so eröffnet dies einen breiten Spielraum für nationale Interessen. Geldwäsche aber ist ein stark von nationalen Definitionen geprägtes Delikt, das je nach Machtkalkül immer wieder anders eingestuft wurde: So verweisen Michael Levi und Michael Gold zu Recht auf den politischen Hintergrund der Definition von Geldwäsche: »Wenn das CIA Geld via BCCI transferiert, nennen es die Amerikaner ›dem nationalen Interesse zum Durchbruch verhelfen‹. Tut die Mafia ... das Gleiche, dann ist es Geldwäscherei.«[7] (Die BCCI ist die Bank of Commerce and Credit International, wir werden auf dieses Institut später zurückkommen.)

Moralische Vorstellungen sind in diesem Spiel um Macht und Vorherrschaft fehl am Platz. Der Mäzen, Philanthrop und Vorreiter der weltweiten Derivate-Spekulation George Soros, der mit seinem Quantum-Fonds auf einer steuergünstigen Offshore-Insel domiziliert ist, sieht in dem amoralischen Verhalten der Finanzmärkte eine Grundlage der modernen Spekulation: »Es gehört zur Definition des Marktes schlechthin, dass kein Individuum einen Einfluss auf das Ergebnis hat, das letztlich herauskommt. Wenn das aber wahr ist, muss man sich keine besonders großen Sorgen um die moralischen Aspekte dessen machen, was man dort getan hat ... Selbst wenn einige Leute moralische Skrupel gehabt hätten, dann wären für sie wieder andere in die Bresche gesprungen.«[8] Selbstverständlich, fügt Soros hinzu, habe er sich immer an das Gesetz gehalten.

Geldwäscherei entpuppt sich so als eine neue Variante der im 17. Jahrhundert gängigen Freibeuterei auf den Weltmeeren: Es gab einerseits die im Geheimen von den einzelnen Staaten – vor allem von England und Frankreich – unterstützte und geförderte Piraterie gegen die Spanier, um so deren Monopolanspruch auf die Ausbeutung (Süd-)Amerikas zu unterhöhlen. Andererseits etablierten sich im rechtlichen Freiraum freiberufliche Abenteurer als unabhängige Kleinunternehmer, die verfolgt und bestraft wurden – es sei denn, es gelang ihnen, sich an eine mächtige Schutzmacht anzulehnen und einen Kaperbrief zu erhalten ... Die damaligen Großmächte nutzten die Piraten vor allem für ihren Handelskrieg und die Unterwanderung von Hegemonialansprüchen. So treffen sich staatliche und private Interessen heute auch bei der Geldwäscherei.

Heute werden Hegemonialansprüche unter anderem mit Hilfe der Geldwäscherei – aber auch mit deren Bekämpfung – behauptet. Zur Zeit sind etwa im US-Kongress wieder einmal im Zeichen des Kampfes gegen den Terrorismus Bestrebungen im Gange, die Filialen der Auslandsbanken in den USA in gleicher Weise zu behandeln wie die einheimischen Banken. Sollte sich diese Tendenz tatsächlich durchsetzen – es spricht einiges dafür –, dann wären alle Auslandsbanken mit Filialen in den USA verpflichtet, den US-Behörden alle verdächtigen Transaktionen zu melden. Dadurch würde weltweit das Bankgeheimnis durch ein US-Gesetz außer Kraft gesetzt. Die Bekämpfung der Geldwäsche würde so in ihrer Funktion als Instrument amerikanischer Hegemonialpolitik fortgeschrieben.

Machtpolitik spielt auch bei der Beurteilung bestimmter moderner Vergehen eine entscheidende Rolle. Dies zeigt die wechselhafte rechtliche Einschätzung des einstigen »Narcodiktators« Manuel Antonio Noriega von Panama durch die USA. Anfang der achtziger Jahre wusch Noriega, damals hoch geschätzter Verbündeter der USA, Drogengeld in großem Stil. Der US-Geheimdienst CIA tolerierte diese Einkommensquelle ihres damals wichtigen Verbündeten gegen das sandinistische Nicaragua und das von Fidel Castro regierte Kuba. Der Kampf gegen die Drogen ebenso wie der Kampf gegen die Geldwäscherei waren den Zielen der US-Hegemonialpolitik untergeordnet.

Ende der achtziger Jahre ließ nach dem Fall der Berliner Mauer der Druck zur Kontrolle Südamerikas nach, zugleich versuchte sich Noriega von den USA zu emanzipieren, was allerdings den USA wiederum gegen den Strich ging. Er wurde prompt verhaftet und 1992 in Miami unter anderem wegen Drogengeldwäscherei zu 40 Jahren Zuchthaus verurteilt. Im Februar 1999 schließlich reduzierte ein US-Richter diese Zuchthausstrafe unter Hinweis auf Noriegas frühere Nützlichkeit für die USA um zehn Jahre.

Tanz auf der Grenze

Die Politik zur Bekämpfung der Geldwäsche ist in der Willkür, mit der sie umgesetzt wird, das heißt in der Vehemenz, mit der sie verkündet, andererseits aber nur sehr selektiv durchgesetzt wird, ein typisches Produkt der Deregulierung und deren Ambivalenz. Die Bekämpfung von Geldwäscherei kommt ohne Regulierung nicht aus. Marktfundamentalisten aber wollen das Gegenteil. Sie wollen möglichst viel deregulieren und die Herrschaft des Marktes mit seiner unerschöpflichen Vielfalt fördern. Durch die marktorientierte Deregulierung werden bisher staatliche Leistungen teils privatisiert und dann nach den Ideen des Marktes ausgerichtet.

Gleichzeitig bringt der Markt bei entsprechender Nachfrage zunehmend auch Branchen hervor, die illegalen Ursprungs sind: Schattenwirtschaft, Waffenhandel, Kinderprostitution, Kinder-, Frauen- und Organhandel – um nur einige der neuen, teilweise stark wachsenden Marktsegmente zu nennen. Insbesondere seit dem Zusammenbruch der UdSSR sind Strukturen entstanden, die kaum mehr durchschau- und kontrollierbar sind. Hier nun setzt die Geldwäscherei ein, die unter den gegebenen Umständen ein gänzlich neues Gesicht erhält: Sie ist die finanztechnische Ergänzung zum ungehinderten Spiel der Marktkräfte und seinen illegalen Ausprägungen.

Geldwäscherei ist der Transformationsriemen zwischen sich widersprechenden gesellschaftlichen, politischen und ökonomischen Systemen. Aus westlich-demokratischer Sicht ermöglicht Geldwäscherei den Kapitaltransfer zwischen der so genannten »legalen« und der »illegalen« Welt. Dabei sitzt der Geldwäscher auf dem Zaun, der die eine Welt von der anderen trennt. Er ist der Kontrolleur des Übergangs und regelt den Finanzverkehr. Er kann (oder müsste) je nach Gesetz und Situation untersuchen, woher das Kapital stammt und wohin es fließt. Bei Bedarf schafft er entsprechende Legitimationen. Denn auf der einen Seite des Zaunes kann eine staatliche Ordnung mit Vorschriften und Kontrollen bestehen, die die Freiheit des Einzelnen einschränkt, aber auch Eigentum garantiert; auf der anderen Seite ist vielleicht Vertragserfüllung nicht einklagbar, fehlt Transparenz und es droht die Gefahr, dass ein Stärkerer kommt und sich das Gewünschte aneignet. Der Geldwäscher ist ein wichtiger Geheimnisträger. Der Kontrolleur des Überganges zwischen »legaler« und »illegaler« Welt hat Zugang zu einer oft rechtsstaatlich kaum regulierten Region, die er für die ungehemmte Ausbeutung von Rohstoffen und Menschen, die Produktion von Gütern sowie die Herrschaft über Finanzströme nutzen kann. Dabei sind die Übergänge zwischen legal und illegal manchmal unklar. Und häufig reiht sich ein Waschgang an den anderen bis das »schmutzige« Geld sauber oder das »saubere« schmutzig genug ist, um in dunkle Kanäle geleitet zu werden.

Die Möglichkeit, ungehindert Geld waschen zu können, ist Ausdruck einer Machtposition. Noch in den Zeiten des Kalten Krieges wiesen Geheimdienste verdecktes Geld irgendwohin in der Welt irgendwelchen politischen Gruppen zu, mit dem Ziel, missliebige, aber legal gewählte Präsidenten zu stürzen. Dies gelang häufig, wie die Erfahrung zeigt. Anlässlich eines Besuches in London sprach ich auch mit dem Labour-Abgeordneten Jim Cousins. Er hat sich für seine muslimischen Wähler engagiert, die durch den Zusammenbruch der BCCI Geld verloren. Zu dem Stichwort »Geldwäsche« fällt ihm als erstes der Begriff »Geheimdienste« ein. Das heißt, er assoziiert »Geldwäsche« mit verdeckten, machtpolitisch motivierten Geldzahlungen von Regierungen, die der Unterstützung bestimmter politischer Gruppen oder auch der Destabilisierung gegnerischer Regime dienen. »Legal«, »illegal« und der mit der Illegalität verbundene Begriff »kriminell« werden unter diesen Umständen zu diffusen Kategorien. Dabei darf man sich nicht der Illusion hingeben, diese Prozesse würden – zumindest aus historischer Perspektive – irgendwelchen übergeordneten ethischen Prinzipien folgen. Im Gegenteil. In seinem interessanten Aufsatz *War Making and State Making as Organized Crime* gelangt Charles Tilly zu dem Schluss: »Im vergangenen Jahrhundert mögen sich die Europäer gratuliert haben zu der Ausbreitung ziviler Regierungen auf der ganzen Welt. In unserer Zeit hat sich die Ähnlichkeit zwischen Kriegsführung und Staatengründung auf der einen Seite und organisierter Kriminalität auf der anderen Seite tragisch angenähert.«[9]

Allerdings haben sich im Zeitalter der Deregulierung die Hierarchien geändert. In einem in der *New York Times* erschienenen Artikel erklärte ein ehemaliger CIA-Agent, warum das CIA sich nicht in den internationalen Finanzmärkten engagieren kann: »Die Verfolgung internationaler Kapitalströ-

Im Schatten der Derivate

me oder die Vorhersage von Währungskrisen liegt außerhalb der Möglichkeiten der Behörde ... Wir haben dazu nicht die nötigen Ressourcen und auch nicht die Fähigkeiten ... Um die Leute zu verstehen, die mit Devisen handeln, ihre Motive, ihren Lebensstil, muss man die Mitarbeiter für Jahre nach Harvard, Stanford oder Wharton schicken. Devisenhändler schützen ihr vertrauliches Wissen sehr, sehr gut.«[10]

Die Finanzmärkte haben die Gewichte verschoben. Sie vermochten sogar den Einfluss der traditionellen Herrschafts- und Spitzelsysteme wie die der Geheimdienste zu entwerten. Folgerichtig kamen die Grundlagen zur Bewertung außenpolitischer Vorgänge nicht mehr von der CIA, sondern von Investmentgesellschaften wie beispielsweise J. P. Morgan, was zur Deprofessionalisierung und letztlich zum Versagen der Geheimdienste im Vorfeld des 11. September führte.[11] Damit erhielten die Investmentgesellschaften aber auch eine gute Grundlage zur Bestimmung einer wichtigen Tätigkeit der Geheimdienste: der Geldwäsche. Im Rahmen einer von den Investmentgesellschaften geprägten Außenpolitik hat auch nicht mehr das Zuschieben von verdeckten Geldern zur Beeinflussung einer bestimmten Gruppierung eine zentrale Funktion inne, sondern die Versorgung der Günstlinge mit Hilfe von Insidertipps oder die Destabilisierung von potenziellen und tatsächlichen Gegnern und Konkurrenten durch börsenwirksame Gerüchte.

Der Kampf gegen die Drogen

Vordergründig sind die verstärkten Anstrengungen zur Bekämpfung von Geldwäscherei in den siebziger und achtziger Jahren des 20. Jahrhunderts einfach zu erklären: Die amerikanischen Behörden gelangten zu der Einsicht, es genüge nicht, die Bosse von Mafiabanden zu verhaften, um das Drogengeschäft zum Erliegen zu bringen. Denn wurde der Hydra ein Kopf abgeschlagen, wuchs schnell ein anderer nach. Und so setzte sich bald die Ansicht durch, diese Organisationen könnten durch die Beschlagnahmung ihres Vermögens viel stärker geschwächt werden als dadurch, dass man ihre führenden Köpfe ins Gefängnis verfrachtete.

Der Kampf gegen die Drogenbarone wurde allmählich zentral. In den USA machte sich zunehmend der Eindruck breit, die Kartelle von Medellin »würden sich zu einer heimlichen Supermacht entwickeln, die die Sicherheit der Vereinigten Staaten gefährden würden«, so der bekannte Kolumnist der *Washington Post*, Jack Anderson, am 18. September 1989. Seiner Ansicht nach sollte die amerikanische Regierung Druck ausüben, um andere Länder dazu zu bringen, Drogengeld zu konfiszieren. Nach dem Zusammenbruch des im Innern einigenden Feindes im Osten musste ein neuer äußerer Feind gefunden werden, und das waren die Drogenbarone. Als Fortsetzung des Kampfes gegen die Drogen wurde nun der Kampf gegen die Geldwäscher zum neuen heiligen Krieg ausgerufen.

Aber dieser Kampf muss in einem umfassenderen Rahmen gesehen werden. Als eher unterschwellig wirkende Begründung für den Aufschwung der Bekämpfung der Geldwäsche erwähnt der kanadische Ökonom R. T. Naylor die Deregulierung der Finanzmärkte und Kapitalströme in den späten siebziger und den achtziger Jahren. Regierungen mussten als Folge der Deregulierung und der mit ihr verbundenen Steuerflucht hohe Haushaltsdefizite hinnehmen und waren gleichzeitig zunehmend der internationalen Devisenspekulation ausgeliefert. Politisch wäre es unklug gewesen, die reichen Bürger des Landes, die die damalige US-Regierung unterstützten, ebenso wie die steuerflüchtigen Unternehmen für dieses Malaise verantwortlich zu machen. Es fiel bedeutend leichter, internationalen Drogenkartellen den schwarzen Peter zuzuschieben. So wurde weniger die Steuerflucht und die sich anbahnende Vermögensumverteilung zugunsten der reicheren Bevölkerungsklassen zum Thema, sondern der Kampf des »Guten« gegen das »Böse«. Das stark zunehmende Gefälle zwischen Reich und Arm und das damit verbundene Gefährdungspotenzial für demokratische Staatsformen wurde in der Wahrnehmung der Öffentlichkeit in den Hintergrund gedrängt. Der »gerechte« Krieg gegen den Terrorismus konnte so zu einer logischen Weiterentwicklung dieses grundsätzlich angelegten, religiös verbrämten Kampfes um den Erhalt eines bestimmten Lebensstils und des entsprechenden ökonomischen Gefälles mutieren; eben des »american way of life«, wie es der US-Verteidigungsminister Donald Rumsfeld ausdrückte.

Darüber hinaus wurde aber auch mit der Möglichkeit spekuliert, die Bekämpfung der Geldwäscherei würde helfen, die Staatskasse zu füllen. In einem Hearing anlässlich der Eröffnung des Kampfes gegen die Geldwäscherei vor der Justizkommission des US-Senats im Jahre 1982 bestätigte dies ein höherer Beamter des Generalstaatsanwaltes mit den Worten: »Das Potenzial in diesem

Sektor ist wirklich unbegrenzt. Ich denke, mit entsprechenden Beschlagnahmungsgesetzen könnten wir ...« Senator: »Das Budget ausgleichen.« Beamter: »Da sind sicher Millionen und Hunderte von Millionen verfügbar.«[12]

Zudem wurden in den achtziger Jahren im Gefolge der allgemeinen Deregulierung und der damit verbundenen Privatisierung übergreifende öffentliche Funktionen abgebaut. Die noch verbleibenden wurden vermehrt den Marktgesetzen unterworfen, ihr Wert wurde nach dem potenziellen Marktpreis veranschlagt. Im Gegenzug wurden marktkonform nutzungsbezogene Gebühren erhoben. Im Anschluss war dann nur noch ein kleiner Schritt nötig, um die leistungsäquivalenten Gebühren auf die Nutzung von Spitälern und anderen öffentlichen Einrichtungen – und auch auf die einnahmenorientierte Bewirtschaftung von Verbrechen – zu übertragen. Die Verbrecher sollen die Kosten für die Bekämpfung ihrer Machenschaften selber aufbringen. Damit war die ideologische Grundlage zur Beschlagnahmung von Vermögen kriminellen Ursprungs gelegt. Die Bekämpfung von Geldwäscherei mutierte so zu einem rentablen Profitcenter der öffentlichen Verwaltung.

Ihre teilweise Privatisierung war eine weitere Folge dieser Entwicklung. Zahlreiche private Unternehmen haben heute ihre forensischen Abteilungen, die im Vorfeld der polizeilichen Tätigkeit im Auftrag einer Partei ermitteln und anschließend die Unterlagen den Behörden zur Verfügung stellen. Zunehmend findet auch eine Abwanderung gut qualifizierter staatlicher Justizbeamter zu den besser zahlenden privaten Einrichtungen statt, was einerseits zu Qualitätseinbußen bei den staatlichen Organen führte, andererseits aber auch die Unabhängigkeit staatlicher Dienstleistungen untergräbt.

Wer ist Täter, wer Richter?

Wie zufällig aber Aktionen gegen Geldwäscherei stattfinden, zeigen die nachfolgenden Beispiele. Immer geht es um Macht und Einfluss sowie die Möglichkeit, allfällige kriminelle Handlungen und Gesetzesbrüche zu verschleiern. Wer etwa zum rechten Zeitpunkt am richtigen Ort interveniert sowie über Kapital und Beziehungen verfügt, der hat gute Chancen, ein Verfahren wegen Geldwäsche zu überstehen, obwohl vieles gegen ihn spricht. Und dies auch in den USA, dem Land, das den »war on money-laundering« lanciert hat. So werden Verfahren gegen Personen, die in Geldwäschereifälle verwickelt sind, von den höchsten US-Behörden verzögert oder niedergeschlagen, wenn es den eigenen Interessen widerspricht.

Ein erstes Beispiel betrifft einen ehemaligen Staatsanwalt (»federal persecutor«), der sich nun als privater Unternehmer auf die Bekämpfung der Geldwäscherei spezialisiert hat: Charles Intriago. Charles Intriago gilt als einer der international anerkanntesten Spezialisten auf dem Gebiet der Geldwäsche. Intriago wird beispielsweise in der *Neuen Zürcher Zeitung* als Fachexperte bei Maßnahmen der US-Behörden gegen Geldwäsche um seine Meinung gebeten, aber auch der Geschäftsführer der Genfer Privatbanken, Michel Y. Dérobert, zitiert in der Zeitschrift *Finanz und Wirtschaft* das von Charles Intriago herausgegebene Magazin *The Money Laundering Alert* als Kronzeugen für den hohen Standard an »gesetzlichen, regulatorischen und berufsethischen Bestimmungen« bei der Bekämpfung von Geldwäsche in der Schweiz.

Die Geschichte um Charles Intriago brachte der legendäre Distriktsrichter des New-Yorker-Bezirkes Manhattan, Robert Morgenthau, ins Rollen.[13] Er ließ im Februar 1997 den venezolanischen Bankier Orlando Castro Llanes wegen Bankbetrugs in Höhe von mehr als 50 Millionen US-Dollar verurteilen. Es gab auch Hinweise zu einer Verwicklung des venezolanischen Bankiers in Drogengeldwäscherei.

Charles Intriago war Ratgeber dieses venezolanischen Bankiers, der wiederum Intriago das Geld für die Gründung seiner Zeitschrift gab. Nachdem die Anschuldigungen gegen ihn vorgebracht worden waren, entfesselte der venezolanische Bankier mit Unterstützung von Charles Intriago einen wahren Kleinkrieg gegen die Strafverfolgungsbehörden. Sie überwiesen am richtigen Ort zur richtigen Zeit genügend Geld. Unter anderem auch für Bill Clintons Wahlkampf. Aufgrund dieser Spende empfing der US-Präsident Bill Clinton Intriago und Castro im Oktober 1993 im Weißen Haus. Ziel des Besuches des Bankiers Castro im Weißen Haus war es, alle Untersuchungen gegen ihn, die davon ausgingen, dass er für venezolanische Drogenkartelle tätig war, zu stoppen. Sein Vorstoß war teilweise erfolgreich. Castro ließ sich mit Clinton ablichten, was genügte, um seine Achtbarkeit im südamerikanischen Raum wiederherzustellen, aber nicht ausreichte, um ihn in den USA selbst vor einem Gerichtsverfahren zu schützen.

Anlässlich der Verhaftung Castros im Jahre 1997 übergab Morgenthau den Bundesbehörden Berichte über illegale Wahlkampffinanzierung durch den

Im Schatten der Derivate

Bankier Castro und seinen Ratgeber Intriago. Doch das Verfahren wurde so lange verschleppt, bis es verjährt war.

Schon im Mai 1996 hatte sich Morgenthau über das Castro-Intriago-Team beklagt: Die beiden hätten eine »konzentrierte und wohl finanzierte Aktion unternommen, um unter Ausnutzung von politischen und anderen Beziehungen die Identität von vertraulichen amerikanischen Informanten aufzudecken, Gegner zu diskreditieren, sich die persönlichen Akten von Mitarbeitern der Verwaltung zu verschaffen und anhängige und erwartete Untersuchungen zu unterdrücken und zu verzögern«. Dabei soll Charles Intriago seine Rolle als Herausgeber des *The Money Laundering Alert* ausgenutzt haben.

So dürfte sich der Bock zum Gärtner gewandelt haben, wohl unterstützt von einem breiten Beziehungsgeflecht. Denn im Beirat der Zeitschrift *The Money Laundering Alert* sitzen ehemalige Spitzenbeamte des US-Justizdepartements und des US-Schatzamts. Als der für Geldwäscherei zuständige Abteilungsleiter des US-Justizdepartements gefragt wurde, was er von Intriago halte, meinte er, er schätze ihn als Person, und zudem organisiere er gute Anti-Geldwäscherei-Kongresse.[14] Intriago selbst bezeichnete die gegen ihn erhobenen Vorwürfe als inszenierte Schmierenkomödie.

In eine ähnliche Kategorie gehört die Affäre Marc Rich. Sie wirft ein Schlaglicht auf den Umgang politischer Machtträger mit reichen Leuten, das jeglichem demokratischen Selbstverständnis zuwiderläuft. Marc Rich ist ein milliardenschwerer amerikanischer Rohstoffhändler, der sich in der Schweiz niedergelassen hat, um sich einem internationalen, vom FBI und den US-Zollbehörden verfügten Haftbefehl zu entziehen. Ihm wird von den US-Behörden unter anderem Erpressung, Handel mit dem Feind sowie Steuerhinterziehung vorgeworfen.

Eine der letzten Amtshandlungen des früheren US-Präsidenten Bill Clinton war die höchst umstrittene Begnadigung von Marc Rich. Offen ist, ob diese Begnadigung aufgrund der guten Beziehungen der Exfrau von Marc Rich zum Clinton-Clan ausgesprochen wurde – sie trieb emsig Wahlkampfspenden in Millionenhöhe für die Clintons ein – oder durch den Einfluss der jüdischen Lobbys in den USA, denen Rich nahe steht. Clinton setzte hier eine Tradition fort. Bereits George Bush senior hatte an seinem letzten Amtstag die Begnadigung des auch in den BCCI-Skandal verwickelten Waffenhändlers Adnan Khashoggi durchgesetzt.

Das Reputationsrisiko

Neben diesen eher auf persönlich-politischen Beziehungen basierenden, »kleingewerblich« anmutenden Maßnahmen der Eindämmung allfälliger möglicher Gerichtsverfahren gibt es auch den professionellen Umgang mit den Risiken der Geldwäscherei bei großen Institutionen. Tatsächlich stellt das Risiko, in einen Fall von Geldwäsche verwickelt zu werden, eines der üblichen Geschäftsrisiken einer Bank dar. Weitere betriebsbedingte Risiken sind weniger exotischer Natur – das nicht fristgerechte Eintreffen von Zahlungen mit der Folge einer Gefährdung der Liquidität oder das Ausfallrisiko bei Krediten.

Das Risiko, bei einer Geldwäscherei ertappt zu werden, wird auch als »Rufschädigungsrisiko«, »Reputationsrisiko« oder »legalistisches Risiko« bezeichnet. Banken aber sind dazu da, Risiken zu übernehmen: Mach ich das Geschäft nicht, dann übernimmt es ein anderer. Oder wie es der Kommentator der englischen Finanzzeitschrift *efinance*, Ian Kerr, ausdrückt: »Wenn man den Schleier über den Taten im Bankgeschäft heben könnte, eingeschlossen so feine Namen wie Goldman Sachs, CSFB (im Speziellen), Morgan Stanley Dean Witter und die früheren Salomon Brothers (vor der Gründung der City-Gruppe), würde man Geschichten entdecken, die die erste Generation der Räuberbarone des US-Finanzgeschäfts aussehen lassen würde wie die Zeugen Jehovas.«[15] Ian Kerr dürften die korrupten Praktiken in der Finanzbranche geläufig sein, hat er doch selber als Journalist Beraueraufträge von Unternehmen wie etwa Clearstream angenommen und als Folge dieser Aufträge seine Haltung zu den betreffenden Unternehmen geändert.

Die Schweizer Großbank Credit Suisse gilt in der Branche als einer der größten Risikonehmer im Bereich »Reputation« – und ist entsprechend immer wieder in verschiedene Arten von umstrittenen Manipulationen verwickelt. Die Credit Suisse hat in diesem Sinne ihre Tradition als Gewährträger für Reputationsrisiken, die mit dem Chiasso-Skandal einen ersten Höhepunkt erreichte, fortgesetzt. 1977 geriet die damalige SKA, das heißt die einstige Schweizerische Kreditanstalt und heutige Credit Suisse Group, in eine Krise, weil eine von ihr in Liechtenstein errichtete Gesellschaft Flucht- und vermutlich auch Mafiagelder aus Italien angenommen, diese Kapitalien aber so schlecht angelegt hatte, dass sie zahlungsunfähig zu werden drohte. Die SKA konnte das Loch zustopfen, aber der Imageschaden hing der Bank noch über Jahre nach. Erstmals in der

Im Schatten der Derivate

jüngeren Geschichte der Kreditanstalt wurde ein Medienstab zur Pflege des Ansehens in der Öffentlichkeit eingesetzt.[16]

Wie hoch das »Rufschädigungsrisiko« ist, hängt von verschiedenen Faktoren ab. Wichtig ist das nationale Umfeld. Dabei spielen das Ansehen und das politische Gewicht eines Bankenplatzes – gelingt es, bestimmte Vorfälle unter Kontrolle zu halten? – sowie das Regulierungssystem eine zentrale Rolle. Denn wenn bestimmte Vorfälle quasi unter der Hand erledigt oder verschleppt werden können, dann wiegen sie nicht so schwer. Das heißt, ein allfälliger Schaden durch eine Beeinträchtigung des Renommees kann unter diesen Umständen weitgehend verhindert werden. Die Verteilungsmuster sind grundsätzlich einfach: Je mächtiger ein Land, umso eher gelingt es, die wirtschaftlich höchst lukrative Geldwäscherei zu betreiben und trotzdem vor den Augen der Öffentlichkeit eine reine Weste zu demonstrieren. Unter diesen Umständen kann das Rufschädigungsrisiko – etwas überspitzt ausgedrückt – auch als das Risiko bezeichnet werden, das die Aufsichtsbehörden erfunden und isoliert haben, um die Ahndung allfälliger Schadensfälle aufgrund bestehender Gesetze zu umgehen. Sanktionsinstanz ist hier die »Öffentlichkeit« (das heißt im Allgemeinen die Medien) und ein potenziell »schlechter« Ruf, was in einer weitgehend rücksichtslos gewinnorientierten Gesellschaft kaum eine größere Bedeutung hat. So erweist sich das Reputationsrisiko vorwiegend als Scheinrisiko.

Zumindest ist dies heute der Fall. Aus der jüngsten Vergangenheit sind – außer in den Schwellenländern – kaum Fälle bekannt, in denen ein größeres Bankinstitut oder eine Investmentgesellschaft als Folge von Geldwäscherei größere Schwierigkeiten oder gar einen länger dauernden Taucher der Aktienkurse erlebt hätte. Die Zeiten, in denen Geldwäscherei und andere Geschäftspraktiken zur nachhaltigen Gefährdung oder gar zur Schließung eines großen Institutes führten – wie das bei der BCCI der Fall war –, sind längst vorbei. Auf der anderen Seite aber sind die gewaschenen Geldbeträge heute keineswegs geringer als früher.

Für die einzelnen Investmentgesellschaften gibt es verschiedene Strategien, um das so genannte Rufschädigungsrisiko zu begrenzen: einerseits intern durch Prävention und damit verbunden den Aufbau entsprechender Kontrollen. Kontrollorgane aber sind ein Kostenfaktor, und Kontrollen überhaupt können sich nachteilig auf die Kundenbeziehungen auswirken. Eine andere Möglichkeit bietet sich, indem problematische Beziehungen in den Parabankensektor ausgelagert werden, also an die verschiedenen juristisch selbstständigen, aber wirtschaftlich von den einzelnen Banken abhängigen Treuhänder oder an Tochterinstitute, die in nicht durchschaubaren Abhängigkeiten von einer Mutterfirma stehen.

Andererseits können Finanzgesellschaften präventive Öffentlichkeitsarbeit leisten. Dazu gehören publizistische Offensiven oder symbolische Handlungen, die nach außen hin Bemühungen zur Verhinderung von Geldwäsche dokumentieren. Man denke etwa an Gentlemen's Agreements wie die so genannte »Wolfsberg-Vereinbarung«, die die weltweit größten elf Banken unter Federführung von Transparency International unterzeichnet haben. Im internationalen Rahmen wird in diesen Vereinbarungen auf Treu und Glauben meistens der kleinste gemeinsame Nenner festgehalten, was zu unzulänglichen Standards führen kann. Unter anderem haben die beteiligten Großbanken im Rahmen dieser Vereinbarung die Verantwortlichkeit für die Feststellung der wirtschaftlich Berechtigten bei einer Transaktion teilweise an Dritte delegiert. Sie haben so gewissermaßen die Verantwortung abgeschoben. Ein Insider spottete denn auch: »Der Club der Sünder schreibt die Bibel.«

Mit der Durchsetzung internationaler Gentlemen's Agreements werden aber die Bemühungen der Nationalstaaten ausgehöhlt. Bis jetzt fand eine einigermaßen erfolgreiche Bekämpfung der Geldwäscherei immer – oft dank spielender internationaler Rechtshilfe – auf der Ebene der Nationalstaaten statt.

Tritt aber ein Fall von Geldwäscherei in einer großen Institution tatsächlich auf, ist der richtige Umgang mit dem Vorfall entscheidend. Professionelle Public Relations und Konfliktmanagement sind angesagt. Dabei sind die PR-Strickmuster immer ähnlich: Durch das oberste Management wird ein Fehlverhalten zugegeben. Dann werden die direkt Verantwortlichen aus dem Direktorium geopfert, das heißt entlassen oder freigestellt. Selbstverständlich bekennt er oder sie sich vor dem Gericht als schuldig – das beschleunigt den Vorgang und bringt ihn aus den Medienschlagzeilen. Vorteilhaft sind auch Einzelgespräche mit ausgewählten Journalisten. Gelingt es, das Thema aus den Schlagzeilen zu ziehen, dann kommt in der Öffentlichkeit wieder das Gefühl auf, alles nehme seinen korrekten Gang. So läuft alles ab wie in einem Bußritual der katholischen Kirche. Nur dass anstelle des Priesters ein hoch bezahlter PR-Fachmann seines Amtes waltet, der symbolische Handlungen von Opferung, Schuld und Sühne arrangiert, damit alles so weitergehen kann wie bisher.

Kommt es aber als Folge von aufgedeckter Geldwäscherei tatsächlich zu einschneidenden Veränderungen, so spiegeln sich hier meist Veränderungen der politischen Rahmenbedingungen und Machtverhältnisse wider.

Der Fall der Bank of New York

Wie es gemacht werden muss, demonstrierte 1998/99 die Bank of New York anlässlich von gegen sie gerichteten Vorwürfen wegen Geldwäscherei in Milliardenhöhe. Ausgangspunkt waren riesige Geldbeträge, die aus dem unsicheren und wirtschaftlich zunehmend zerrütteten Russland in die sicheren USA transferiert wurden, was – so ein Experte vor einem US-amerikanischen Regierungsausschuss – die Möglichkeiten des Verschleierns der illegalen Herkunft des Geldes verbesserte.[17] Vor dem März 1998 wurde Geld durch neun Konten der Bank of New York im Namen einer von Russen beherrschten Gesellschaft namens Benex Worldwide Ltd. bewegt. Im Mai desselben Jahres wurde die Krise der russischen Wirtschaft als Folge eines weltweiten Einbruchs plötzlich akut. Obwohl die russische Zentralbank eine Milliarde investierte, um den Rubel zu stützen, stiegen die Zinssätze, während die Kurse von Anleihen und Aktien fielen. Im Juni 1998 informierten die britischen Behörden die amerikanische Justiz, dass verdächtige Transaktionen stattfänden, in die die Londoner Niederlassung der Bank of New York und die russische Gesellschaft Benex involviert waren.

Einen Monat später beschloss der Internationale Währungsfonds, 17,1 Milliarden Dollar zur Stützung der russischen Wirtschaft freizugeben. Im August verständigte die Republic National Bank of New York das FBI über große Geldtransaktionen, die russische Gesellschaften und die Bank of New York betrafen. Im gleichen Zeitraum fiel der Rubel weiter. Im September schaltete dann die Bank of New York das FBI und das Justizdepartement ein. Schließlich stellte sich heraus, dass zwischen März 1998 und März 1999 mindestens 4,2 Milliarden US-Dollar durch verschiedene Benex-Konten der Bank of New York geflossen waren. Das heißt, der Bank of New York kam eine Schlüsselstellung bei der Verschleierung der illegal erworbenen Vermögen zu. Dass aber dieser Vorfall sich bei der Bank of New York ereignete, ist nicht zufällig.

Die Bank of New York hat sich in den letzten Jahren als Korrespondenz- und Transaktionsbank positioniert, das heißt, sie wickelt den Zahlungsverkehr für eine internationale Kundschaft ab. Dieses Geschäft ist wenig riskant und bringt sichere Gebühreneinnahmen. Die Bank of New York ist zudem weltweit das mit Abstand größte Bankinstitut, das Anteile von nicht an der einheimischen Börse notierten ausländischen Unternehmen handelbar macht (so genannte »depositary receipts«). Dabei hält sie in ihrem eigenen Depot Aktien der betreffenden Unternehmen. Auf diese Aktien errichtet die Bank gewissermaßen stellvertretende Wertpapiere, lautend auf Dollars, aber bezogen auf ausländische Gesellschaften, und bietet sie außerbörslich zum Handel an. Die Bank of New York handelte unter anderem auch mit den Titeln der russischen Menatep-Bank, die in Konkurs ging, nachdem ein großer Teil ihrer Aktiven auf unbekannte Konten ins Ausland verschoben worden war.

Die Bank of New York ist sehr stark im Russlandgeschäft engagiert. Dass hier mafiöse Organisationen am Werk sind und häufig kriminelle Geschäfte durchgezogen werden, war auch der Bank of New York bekannt, warnte sie doch in ihren Newsletters davor. Doch die Bank of New York wickelt den äußerst lukrativen Zahlungsverkehr für russische Banken und russische Unternehmen ab, ohne sich bei diesen Transaktionen die branchenüblichen Fragen nach dem wirtschaftlich Berechtigten des Kapitals zu stellen. Diese Transaktionen folgten aber manchmal widersprüchlichen, geradezu für Geldwäscherei typischen Mustern, wie ein Report des US-General Accounting Office aufzeigt: »Unternehmen A initiiert eine Serie von telegrafischen Geldtransfers von der russischen Absolute Bank in Moskau zu der Bank of New York in Amerika, die Korrespondenzbank der Absolute Bank ist. Die Bank of New York transferiert das Geld anschließend an die Republic National Bank of New York, die wiederum Korrespondenzbank der Trust Commercial Bank in Lettland ist. Die Republic National Bank of New York schickt das Geld nun via Draht zur Trust Commercial Bank in Lettland, wo das Geld auf einem Konto des Unternehmens B landet ... Innerhalb von zwei bis drei Tagen wurden so Millionen von einem auf das andere Konto verschoben.« Dabei waren die wirtschaftlich Berechtigten – also die eigentlichen Inhaber – der Konten A und B den involvierten Banken nicht bekannt.[18]

Das Geschäft der Bank blüht. »Im letzten Jahr«, so der CEO und Chairman der Bank, Thomas A. Renyi, »erreichte das Unternehmen den höchsten Ertrag in seiner Geschichte, das siebte aufeinanderfolgende Jahr, in dem wir einen neuen Rekord ... setzten.« Mit anderen Worten: Die Bank ist verschiedene Risiken – wie auch »Rufschädigungsrisiken« – eingegangen und hat sie erfolgreich gemanagt. Und der Geldwäschefall von mindestens 4,2 Milliarden Dollar, bei dem Gelder des Internationalen Währungsfonds, die für Russland bestimmt waren, plötzlich auf privaten Konten bei der Bank of New York auftauchten? Renyi: »Dass diese Konten offen waren und aktiv bewirtschaftet wurden, ohne dass man sich genügend Fragen stellte, war ein Fehler der Bank.«

Diese Aussage von Renyi und die sofortige Freisetzung von zwei oder drei Verantwortlichen genügten offensichtlich, um die Wogen zu glätten. Um aber zu einem strafrechtlich relevanten Tatbestand zu gelangen, wäre die zuverlässige Mitarbeit der russischen Behörden nötig gewesen.

Die geopferte Hauptverantwortliche ist Lucy Edwards, Mitglied der obersten Führungsriege der Bank. Sie sei bei dem Einschleusen der russischen Milliarden bei der Bank of New York sehr gezielt vorgegangen: Von 1995 an bis 1999 eröffnete sie als Direktorin der Bank of New York mehrere Konten für diverse Firmen, deren wirtschaftlicher Hintergrund nicht abgeklärt wurde. Eine solch nonchalante Vorgehensweise ist in den USA nichts Außergewöhnliches. Nach den Gesetzen des US-Staates Delaware beispielsweise können Unternehmen in diesem Staat gegründet werden, ohne dass Informationen über deren Eigentümer und dessen Geschäftsaktivitäten bekannt sind. So ist es – nach einem Bericht des US-Rechnungshofes – »relativ einfach (›relatively easy‹) für ausländische Personen oder Unternehmen, ihre Identität durch die Gründung von Tarngesellschaften zu verbergen und diese Gesellschaften für Geldwäscherei zu benutzen«. Ob hier im Zeichen des Kampfes gegen den Terrorismus und die damit verbundene Suche nach Kapitalanlagen potenzieller Terroristen eine Änderung bezüglich der äußerst legeren Handhabung von simpelsten Regeln im Kampf gegen die Geldwäsche stattfindet, wird sich noch zeigen müssen.

Lucy Edwards begründete ihr Verhalten vor Gericht mit ihrer persönlichen Profitgier, aber auch mit den Interessen der Bank of New York am Russlandgeschäft. Der Geldtransfer war über die russische Gesellschaft Benex zustande gekommen, die der Ehemann von Lucy Edwards kontrollierte.

Neben den offensichtlich bestehenden Lücken bei der Bekämpfung von Geldwäsche in den USA weist der Fall aber auch noch andere typische Merkmale auf. Er zeigt, wie fließend die Grenzen zwischen Geldwäscherei und den Anstrengungen zu ihrer Eindämmung sind. Denn Lucy Edwards war auch Referentin bei einer Veranstaltung zur Bekämpfung der Geldwäscherei in der lettischen Hauptstadt Riga. Lettland gilt allgemein als Durchgangsort für Geldwäscher aus Russland. Lucy Edwards sprach – eine kafkaeske, aber übliche Variante der Geschichte – zum Thema »Geldwäscherei – Jüngste Entwicklungen und Vorschriften« und ging dabei auf die Möglichkeiten ein, die die Bank of New York flüchtigem Kapital russischen Ursprungs bietet.

Geldwäschereikongresse als Orte der Vermittlung

Bei der Veranstaltung in Riga waren Vertreter verschiedener Unternehmen zugegen, die sich im Graumarkt der Steuerhinterziehung und -umgehung tummelten, wobei die Übergänge zwischen schmutzigem Geld krimineller Herkunft und aus Steuerhinterziehung häufig fließend sind. Gesprochen wurde im Lauf der Konferenz etwa über »Zypern als internationales Finanzzentrum und seine Vorteile für Zentraleuropa und Russland« oder auch über »Ertragsstarke Wall-Street-Investitions-Programme unter der Verwendung europäischer Banken und von Offshore-Konten«. Ferner wurde berichtet, wie rund um die Uhr binnen weniger Minuten Unternehmen über das Internet gegründet werden können. Schnell gegründete Scheingesellschaften aber sind ein ideales Instrument zur Verschleierung dubioser Geldgeschäfte.

Die meisten der Referate wurden von Direktoren oder leitenden Mitarbeitern entsprechender Firmen gehalten, die ihr Domizil vorwiegend auf einer der umstrittenen Offshore-Inseln wie Zypern, Niederländische Antillen, Jersey oder St. Vincent aufgeschlagen haben. »Offshore« heißen diese Inseln, weil sie außerhalb des Festlands liegen und so ihre eigenen, meistens sehr großzügigen gesetzlichen Grundlagen zur Verwaltung von Vermögen haben oder deren Aufsichtspraxis höchst ineffizient ist.

Es ist immer etwa das gleiche Segment von Unternehmen, das sich an diesen Veranstaltungen beteiligt, oft gar mit Ausstellungsständen, wo Firmenvertreter Tipps zu den neuesten Plänen zur »Steueroptimierung« – wie es so schön heißt – geben. Als Journalist ist man bei diesen Veranstaltungen nicht gern gesehen, kann aber auch nicht direkt ausgeschlossen werden, da es dann schnell heißen könnte, die Veranstalter würden das Licht der Öffentlichkeit scheuen. Wohl wissend, dass der Small Talk unter den Teilnehmern der wichtigste Teil dieser Veranstaltungen ist, wurde ich etwa an einer 1997 in Lugano stattfindenden Konferenz zu »Onshore-Offshore-Euro« für die Kaffeepause und das Essen strikt von den anderen Konferenzteilnehmern getrennt. Am offiziellen Teil des Tagungsprogramms zeigte sich kaum jemand interessiert. Der Luganeser Stadtpräsident hätte die Konferenz eröffnen sollen. Als er sich anschickte, die Begrüßungsansprache zu halten, waren weder Veranstalter noch Teilnehmer anwesend, bloß ein einsamer Beobachter, der sich über den verärgerten Stadtpräsidenten amüsierte. Einer der Hauptredner auf dem Kongress war der frühere Tessiner Staatsanwalt und Geldwäschereispezialist Paolo Bernasconi.

Bei einer früheren Veranstaltung der gleichen Organisatoren in Rom wurde ich zusammen mit dem Kollegen Gian Trepp für das gemeinsame Abendessen weit weg von den interessanten Diskussionen neben den Leibwächtern der damaligen Bundesanwältin und heutigen UN-Chefanklägerin Carla del Ponte an einem zugigen Tisch platziert. Organisiert wurden diese Konferenzen jeweils von einem italienischen Kommunikationsbüro, das im Hintergrund vom ehemaligen Buchprüfer der »mani-pulite« oder »Saubere Hände«, Giorgio Lagana, kontrolliert wird.

Kongresse zur Geldwäscherei und deren Randgebiete thematisieren die Grauzone zwischen »legal« und »illegal«. Sie dienen den Grenzgängern zwischen »legal« und »illegal« zum Ausloten regulatorischer und gesetzlicher Lücken für umstrittene Transaktionen. Nur durch Dienstleistungen für diese höchst lukrativen Vermittlerjobs kann die absurd hohe, allen marktwirtschaftlichen Regeln zuwiderlaufende Zahl an Konferenzen zur Geldwäscherei erklärt werden. Ein Tagungsboom, der den potentesten und größten Veranstalter von Konferenzen zur Geldwäscherei, den Briten Barry A. K. Rider, zu dem zynischen Spruch veranlasste: »Nimmt man die Zahl der Konferenzen zur Geldwäscherei als Maßstab, so dürfte des Problem der Geldwäscherei das wichtigste Problem im ausgehenden 20. Jahrhundert gewesen sein.«[19]

Das Opfer und der Profit

So ist Lucy Edwards' Spiel in der Grauzone zwischen Geldwäscherei und deren Bekämpfung weniger die Ausnahme als vielmehr die Regel. Auffällig ist höchstens die Unverfrorenheit, mit der sie das Spiel betrieb.

Doch zurück zur Bank of New York: Wie gesagt, all diese Aktivitäten von Lucy Edwards ließen die Alarmlämpchen bei der Leitung der Bank of New York nicht aufleuchten. Aber vielleicht wurde sie auch absichtlich nicht näher kontrolliert. Auch wer die Augen bewusst schließt, sieht nichts ...

Man kann im Zusammenhang mit der Geldwäscherei-Aktion der Bank of New York von einem ausgezeichneten Konfliktmanagement sprechen. Die Bank wurde von einem guten PR-Fachmann beraten. Die fehlende Kontrolle und die nachfolgenden gerichtlichen Untersuchungen wirkten sich auf den Kursverlauf der Aktien der Bank of New York nicht nachteilig aus, obwohl rund 7 Milliarden an verdächtigem Kapital festgestellt wurden.

Die Reaktion der Branche? »Die Leute wissen, dass es von Zeit zu Zeit unvorteilhafte Publizität gibt«, meint dazu ein großer Vermögensverwalter im *Wall Street Journal*, der kurz nach dem Vorfall bedeutende Aktienbestände der Bank of New York kaufte. Und er fügt hinzu: »Wenn aber dem obersten Management keine direkte Kenntnis der Vorfälle nachgewiesen werden kann, so gibt es keine schwerwiegenden Probleme.«[20] Auch die israelische Zentralbank dürfte dieses professionelle Verhalten der Bank of New York bei dieser Geschichte geschätzt haben. Jedenfalls übertrug sie per 1. März 2001 die Ausgabe von israelischen Obligationen im Ausland in der Höhe von 3,5 Milliarden US-Dollar an die Bank of New York. Israel gilt im Allgemeinen als eines der Länder, das internationale Vereinbarungen zur Bekämpfung der Geldwäscherei nicht befolgt.

Alles in allem dürfte die Bank of New York von der Affäre profitiert haben. Unter diesen Umständen lohnt es sich natürlich für die Finanzhäuser, ein Reputationsrisiko einzugehen. Denn das Reputationsrisiko ist ein Papiertiger, der nur dann zum Leben erwacht, wenn sich ein Finanzplatz oder auch ein bestimmtes Institut bereits in einer (strukturellen) Krise befindet.

Die Kleinen hängt man ...

Die Öffentlichkeit aber will Geldwäscherei und kriminelle Organisationen bekämpfen. Also muss etwas unternommen werden, um zumindest den Anschein nachhaltig zu erwecken, als würden die Behörden ernsthafte Bemühungen unternehmen. Doch was bleibt, sind größtenteils unbedeutende Fälle, die den komplexen Transaktionen der modernen Finanzwirtschaft in keiner Weise gerecht werden.

Die englischen Kriminologen Michael Levi und Michael Gold haben die Meldungen analysiert, die aufgrund eines Verdachts auf Geldwäsche bei der nationalen englischen Meldestelle, dem NCIS (National Criminal Intelligence Service), eintreffen. Sie stellen fest: »Wenige der Fälle, die wir näher untersuchten, können als wohl durchdachte Geldwäscherei bezeichnet werden. Es waren viel häufiger eher amateurhafte Versuche, die Erträge aus kriminellen Vergehen mit gewissen, allerdings ungenügenden Methoden zu waschen. Das bedeutet nicht, dass besser durchdachte Methoden nicht existieren; vielmehr dürften diese Methoden durch das bestehende System nicht erfasst werden.«[21]

Moderne, hoch komplexe Finanztransaktionen und -konstruktionen sind schwer zu verstehen. Meistens wird arbeitsteilig vorgegangen. So können nicht einmal die direkt Beteiligten den eigentlichen Sinn hinter diesen Konstruktionen und Transaktionen immer erkennen. Und Außenstehende schon gar nicht. Das macht sie für Geldwäscher interessant.

Wie aber schätzt die englische Meldestelle für Geldwäscherei, das NCIS, diese Feststellung von Levi und Gold ein? Vom NCIS selbst wollte niemand dazu Stellung nehmen. Der Verantwortliche der Abteilung »Wirtschaftsverbrechen« ließ mitteilen, Gespräche zu »Geldwäscherei mit Derivaten« mit Außenstehenden seien zu delikat. Mag sein. Vielleicht war es auch nur ein Vorwand. Der frühere Chef der Abteilung »Organisierte Kriminalität« von NCIS, Graham Saltmarsh, bestätigte jedenfalls die Aussagen von Levi und Gold. Und er fügte hinzu, NCIS habe gar keine Spezialisten, die sich in moderner Finanztechnik auskennen. Es fehle das Geld.[22] Kürzlich hat nun die englische Finanzmarktaufsicht FSA (Financial Services Authority) einen Vertrag unterzeichnet, der die nähere Zusammenarbeit mit dem NCIS vorsieht.

Wenn die Behörden im Allgemeinen energisch auf kleine Geldwäscher losgehen, so hat das also durchaus seine Logik. Wie alle anderen Amtsstellen sind auch die Aufsichtsorgane zur Rechtfertigung ihrer Tätigkeit auf Erfolgszahlen angewiesen. Einfache Geldwäschereimethoden aber sind leichter aufzudecken und werden zudem nicht von kapitalkräftigen Dunkelmännern angewandt, die sich einen teuren Anwalt leisten können. Ihre erfolgreiche Ahndung erzeugt dafür einen nicht zu unterschätzenden öffentlichkeitswirksamen Lärm.

Neuerdings ist die Strafverfolgung allerdings um eine Variante erweitert worden, die auch große Vermögen betrifft, plausibel erscheint und daher durchaus gewisse Aussichten auf Erfolg haben müsste: die Bekämpfung der so genannten Potentatengelder. Potentatengelder werden die Milliarden und Millionen genannt, die Diktatoren in der Dritten Welt oder andere hochrangige Politiker und Politikerinnen ihren Untertanen abgepresst oder als Schwarzgeldzahlungen erhalten haben und die nun auf irgendwelchen Konten in vorwiegend europäischen Ländern geparkt sind. Doch sogar diese eigentlich aus demokratischer Sicht begrüßenswerten Verfahren mit dem Ziel der Rückübereignung der Gelder werden – auch wenn sie ohne großen Aufwand für Justiz und Polizei durchführbar sind – nicht immer abgeschlossen. Während beispielsweise die Schweizer Behörden die schmutzigen Milliarden des Diktators Sani Abacha sofort einfroren, weigerten sich die englischen Behörden, dies binnen nützlicher Frist zu tun.

Der englische Experte für Geldwäscherei Barry A. K. Rider stellt in der *Financial Times* mit einer gewissen Berechtigung fest: »Der Kampf gegen die Geldwäscherei ist verloren.« Und da dieser Kampf keine Erfolge zeitigt, sollen auch kostspielige bürokratische Maßnahmen gegen die Geldwäscherei abgebaut werden. So beklagen sich britische Bankiers über die bürokratischen Vorschriften, die aufgrund der Geldwäschereigesetzgebung bei der Eröffnung eines Bankkontos befolgt werden müssen: Ein Arbeitsloser oder ein Immigrant, der in einer Billigabsteige lebe, habe Mühe, sich die nötigen Dokumente wie Identitätskarte oder Führerschein für die Eröffnung eines Bankkontos zu beschaffen, und werde so durch das bestehende Gesetz diskriminiert. Das mag sogar stimmen. Mit dieser Entwicklung ist aber der Kampf gegen die Geldwäscherei in ein absurdes, zynisches Stadium eingetreten: Angesagt war der Kampf gegen Wirtschaftskriminalität, geführt wird er aber gegen gesellschaftliche Randgruppen oder andere aus politischen Gründen nicht erwünschte Gruppierungen. Es wird viel Lärm erzeugt, dessen Hintergrundrauschen große und kleine Fälle nivelliert und wichtigere, strukturelle Probleme überdeckt.

Das Eldorado im Osten

Dafür sind die Verhältnisse für das Einschleusen von Bargeld etwa in die Staaten des ehemaligen Ostblocks tatsächlich günstig. Nach einer Studie des schweizerischen Justiz- und Polizeidepartements (EJPD) beispielsweise sollen rund 40 Prozent der russischen Wirtschaftsorganisationen von kriminellen Vereinigungen beherrscht sein. Mag diese Zahl an sich auch wenig aussagen –

was ist »kriminell« in diesem Umfeld, und wann ist eine Vereinigung »kriminell«? –, so gibt sie doch eine Tendenz an. Die mangelnde Durchsetzung des staatlichen Gewaltmonopols in diesen Ländern ermöglicht so mancherlei Schlupflöcher für potenzielle Geldwäscher und lässt auch eine primär auf Bargeld orientierte Bekämpfung zur Absurdität werden.

Häufig sind der Dollar oder die Deutsche Mark die inoffizielle Leitwährung in diesen Ländern, was unzählige Möglichkeiten für Geldwäscherei eröffnet: In den ukrainischen Städten zum Beispiel entstand als Folge einer galoppierenden Inflation der ukrainischen Währung in den neunziger Jahren schnell eine große Zahl von Wechselbüros, die ohne irgendwelche Kontrollen die einheimische Währung in wertstabile Dollars wechselten. Diese Entwicklung fand praktisch im ganzen Ostblock statt. In Südamerika und Teilen Asiens hat sich der US-Dollar als Schattenwährung etabliert.

Von der Existenz einer Schattenwährung profitieren die Staaten, deren Geld als inoffizielle Leitwährung verwendet wird. Das ifo-Institut für Wirtschaftsforschung in München etwa schätzt den Auslandsumlauf an D-Mark auf einen Betrag von rund 65 bis 95 Milliarden. Dies bringt dem Bund durch die so genannte »Seigneurage«, also das Entgelt für die zur Verfügung gestellte Währung, mehrere hundert Millionen zusätzlich an Einnahmen. Der Profit der amerikanischen Notenbank dürfte noch um ein Mehrfaches höher liegen, wird doch davon ausgegangen, dass vor allem Ausländer einen großen Teil der umlaufenden Dollarnoten (schätzungsweise 60 Prozent) halten.[23] Die Seigneurage fließt der Bundeskasse zu, weil die Banken, die D-Mark ausgeben wollen, dafür Wertpapiere bei der Bundesbank hinterlegen müssen, deren Erträge in die Bundeskasse fließen. So ist die Seigneurage ein Entgelt für die Stabilität, die beispielsweise die deutsche Währung in Ländern mit prekären staatlichen Funktionen garantiert.

Alt und Neu ergänzen sich

Im Rahmen der Deregulierung und Privatisierung staatlicher Funktionen wird folgerichtig von Privatpersonen und Unternehmen der Versuch unternommen, mit Hilfe verschiedenster Techniken all die anfallenden Kosten zu unterlaufen und parallele Verrechnungsformen zu finden. Die Ausgabe von Optionsscheinen durch Unternehmen als Ersatz für die allfällige Auszahlung von Gehältern in Cash ist nur eine der möglichen Formen, um den offiziellen Geldkreislauf zu umgehen. Eine andere akzeptierte und auch häufig praktizierte Methode ist die Übernahme eines anderen Unternehmens durch Aktientausch.

Parallele Systeme zum staatlichen Geldkreislauf sind nichts Außergewöhnliches. Zum Teil sind es genossenschaftliche Verrechnungssysteme wie etwa das WIR-Verrechnungssystem in der Schweiz. Das WIR-System bildet einen geschlossenen Kreislauf – »WIR« bedeutet Wirtschaftsring –, bei dem die erbrachten Leistungen und die dabei erzielten Guthaben auf genossenschaftlicher Basis unter den mittelständischen WIR-Mitgliedern verrechnet werden. Ähnlich funktionieren auch so genannte »Talente-Börsen« oder andere Selbsthilfeorganisationen des geldlosen Austausches. Daneben gibt es schließlich verschiedene grassierende Formen von Schattenwirtschaft, wie Schwarzarbeit, die manchmal auch in Naturalien entschädigt wird.

All das sind Bestandteile einer »informellen« Ökonomie, die sich außerhalb staatlich reglementierter und besteuerter Formen des Handels bewegen. Sozial und ökonomisch sind diese Formen des Wirtschaftens Ausdruck einer bestimmten Subkultur, die – manchmal als Randerscheinung, als Experimentierfeld, manchmal aber auch zur Stützung einer bestimmten Unternehmensform wie etwa der schweizerischen Klein- und Mittelbetriebe (KMU) – vom Staat toleriert wird. Entwickeln diese Systeme aber ein zu starkes Eigenleben, bekämpft sie der Staat. Insbesondere die Schwarzarbeit hat mittlerweile auch in Europa ein beängstigendes Ausmaß angenommen, beträgt doch zur Zeit ihr Anteil in Deutschland rund 16 Prozent des Bruttoinlandprodukts, in der Schweiz rund 8 Prozent und in Italien 25 Prozent.

Diese parallelen Systeme der informellen Ökonomie oder der Schattenwirtschaft finden ihre Fortsetzung in den umfassend deregulierten Staaten des Ostens. Im Rahmen der Privatisierung und Deregulierung der einstigen Staatsbetriebe in den Ländern des ehemaligen Ostblocks haben sich Formen primitiven Güteraustausches eingespielt, die einerseits auf Devisennot beruhen, andererseits aber auch den Interessen der lokalen Machthaber entsprechen. Man bezeichnet diese Formen des Naturaltauschs auch als »Barter«-Tausch oder »Countertrade«. Auf diesem Weg können riesige Warenmengen gegeneinander ausgetauscht werden, ohne dass notwendigerweise Geld in die Finger genommen werden muss: (Blut-)Diamanten aus den Untertanengebieten afrikanischer War-Lords und andere Rohstoffe, Öl oder Gas gegen Waffen zur Stützung lokaler Herrscher oder Diktatoren. Marc Rich & Co war in diesem Geschäft – Öl gegen Waffen – einer der großen Pioniere.²⁴ Barter-Tausch oder Countertrade erfreut sich bis heute eines außerordentlichen Wachstums.

Auch im Internet hat der Countertrade unübersehbare Spuren hinterlassen. So finden sich unter den entsprechenden Stichworten diverse Unternehmen, die ihre Dienste bei diesen Austauschbörsen anbieten. Selbstverständlich wird bei diesem Warentausch auf die Steuerpflicht hingewiesen – wer will sich schon die Steuerbehörden auf den Hals holen? Daneben wird allerdings die »finanzielle Freiheit« verkündet und beiläufig erwähnt, man könne ja auch zwischen den Zeilen lesen. Das heißt, Barter-Tausch oder Countertrade helfen, die Steuerpflicht zu umgehen. Nach offiziellen Schätzungen soll der Countertrade zu Beginn der neunziger Jahre rund 10 bis 25 Prozent des Welthandels erreicht haben. Der tatsächliche Anteil dürfte sich heute als Folge vermehrter Abwicklungsmöglichkeiten über das Internet eher an der oberen Grenze dieser Spanne bewegen.

Nun gibt es zwischen den informellen Ökonomien in den wirtschaftlich hoch entwickelten westlichen Staaten und denjenigen in den östlichen Staaten – oder auch in den Entwicklungsländern – einen markanten Unterschied: In letzteren fehlt das staatliche Gewaltmonopol als grundsätzlicher Garant für das Privateigentum. Der Schutz des Privateigentums und des Ablaufs der Transaktionen wird hier durch private Unternehmen, die quasi als Schutzorganisationen auftreten, gewährleistet.

Die fortschreitende Globalisierung verlangt aber auch die zunehmende Integration dieser Märkte, was entsprechende Flexibilität der international tätigen Unternehmen verlangt, aber auch eine Standardisierung des Verhaltens, die sich nach den Gerechtigkeitsvorstellungen der entwickelten Länder einspielen muss. Während beispielsweise die internationale Nichtregierungsorganisation Transparency International die Entgegennahme von Geschenken durch Beamte und Politiker – was vorwiegend in den Entwicklungs- und Schwellenländern üblich ist – als korrupte Praxis denunziert, fließt die in den entwickelten Ländern übliche Pfründenschacherei von Verwaltungsrats- und Beiratsmandaten durch Politiker und Ex-Beamte nicht in entsprechende Statistiken ein. Der Zeithorizont des Gegengeschäfts, der naturgemäß in den Entwicklungs- und Schwellenländern kürzer ausfällt, während ein westlicher Politiker eher auf längerfristige Beziehungsnetze und das damit in Jahren anfallende Verwaltungsratsmandat vertrauen kann, wird zum entscheidenden und so auch absurden Gradmesser für Korruption.

Im Rahmen der Globalisierung kommt es zu einer Gleichzeitigkeit von aus-differenzierten, hoch komplexen Finanztransaktionen und primitiven Tausch-verfahren. Beide Ebenen ergänzen sich. Auf sozialer Ebene widerspiegeln die unterschiedlichen Gruppenbildungen die grundsätzlichen wirtschaftlichen Tendenzen. Der Clanbildung in den deregulierten, wirtschaftlich schlecht ent-wickelten Staaten mit ihren eigenen Clangesetzen entspricht die Herausbil-dung von in sich abgeschlossenen Zirkeln mit ihrer Nähe zur politischen Macht in den Zentren der Hochfinanz. Die Londoner City beispielsweise ver-halte sich wie ein »mittelalterliches Fürstentum« mit seinen eigenen Regeln und Gesetzen, schreibt der englische Professor für Buchprüfung, Prem Sikka.[25] Die einschlägigen Kreise sowohl der Clans wie auch der Hochfinanz aber be-wegen sich außerhalb der staatlichen Gesetze in einer Grauzone. Sie sind so Pioniere eines wachsenden Marktes, der sich staatlicher Kontrolle entzieht und somit auch der Geldwäscherei Vorschub leistet. Wie diese Geldwäscherei in den hoch entwickelten Staaten funktioniert, wird in den späteren Kapiteln dieses Buches dargestellt.

Verbindungsglieder zwischen den Clans und den Zentren der Hochfinanz aber sind Transaktionsbanken wie beispielsweise die Bank of New York, denen es gelingt, die grenzüberschreitenden Kapitalflüsse in den Ländern des einsti-gen Ostblocks aufrechtzuerhalten. Gleichzeitig schafft es die Bank of New York – unter anderem mit Hilfe von Derivatkonstruktionen –, Titel von Unterneh-men mit möglicherweise kriminellem Hintergrund im Westen handelbar zu machen.

Untergrund-Banking entlang ethnischer Zugehörigkeiten

Bei diesen Vermittlungsgeschäften unter Clans spielen ethnische Zugehörig-keiten eine zentrale Rolle, denn in einer deregulierten und mobilen Welt sind zuverlässige Beziehungsnetze und gegenseitiges Vertrauen unter den Handels-partnern zu dem entscheidenden Faktor geworden. Dies betrifft auch und vor allem das Finanzgeschäft.

So haben sich im Zahlungsverkehr entlang der Zugehörigkeit zu ethnischen Minoritäten Formen des Kapitalverkehrs entwickelt, die die bürokratischen Strukturen der reglementierten nationalstaatlichen Bankgeschäfte unterlaufen.

Blut- und Stammeszugehörigkeiten bilden die Basis eines Systems von Untergrundbanken, bei denen alles auf Vertrauen und mündlichen Absprachen beruht. Ein Telefon, ein Fax oder neuerdings auch ein Internetanschluss genügen, um als »Bank« Geschäfte zu betreiben; die soziale Kontrolle innerhalb des Clans garantiert einen zuverlässigen und reibungslosen Ablauf.[26]

Ob und inwiefern sich unter den wichtigen Teilnehmern und Betreibern der Finanzmärkte ähnliche Zugehörigkeitsgefühle und Rituale eingespielt haben, die das Entstehen einer verschworenen Gemeinschaft außerhalb staatlicher Normen und jenseits der traditionellen verwandtschaftlichen Beziehungen begünstigen, wäre untersuchenswert. Frank Partnoy schildert in seinem Buch *F.I.A.S.C.O. – Blut an den weißen Westen der Wall Street Broker* Initiations- und andere Rituale der Angestellten einer Investmentfirma, die klare Tabubrüche darstellen und insofern eine virtuelle Stammeszugehörigkeit begründen könnten.[27]

Technisch gründet das archaische System von Kapitaltransfers auf der Basis ethnischer Zugehörigkeiten auf dem Prinzip der »zwei Töpfe«. Grundsätzlich können dabei Zahlungsmittel in einen der »Töpfe« gegeben werden, um dann irgendwo auf der Welt im anderen Topf zu erscheinen, ohne dass der Vorgang irgendwelche Spuren hinterlässt. Konkret wird das Geld, das ein Kosovo-Albaner seinen zurückgelassenen Angehörigen oder auch einer kriminellen albanischen Organisation schicken will oder das ein Filipino oder etwa ein Vietnamese aus Westeuropa in sein Heimatland transferieren muss, zu einem Reisebüro, einem Import-/Exportgeschäft oder einem Lebensmittelgeschäft seiner Ethnie gebracht. Von dort teilt der Untergrundbanker einem ihm bekannten Untergrundbanker in dem betreffenden Land den Betrag mit, der eingezahlt wurde. Der Untergrundbanker am anderen Ende der Leitung hält nun den entsprechenden Betrag in der Währung des entsprechenden Landes zur Auszahlung bereit. Besteht aber ein Überschuss an Einzahlungen, kann der Ausgleich über falsche Fakturierungen, Transport der Währung in Koffern oder Ähnliches wieder ausgeglichen werden.

Dieses System – auch »Hawala-Banking« genannt – ist schneller als der Geldtransfer bei gewöhnlichen Banken, darüber hinaus günstiger und sehr zuverlässig, unkompliziert und anonym. Der Untergrundbanker ist nämlich keinen Buchführungspflichten unterworfen und schreibt Ein- und Auszahlungen entweder codiert auf oder behält sie im Gedächtnis.

Hawala-Banking hat sich – ausgehend von Asien, vor allem von China – neuerdings auch in Europa breit gemacht. Dank seiner Einbettung in einen vertrauten Kontext wird dieses Bankensystem je nach dem Zustand des Bankensystems im Zielland häufig sogar ausgiebiger verwendet als das offizielle Bankensystem. Auch Großunternehmen bedienen sich unter Umständen dieser Kanäle. Geld, das über dieses System gewaschen wird, ist praktisch nicht mehr nachweisbar. Staatlichen Behörden ist das System nicht zugänglich. Mögliche Papierspuren bei der Abwicklung von Geldwäschereigeschäften verlieren sich im Nichts.

Rücken an Rücken am Arm des Gesetzes vorbei

Auch traditionell kleingewerbliche Steuerflüchtige und Geldwäscher – der so genannte Mittelstand – bedient sich in den entwickelten Ländern seit längerem Techniken zur Unterbrechung der Papierspur. Die wohl am weitesten verbreitete und auch gebräuchlichste ist das »Back-to-back«-(»Rücken-an-Rücken«-)Verfahren. Dabei löst ein auf einer Bank deponierter Geldbetrag irgendwo eine Zahlung in anderer Form aus. Das deponierte Kapital dient als Garantie für die korrespondierende Auszahlung. Wirtschaftlich sind die beiden Vorgänge direkt miteinander verknüpft, juristisch sind sie voneinander absolut unabhängig. Letzteres macht den Reiz des Verfahrens aus.

Betrachten wir ein Beispiel, und nehmen wir an, ein amerikanischer Tierhändler habe verbotenerweise irgendwo in Afrika geschützte Tiere gefangen und sie verkauft. Es wäre selbstverständlich ungünstig, wenn sein Gewinn bekannt würde, denn einerseits könnten seine »dunklen« Geschäfte aufgedeckt werden und andererseits müsste er sein Einkommen versteuern. Also zahlt er sein Geld auf das Konto einer Schweizer Bank ein, eine Einzahlung, die dem Bankgeheimnis unterliegt. Nun lässt er sich entweder von einer Filiale der Schweizer Bank in den USA oder von einer Korrespondenzbank der Schweizer Bank in den USA ein Darlehen oder eine Hypothek auszahlen. Bei dieser Hypothek sind die Rückzahlungsbedingungen bzw. die Zahlungen der anfallenden Zinsen so gestaltet, dass er unter dem Strich entweder über das eingezahlte Kapital verfügen oder es in Form einer Rente nutzen kann. Möglich wäre auch, falls man eine Versicherungsgesellschaft zur Hand hat, die Auszahlung einer fingierten Rente auf eine fiktive Lebensversicherung.

Das Back-to-back-Verfahren eröffnet ungeahnte Möglichkeiten von Umgehungsgeschäften und beschert unzähligen Wirtschaftsanwälten ein luxuriöses Leben, sind doch möglichst gut ausgearbeitete und schwer durchschaubare Verträge das A und O dieses Systems. Allerdings dürfte diese Art der Steuerumgehung und Geldwäsche angesichts der modernen derivatgestützten Methoden an Bedeutung verlieren – ähnlich etwa wie auch das traditionelle Sparen durch modernere Formen ersetzt wird. Dennoch bietet das Back-to-back-Verfahren weiterhin Vorteile: Steuern aller Art, von den Einkommenssteuern über Körperschaftssteuern bis zu Warenumsatzsteuern, können so umgangen werden. Auch Geld unbestimmter Herkunft kann so gewaschen werden.

Probleme stellen sich bei diesem Geldwasch- oder Steuerhinterziehungsverfahren, falls einer der Beteiligten aus der Schule plaudert oder wenn die in Frage stehenden Beträge ausgezahlt werden. Allerdings ist es im Zeitalter der individualisierten, das heißt »marktkonformen« Ausrichtung der Bankgeschäfte für misstrauisch gewordene Behörden sehr schwer, eine möglicherweise manipulierte Darlehensgewährung hieb- und stichfest nachzuweisen.

Wie eine Back-to-back-Steuerhinterziehung ablaufen könnte, zeigt der Fall des belgischen Finanzkonglomerats KBC. Auch der CEO der KBC, Remi Vermeiren, wird beschuldigt, in diesen Fall verwickelt zu sein – ein Hinweis auf die Unerschrockenheit der belgischen Justizbehörden und ihres jugendlichen königlichen Strafverfolgers Benoît Djemeppe. Die KBC gehört zu 68 Prozent der in Antwerpen ansässigen Holdinggesellschaft Almanij, die wiederum rund 47 Prozent der Aktien an der KBLux, der luxemburgischen Tochter, hält. Die KBC selbst hat nur einen marginalen Anteil an der KBLux.²⁸

Angefangen haben die Sorgen der belgischen Kredietbank (KB, nach der Fusion mit Cera KBC) im Jahre 1993. Damals waren mehrere Kadermitarbeiter der KBLux in eine milliardenschwere Geldwäscherei für das Drogenkartell von Cali verwickelt. Bei den Untersuchungen zu diesem Vorfall tauchten auch rund 4.000 anonyme Konten von Klienten auf. 300 Konten gehörten belgischen Inhabern. Nach einem längeren Hin und Her, in das auch ein ehemaliger sozialistischer Kabinettschef verwickelt war, gelangten diese Listen schließlich am 9. Mai 1996 in die Hände eines Untersuchungsrichters.

Dieser stieß im November 1997 bei der Kredietbank Courtai auf das Büro eines pensionierten Kadermitglieds der KBLux, der die belgische Kundschaft darauf aufmerksam machte, dass es für sie zur Umgehung der Steuern interessant sei, ein Konto bei der KBLux in Luxemburg zu eröffnen. Bei der nachfolgenden Untersuchung der KBC in Laecken fanden die Behörden Dokumente, von denen zwei sich auf eine Anleihe über einen Betrag von 47 Millionen belgische Francs bezogen. Diese Anleihe war von der belgischen Gesellschaft Consulvatim bei der KBLux herausgegeben worden.

Die Methode »Back-to-back« funktionierte wie folgt: Die Anleihe sah auf den ersten Blick nicht ungewöhnlich aus, aber de facto lag die besagte Summe in Höhe von 47 Millionen belgischen Francs auf einem Konto in Luxemburg. Das Geld war über eine panamesische Gesellschaft überwiesen worden, deren wirtschaftlich Berechtigter identisch mit dem Inhaber der Consulvatim ist. Die panamesische Gesellschaft wiederum wurde von der luxemburgischen Krediet Trust gegründet, die ebenfalls zur KBC-Gruppe gehört. Über Kapitaltransfers via Offshore-Gesellschaften zur Verschleierung der Herkunft des Geldes und über die fiktive Anleihe in der Höhe von 47 Millionen belgischen Francs wurde so das steuerhinterzogene Geld an diejenigen zurückgeführt, denen es eigentlich gehörte. Der hier dargestellte Vorgang ist nur Teil einer größeren Steuerhinterziehung, die sich auf insgesamt rund 5 Milliarden D-Mark belaufen soll.

Raffinesse ist gefragt

So komplex die Transaktionen zur Geldwäsche auch sein mögen, es besteht für die Drahtzieher immer noch ein Restrisiko, entlarvt zu werden. Und trotz der schadensmindernden flankierenden Maßnahmen zur Eindämmung der Reputationsrisiken bleiben gewisse Unwägbarkeiten und Ungewissheiten bestehen. Darüber hinaus bringen öffentlich gewordene Fälle von Geldwäsche Unruhe in den Betrieb und binden Managementkapazitäten. So ist es für allfällige Aktionen zur Geldwäsche sinnvoll, Methoden zu verwenden, die weder einem Revisor noch der Bankenüberwachung auffallen und die mit den heutigen Kontrollverfahren praktisch nicht nachweisbar sind. An diesem Punkt schlägt die Stunde der Derivate.

2. Derivate – Geschichte, Ideologie, Funktionsweise

Im Laufe der vergangenen Jahre haben sich Derivate zum Massenprodukt im Zentrum des Bankgeschäfts entwickelt. Heute gehören sie – neben den Devisen und den Wertpapieren – zu den weltweit wichtigsten Finanztiteln.

Derivate – der Sache nach entsprechen sie in etwa den »Termingeschäften« – sind grundsätzlich Kontrakte zwischen zwei Parteien und betreffen eine Abmachung, die in Zukunft eingelöst werden kann oder muss. Getreu der vertraglichen Abmachung sind Termingeschäfte eine Wette zwischen zwei Parteien und entsprechen so einem Nullsummenspiel: Der eine Partner gewinnt, was der andere verliert. Der Gewinn oder Verlust resultiert aus der Differenz zwischen dem vertraglich festgelegten Preis des zugrunde liegenden Gutes oder – synthetischen oder echten – Wertpapiers und dessen Marktpreis bei Auslaufen des Kontrakts.

Dazu ein kleines Beispiel: Ihre Freundin will Ihnen zu Ihrem Geburtstag einen selbstgebackenen Erdbeerkuchen schenken. Sie schließen mit ihr am 1. März die Wette ab, dass zu Ihrem Geburtstag Ende März das Pfund Erdbeeren in einem bestimmten Geschäft für 3 Euro zu haben sein wird. Nehmen wir ferner an, Sie gehen von einem niedrigeren Preis aus, Ihre Freundin aber von einem höheren. Liegen Sie Ende März richtig, so muss Ihnen Ihre Freundin die Differenz zwischen 3 Euro und dem tatsächlichen Preis ausbezahlen, andernfalls gilt das Umgekehrte.

Soeben haben Sie eine einfache Form eines Derivatkontrakts abgeschlossen. Das dem Kontrakt zugrunde liegende Gut (der so genannte Basiswert) ist in diesem einfachen Fall ein Pfund Erdbeeren. Der Basispreis beträgt 3 Euro. Ende März erweist sich, dass die Erdbeeren für 2,80 Euro zu haben sind, sodass Sie zusätzlich zu allen übrigen Geburtstagsfreuden auch um 20 Cents reicher geworden sind.

So einfach funktionieren Derivate! Im Fall von Finanzkontrakten kann der Basiswert eine Aktie, eine Anleihe, ein Aktienindex, Devisen oder Ähnliches sein. Es geht grundsätzlich immer um die Differenz zwischen dem zukünftigen Wert irgendeines Gutes oder einer Wertschrift und dem vertraglich festgelegten Basispreis, dem Preis also, zu dem der Kontrakt erfüllt wird. Es kann zum Beispiel auf den Verlauf der Hypothekarzinsen gewettet werden, indem eine Festzinshypothek abgeschlossen wird: Liegt der Zinsfuß für die Festzinshypothek für die vereinbarte Zeit im Schnitt über dem variablen Zinsfuß, haben Sie verloren, andernfalls gewonnen.

Der Fantasie der Menschen sind bezüglich Derivate keine Grenzen gesetzt. Der Kontrakt muss auch nicht unbedingt in einem direkten Bezug zu Sachwerten stehen. So beziehen sich heute bloß 2 Prozent der täglichen Devisentermingeschäfte in Höhe von 1.500 Milliarden US-Dollar auf den Handel mit Gütern, Dienstleistungen oder auf Sachinvestitionen. Der viel zitierte mittelständische Exporteur, der sich mit Hilfe von Termingeschäften gegen Währungsschwankungen absichern will, ist also die absolute Ausnahme. Gäbe es Terminhandel mit Devisen allein zum Zweck der Absicherung gegen Preisrisiken, so wäre zu seiner Aufrechterhaltung auf dem gegenwärtigen Niveau – nach einer Faustregel – das Fünf- bis Zehnfache des Handels, der sich auf Güter und Dienstleistungen bezieht, nötig. Das würde einem täglichen Umsatz von rund 300 Milliarden Dollar entsprechen.

Der Rest ist einzig Spekulation und durch den Handel oder andere realwirtschaftliche Aktivitäten nicht zu rechtfertigen: Die einen wetten beispielsweise auf einen Anstieg des Euro im Verhältnis zum Dollar, andere erwarten eine umgekehrte Entwicklung. Diese Spekulation findet praktisch ausschließlich unter den »global players« statt, also großen Banken, Investmenthäusern, finanzkräftigen Unternehmen und den so genannten »Hedge Funds«.

Zu Beginn der siebziger Jahre, als das Bretton-Woods-System fixer Wechselkurse aufgegeben und so die Grundlage für den Aufschwung der derivativen Instrumente gelegt wurde, bezogen sich noch rund 90 Prozent der internationalen Finanzgeschäfte auf den Handel oder langfristige Investitionen. Der US-amerikanische Präsident Richard Nixon gab den Startschuss zur Trendwende, indem er 1971 die bis dahin garantierte Möglichkeit eines Umtauschs der Dollarreserven fremder Nationalbanken in Gold zu einem festgelegten Dollarpreis pro Unze aufhob. Damit verlor das Gold seine Funktion als Währungsanker, und die verschiedenen nationalen Währungen begannen frei zu schwanken. Mit dem Zusammenbruch der fixen Wechselkurse kam die Spekulation, potenziert durch die Globalisierung des Handels und die vielfältigen Möglichkeiten der Kommunikation. So lagen die »Samen für die Entwicklung der Derivate bereit unter dem Schnee, um mit dem Beginn des Frühlings in voller Pracht zu gedeihen«, wie es der Chicagoer Finanzguru Merton H. Miller in einem Aufsatz bildhaft ausdrückt.[1]

Derivate – ein Kind der Deregulierung

Der amerikanische Finanzmarktexperte Merton H. Miller stellt in seinem 1986 erschienen Artikel *Financial Innovation: The Last Twenty Years and the Next* fest, der wichtigste Impuls für erfolgreiche Finanzinnovationen entstamme dem Wunsch, regulierende staatliche Auflagen und Steuern zu umgehen oder zu vermeiden. Der Finanzguru Myron Scholes wiederum ist der Ansicht: »Im Grunde zahlt ohnehin niemand Steuern.« Er versteht nicht, dass Leute nicht jede auch noch so extreme Möglichkeit ausnutzen, um Steuern zu umgehen.

Dieses Ziel des Steuersparens wurde auf breiter Front erreicht. Die Eigenkapitalrendite stieg in den letzten 20 Jahren stark, während sich die Rendite des Gesamtkapitals, mit dem ein Unternehmen betrieben wurde, kaum erhöhte. So schreibt der *Economist* im Januar 2001: »Seit 1991 nahm die Eigenkapitalrendite in den USA um spektakuläre 108 Prozent zu und liegt nun um rund 30 Prozent über dem langjährigen Durchschnitt. Die Profitabilität des eingesetzten Kapitals (vor Steuern, Zinsen und Abschreibungen) nahm jedoch bloß um 13 Prozent zu und ist jetzt wieder auf den langjährigen Durchschnitt von etwas unter 9 Prozent zurückgegangen. Diese Diskrepanz geht zum großen Teil auf größere Verschuldung (was höhere Zinszahlungen mit sich bringt) und – ohne dass ein wesentlicher Rückgang der Steuersätze für Unternehmen zu verzeichnen war – auf geringere Steuerzahlungen zurück.«[2] Die Verminderung der Steuerlasten ist unter anderem den von den Derivaten geschaffenen Instrumenten zur Steuerumgehung geschuldet.

Weil etwa der amerikanische Fiskus seit den späten sechziger Jahren eine Zinsabschlagsteuer auf ausländische Engagements in amerikanischen Obligationen (»bonds«) erhebt, sind diese Anlagen nach Europa verschoben worden und haben so die Entstehung der Eurobonds begründet. Und bieten etwa Schweizer Banken wie Vontobel ihrer Kundschaft Derivatprodukte zum Kauf an, so ist neben der Strategie für die Kapitalanlage, den Lösungsvorschlägen sowie den damit verbundenen Chancen und Risiken der Absatz »Steuern und Gebühren« der drittwichtigste Punkt. Wenn der Schweizer Finanzminister Kaspar Villiger die Zinsabschlagsteuer als Variante vorschlägt, um den Druck der EU auf Aufhebung des Schweizer Bankgeheimnisses abzuwehren, so kann dies den Schweizer Banken nur recht sein. Dank Derivaten verfügen sie schon längst über Ausweichstrategien. Denn bei Derivaten fallen weder Dividenden noch Zinszahlungen an, die einer Zinsabschlagsteuer unterliegen würden, und eine Kapitalgewinnsteuer gibt es in der Schweiz nicht.

Die prägende Kraft der sozialen Verhältnisse

Wetten auf die Zukunft sind nichts Neues. Neu sind heute bloß die Versuche, Instrumente wie Derivate losgelöst von ihrer sozialen und politischen Umgebung betrachten zu wollen und ihren Einsatz umfänglich zu deregulieren. So wehrt sich etwa der Vorsitzende der US-amerikanischen Notenbank, Alan Greenspan, energisch gegen eine Reglementierung der Derivate als Reaktion auf verschiedene Zwischenfälle: »Es ist falsch, wenn man die Derivate zu Sündenböcken macht.« Derivate würden sich in ihrer Ausgestaltung bloß dem Markt anpassen.[3] Wieder einmal ist der Markt das Allerweltsheilmittel. Derivate sind aber auch Ausdruck der sozialen Verhältnisse. Die folgenden Beispiele zeigen auf, wie Derivate in ihrem sozialen und politischen Umfeld eingesetzt werden.

Erste Terminkontrakte sind bei der Vermarktung landwirtschaftlicher Produkte entstanden. Bauern sind grundsätzlich zwei Risiken ausgeliefert, die sie nicht unter Kontrolle haben: dass ihre Ernte ausfällt oder dass die Preise für ihre Produkte stark sinken. Beides kann zu einem Einkommensausfall führen und sie in ihrer Existenz gefährden. Mit Hilfe von Derivaten können diese Risiken ausgelagert werden. So können die Bauern den Preis der Ernte bereits bei der Aussaat mit einem Kontraktpartner vereinbaren, oder sie können das Getreide schon Monate vor der Ernte verkaufen – vorausgesetzt, sie finden einen entsprechenden Vertragspartner.

Natürlich können Regierungen, die den Bauern in ihrem Land günstig gesonnen sind, diese Risiken auch auf sich nehmen, indem sie ihnen in schwierigen Zeiten mit stützenden Preisvorschriften oder Direkthilfen unter die Arme greifen und Rahmenbedingungen für eine ausgeglichene Preisgestaltung schaffen. Das macht Terminverträge mehr oder weniger überflüssig, bedeutet aber auch Planwirtschaft. In Form von genossenschaftlichen Organisationsstrukturen, Erbschaftsregelungen zur Steuerung der Bevölkerungszahl, Ein- und Ausfuhrkontrollen von Nahrungsmitteln sowie der zeitweiligen Festlegung von Höchstpreisen waren planwirtschaftliche Elemente von Karl dem Großen bis zur Französischen Revolution gang und gäbe.

Unter Marktbedingungen wird ein Bauer, der über ein Kapitalpolster verfügt, seine Produktionsrisiken nicht unbedingt an Dritte weitergeben. Denn mit jeder Auslagerung eines Risikos wird an den Risikonehmer, das heißt häufig den Spekulanten, auch ein Gewinnpotenzial abgetreten. So kann beispielsweise der Preis des Getreides im Herbst viel höher sein als der im Frühling vereinbarte – nun kann die Gegenpartei einen schönen Gewinn in Form der Differenz zwischen dem im Frühling abgemachten Preis und dem tatsächlichen Preis im Herbst einstreichen.

Aber die Bauern verfügten in den vergangenen Jahrhunderten nur selten über genügend Kapital, um entsprechende Risiken abdecken zu können. Denn Bauern befinden sich traditionellerweise in einer ungünstigen Position. Sie können nur in Ausnahmefällen die Preise für ihre Produkte entscheidend mitbestimmen. Und häufig lasten die Kosten für die Weiterentwicklung einer Gesellschaft auf den Schultern der Bauern. In den vergangenen Jahrhunderten wurden von den Bauern erzielte Überschüsse von der Obrigkeit weggesteuert und für Infrastruktureinrichtungen wie Schulen, Militär, den Ausbau der Verkehrswege oder Ähnliches verwendet.

Wer aber keine Rücklagen bilden kann, ist vernünftigerweise wenig risikofreudig. Er will vor allem überleben, das heißt seine Risiken möglichst begrenzen und die Einkünfte absichern. Und wenn schon das Wetter nicht beeinflusst werden kann, so sucht man doch zumindest den Preis für das im Frühjahr gesäte Getreide festzulegen, das im Herbst geerntet wird. So sind die ersten Derivate entstanden.

In seiner Geschichte über die Derivate mit dem Titel *Building the Global Market* erwähnt der englische Rechtswissenschaftler Edward J. Swan eine Keilschrift aus der Zeit der Hochblüte der Mesopotamier rund 1.700 Jahre vor Christi Geburt.[4] Nach dieser in der Zeit Hammurabis entstandenen Urkunde verpflichtete sich eine Priesterin, einen im Voraus vereinbarten Preis für eine bestimmte Menge an Getreide, die ihr nach der Ernte zu liefern war, zu bezahlen.

Dieses Termingeschäft mit Getreide bringt der Priesterin Vorteile: Sie weiß, dass sie das Getreide zu einem festgelegten Preis und zu einem bestimmten Zeitpunkt erhält. Es ist für sie nicht nötig, Getreide zu lagern, um sich so gegen allfällige Preisschwankungen abzusichern. Derivate helfen, den Zwang zur Lagerhaltung, der sonst in den agrarischen Gesellschaften immer bestand, mit Hilfe von finanztechnischen Konstrukten zu beschränken und marktwirtschaftliche Risiken einzugrenzen. Derivate helfen auch, die Rahmenbedingungen für die Produktion für die kommende Zeit festzulegen.

In dem oben genannten Kontrakt verbleiben das Wetterrisiko oder auch andere Ausfallrisiken beim Bauern. Zumindest das Wetterrisiko kennt er aufgrund seiner Tätigkeit besser als die Gegenpartei und kann mögliche Folgen – wenn auch mit Einschränkungen – mildern. Es ist daher sinnvoll, wenn er dieses Risiko auf sich nimmt.

In der Bewältigung anderer Risiken, wie etwa der Kriegsfolgen und der damit verbundenen Möglichkeit einer Zerstörung der Fruchtflächen, hat der Bauer aber keine bessere Position als die andere Partei. Dass diese Risiken trotzdem am Bauern hängen bleiben, widerspiegelt ein mögliches Informations- und so auch ein Herrschaftsgefälle zwischen den Kontraktpartnern.

Die Priesterin und Tochter des Königs, eine der beiden Kontraktparteien aus unserem obigen Beispiel, dürfte gesellschaftlich und ökonomisch eine dominierende Position innegehabt haben, während der Bauer oder eventuell auch ein Zwischenhändler relativ ohnmächtig gewesen sein dürfte. Denn wäre der Bauer mächtig genug gewesen, hätte er zumindest einen Teil des Kriegs-, oder auch des Wetterrisikos auf die Priesterin abzuschieben versucht. Natürlich spielt auch die Höhe des Preises und eine darin eingeschlossene allfällige Risikokomponente eine Rolle. Aber wir kennen die genauen Rahmenbedingungen für die Kontrakte nicht.

Eine andere Risikoverteilung beschreibt Thomas Mann in seinem Buch über die Buddenbrooks. Die Geschichte spielt im 19. Jahrhundert. Diesmal ist nicht der Produzent, sondern der Händler im Nachteil. Einer der Buddenbrooks in Manns Familiensaga kauft Getreide ab dem »Halm«, also bevor es ausgereift und geerntet ist. In das Getreide fällt Hagel, es gibt praktisch nichts mehr zu ernten, und der spekulierende Buddenbrook erleidet ruinöse Verluste, von denen er sich nicht mehr erholt.

Ähnlich wurde mit Wolle von Schafen vor deren Schur spekuliert. Im ausgehenden 19. Jahrhundert wurden Terminspekulationen auf agrarische Produkte in Deutschland nicht überall gern gesehen. Wer als Zwischenhändler spekulativ Geld verdienen wollte, befand sich daher strategisch in einer schlechten Position.

In die Zeit Hammurabis – also 3.700 Jahre zurück – fallen auch erste Verträge, die gewisse Ähnlichkeiten mit Optionen aufweisen, lassen sie doch Wahlmöglichkeiten offen. Der bei Swan erwähnte Vertrag betrifft die Lieferung von Sklaven. Der Inhaber der Option hat das Recht, sich entweder Sklaven liefern zu lassen oder das bezahlte Silber zurückzufordern. Der Kontrakt ist übertragbar – das macht ihn marktgängig –, und die Sklaven sind nicht individuell bestimmt. Nach Swan enthielten diese frühen derivativen Kontrakte zahlreiche Elemente, die wesentlich für Termingeschäfte oder Derivate sind. So waren die Verträge schriftlich fixiert, das heißt in Steintäfelchen gehauen. Die beiden Parteien und das Guthaben, das übertragen werden sollte, wurden im Vertragstext umschrieben ebenso wie der Preis für die Transaktion und der Zeitraum bis zu ihrer vollständigen Abwicklung. Meistens wurde die Urkunde durch eine Liste ergänzt, die die Beschreibung der Zeugen enthielt. So wurden Rahmenbedingungen geschaffen, die die Einhaltung der Verträge garantierten. Indem diese Kontrakte – also die Täfelchen – frei handelbar wurden, konnten sie auch die Funktion eines Zahlungsmittels übernehmen. Sie ersetzten fehlendes Geld oder Münzen und halfen so, den Markt liquide zu halten.

Die Verträge aus der Zeit Hammurabis muten ausgesprochen modern an und waren nur möglich, weil unter anderem der so genannte »Codex Hammurabi«, ein für die damalige Zeit herausragendes Gesetzeswerk, die Grundlage für zuverlässige Handelsbeziehungen bei der Bevölkerung legte und eine weite Verbreitung fand. Vertrauen ist die entscheidende Grundlage, um Verträge handelbar zu machen. Die grundsätzliche Handelbarkeit der juristisch festgeschriebenen Abmachung ist bis heute eines der zentralen Merkmale der modernen Derivate geblieben.

Termingeschäfte als Sicherheitsgurte

Abmachungen über die Zukunft bewegen sich in einem schillernden Feld: Sie helfen bestimmte Risiken an Spekulanten auszulagern und können so die Folgen zufälliger, durch die Produzenten nicht planbarer Ereignisse wie Wettereinflüsse, Transportprobleme oder Ähnliches ausgleichen. Sie helfen längerfristig zu planen: Individuell kann mit Hilfe der Termingeschäfte bestimmt werden, welche Risiken an Dritte abgetreten werden sollen und welche man selbst übernehmen will. Der Bauer kann sich auf sein »Kerngeschäft«, die Produktion von Nahrungsmitteln, konzentrieren.

Dazu senken Terminkontrakte den Aufwand, der für die Informationsbeschaffung bei einem Verkauf der Ernte im Herbst geleistet werden muss. Denn wenn der Markt gerade nach der Ernte mit den entsprechenden Produkten überflutet wird, ist es schwierig, den Überblick zu behalten, und es kann zu großen Preisschwankungen, das heißt hoher Volatilität, kommen. Vorher abgeschlossene Terminverträge mildern die Folgen dieser Preisschwankungen und ermöglichen eine weiter gehende Planung.

Andererseits aber können Termingeschäfte klar der Übervorteilung des schlechter Informierten oder wenig Mächtigen durch die besser Informierten, Mächtigeren dienen: Wer voraussieht, was in Zukunft geschieht, oder die Zukunft gar selber beeinflussen kann, ist immer Gewinner einer Wette, die auf den Verlauf der Zukunft abgeschlossen wird. Denn die Termingeschäfte sind unter sich ein Nullsummenspiel: Der eine der Kontraktpartner gewinnt, was der andere verliert. Die Risiken werden durch Derivate nicht aus der Welt geschafft, sondern nur verschoben. Derivate sind so bloß Instrumente, die bestimmte gesellschaftliche Verhältnisse widerspiegeln. Wie und ob sie eingesetzt werden, sagt immer auch etwas über die Machtverhältnisse und die Denkstrukturen einer Gesellschaft aus.

Der kritische Ökonom Rudolf Hilferding hat in seinem zu Beginn des letzten Jahrhunderts bahnbrechenden Werk *Das Finanzkapital* mögliche Interessen an Terminkontrakten für Agrarprodukte herausgeschält.[5] Nach Hilferding wirken sich Terminkontrakte vor allem für mittlere Produzenten vorteilhaft aus, da ihnen ein früh fixierter Preis die Möglichkeit verschafft, ihr Kapital effizient einzusetzen und sich auf ihr ureigenes Geschäft, die Herstellung von Nahrungsmitteln, zu konzentrieren.

Große Produzenten hingegen sind auf diese ökonomischen Rahmenbedingungen nicht angewiesen, da sie gewissermaßen hausintern entsprechende Sicherheitspolster bilden können. So sollen beispielsweise die großen Londoner Getreidefirmen Gegner der Einführung des Terminhandels gewesen sein. Sie befürchteten, bei einer Einführung von Termingeschäften würde der Handel demokratisiert und sie würden so ihre beherrschende Stellung verlieren. In Deutschland gelang es den großen Agrarproduzenten und -händlern, potenzielle Veränderungen durch den Terminhandel zu blockieren. Im Börsengesetz von 1896 wurde der »börsenmäßige Terminhandel in Getreide und Mühlenfabrikaten« untersagt. Dies war eine rückwärtsgewandte Form der Besitzstandswahrung. Eine für die damalige Zeit fortschrittlichere Haltung hätte auf die potenziellen Konzentrationstendenzen und die damit verbundenen Kontrollmöglichkeiten beim Börsen- und Terminhandel gesetzt. Es sind die rückwärtsgewandten ostdeutschen Gutsherren und Junker, die sich in Deutschland gegen den angelsächsisch geprägten Spekulationskapitalismus der Mittelschichten durchsetzten.

Finanzverkehr und Spekulation im Mittelalter

Ein weiterer Blick zurück in die Geschichte, diesmal ins Spätmittelalter, zeigt, wie der Zerfall großräumiger staatlicher Strukturen, verbunden mit gleichzeitig aufkommendem Handel, die Entstehung von Spekulation fördert. Damals galt es, die sich rasch ändernden Wechselbeziehungen zwischen den unzähligen Fürstentümern und Stadtrepubliken auszunutzen.

Zwar bestanden grundsätzliche religiös-moralische Vorschriften gegen Spekulation. Die Kirche verbot im Mittelalter Zinszahlungen als Wucher, und darunter fielen bei einer strengen Auslegung der Kirchengesetze auch Terminkontrakte. Doch es gab einen Ausweg: Wer Vorschriften übertrat, befreite sich durch jährliche Zahlungen von den begangenen Sünden. So stellten die Kaufleute »cambi a termine« oder auf deutsch »Terminwechsel« aus – und zahlten dafür in den Kirchensäckel. Im Islam wurde mit dem Wucherproblem etwas großzügiger umgegangen. Hier wurden Termingeschäfte schon früh als Ersatz für Zinszahlungen akzeptiert, dafür nehmen strenggläubige Muslim auch heute noch keinen Zins.

Dank dem erkauften Dispens wurden nun Wechsel möglich, die für den Handel des 14. und 15. Jahrhunderts eine gewisse Bedeutung als Spekulationsinstrumente erhielten. Dabei bezog sich die Spekulation sowohl auf den Zins als auch auf den Wechselkurs. Wechsel sind – nach Raymond de Roover »eine Übereinkunft, die vorsah, dass der ›Geldverleiher‹ eine Geldsumme bereitstellte ... und im Gegenzug ein fristbedingtes Zahlungsversprechen erhielt (Kreditoperation), das allerdings an einem anderen Ort und in einer anderen Währung (Geldwechsel) einlösbar war. Jeder Wechselvertrag brachte daher eine Kreditoperation und einen Geldwechsel mit sich, wobei beide Operationen eng miteinander verbunden waren.«[6]

Europa bestand in der damaligen Zeit aus zahlreichen Fürstentümern und verschiedenen Stadtrepubliken mit Münzrecht, das heißt einer eigenen Währung. Je nach der wirtschaftlichen Situation in den einzelnen Staaten konnte der

Wert der Währung steigen oder fallen. Ein venezianischer Kaufmann notiert Mitte des 15. Jahrhunderts: »In Genua ist Geld im September, Januar und April teuer, weil dann die Schiffe auslaufen ... in Rom oder überall, wo sich der Papst aufhält, schwankt der Geldpreis gemäß der Zahl der vakanten Benefizien und der Reise des Papstes, der den Geldpreis überall dort in die Höhe treibt, wo er sich aufhält ... in Valencia verteuert sich Geld im Juli und August wegen Weizen und Reis ... in Montpellier gibt es drei Messen, die das Geld sehr teuer machen...«[7]

Kaufleute konnten diese Geldwertschwankungen und die mit ihnen verbundenen Risiken nicht immer voraussehen, waren aber im Allgemeinen besser informiert als der Rest der Bevölkerung. Der Wechsel bot ihnen die Möglichkeit, auf Zukunft hin mit Veränderungen der Währungsverhältnisse von einem Staat zum anderen zu spekulieren und dabei allfällige Informations- und Wissensvorsprünge zu barer Münze zu machen – oder sie konnten sich auch absichern. Dazu wurde zu Anfang der Laufzeit des Wechsels ein Austauschverhältnis zwischen zwei Währungen festgelegt. Je nachdem, wie sich die Wechselkurse am Ende der Laufzeit, die normalerweise 30 Tage betrug, verhielten, gewann nun der Wechselaussteller oder der Wechselbezieher. All dies blieb jedoch ein Spiel unter einigen wenigen. Der reale Güteraustausch war umfangreicher als die Finanztransaktionen.

Die sich eröffnenden Spekulationsmöglichkeiten waren das Gegenstück der Zersplitterung der Machtverhältnisse im Europa der beginnenden Neuzeit. Die Schwächung der Herrschaftszentren bot nicht zu unterschätzende Vorteile: Sie versetzte den aufstrebenden Kaufmannsstand in die Lage, das enge Korsett der feudalen Gesellschaft zu sprengen, und sie verwehrte es den schwachen Herrschern, das Eigentum der Untertanen zu vereinnahmen – beides Voraussetzungen für eine gedeihliche wirtschaftliche Entwicklung.

Allgemein brachte der Handelsaufschwung im Spätmittelalter, ausgehend von den italienischen, flandrischen und französischen Handels- und Messestädten, einen enormen Aufschwung des Banken- und damit verbunden des Kreditgewerbes in all seinen Ausprägungen. Neben den oben erwähnten Wechseln wurden auch Versicherungen abgeschlossen. Grundsätzlich besteht ein Unterschied zwischen Termingeschäften und Versicherungen. Versicherungen werden nach dem Prinzip »Einer für alle, alle für einen« abgeschlossen. Tritt ein Schaden ein, zahlen alle Beteiligten; auch ein Gewinn wird – je nach Vertrag – solidarisch oder entsprechend der eingegangenen Risiken verteilt. Vor allem dieses solidarische Verhalten in einer Gruppe von Vertragspartnern, basierend auf einer Haltung wechselseitigen Vertrauens, unterscheidet Versicherungen von Termingeschäften.

Aber auch ein Termingeschäft wäre als Absicherungsstrategie möglich gewesen. Termingeschäfte sind Wetten auf den zukünftigen Preisverlauf eines Gutes: Der eine der Partner gewinnt, was der andere verliert. Gewinnchancen und Verlustrisiken werden indes symmetrisch verteilt. Das bedeutet im Ergebnis, dass auf der Verliererseite der Verlust immer gleich groß ist wie der Gewinn auf der anderen Seite. Diese Kontrakte werden daher als symmetrisch bezeichnet.

Das ist bei Optionsgeschäften, den komplexeren Formen von Terminkontrakten, nicht der Fall. Hier zahlt der Erwerber der Option eine Prämie und bezieht dafür das Recht, nicht aber die Pflicht, ein bestimmtes Geschäft zu einem vorher vereinbarten Zeitpunkt abzuschließen. Optionskontrakte sind asymmetrisch, weil Gewinnchancen und Verlustrisiken nicht gleichmäßig verteilt sind. Wenn beispielsweise ein seefahrender Kaufmann eine »Versicherung« in Form eines Optionsgeschäfts abschließt, so tritt er das Verlustrisiko komplett an seinen Kontraktpartner ab. Gegen Zahlung einer Prämie erwirbt er eine Verkaufsoption, die ihm die Möglichkeit eröffnet, sein Schiff inklusive Inhalt zu einem bestimmten Preis an den Kontraktpartner abzugeben, in welchem Zustand auch immer es sich befinden mag. (Man stelle sich vor, dass das Schiff sinken kann und in diesem extremen Fall für den Kontraktpartner keinerlei Wert mehr hat.) Das führt natürlich zu einigen Problemen. So ist die Höhe der Prämie aufgrund der je besonderen Umstände schwer einschätzbar, und ein allfälliges Schadensereignis wäre nur von einem sehr kapitalkräftigen Partner mit breiter Risikostreuung verkraftbar. Dieser Partner hätte dann die Funktion einer Versicherung übernommen.

All diese Gründe stehen dem Einsatz von Derivaten als Versicherungsschutz in einem wenig kapitalkräftigen und auf gegenseitiger, genossenschaftlicher Hilfe aufbauenden Umfeld entgegen. Folgerichtig wurde daher bei mittelalterlichen Handelsunternehmungen eine möglichst breite Risikostreuung angestrebt, und das war mit einer Versicherungslösung eher möglich. Denn je breiter das Risiko gestreut ist und je größer die Zahl der Versicherten, umso gleichmäßiger wird ein allfällig auftretender Schaden verteilt. Und was Versicherungen vor allem auszeichnet: Der Versicherer muss dem Versicherten vertrauen können, denn er zahlt lediglich im Fall eines nachgewiesenen individuellen Schadens.

Wetten auf Katastrophen

In jüngster Zeit sind nun auch die Versicherungen vermehrt dazu übergegangen, für jedes Risiko spezifische, genau auf den entsprechenden speziellen Versicherungsschutz ausgerichtete Gewinn- und Verlustrechnungen zu erstellen. Jedes Risiko erhält so seinen marktwirtschaftlichen Wert. Die von Versicherungen früher unter politischen Vorzeichen gewährte Mischrechnung und Quersubventionierung fällt nun dahin. Der Markt ersetzt so den solidarischen Ausgleich unter einer großen Zahl an Versicherungsteilnehmern, die Option den Versicherungsvertrag. Banken und Versicherungen verschmelzen zur Allfinanz.

Folgerichtig haben in den letzten Jahren des 20. Jahrhunderts einzelne Börsen sowie größere Versicherungsgesellschaften mehr oder weniger erfolgreich versucht, Versicherungsderivate zu lancieren. Den Hintergrund dieser Entwicklung bildet einerseits das große Volumen anlagesuchenden Kapitals, andererseits auch die Portfolio-Theorie, deren Ziel es ist, eine möglichst hohe Rendite verbunden mit einem möglichst geringen Risiko zu erreichen. Dazu werden getreu der Portfolio-Theorie so genannte alternative Anlagemöglichkeiten gesucht, die nicht vom Verlauf der global zunehmend synchron schwankenden Börsenkurse abhängig sind. Und das sind die so genannten Wetter- und Katastrophenderivate.

Zur Konstruktion von Katastrophenderivaten muss eine objektive Vergleichsgröße gewählt werden, an der sich messen lässt, ob ein bestimmtes Ereignis eingetreten ist oder nicht. Man wählt dazu etwa die Richter-Skala, die die Erdbebenstärke angibt. Wird ein bestimmter Wert überschritten, hat die eine Partei die Wette verloren: Sie zahlt der anderen einen im Voraus vereinbarten Betrag, unabhängig davon, ob ein individueller Schaden entstanden ist. Praktisch kann dies geschehen, indem eine Anleihe mit einer hohen Verzinsung ausgegeben wird, die wertlos verfällt, falls das entsprechende Schadensereignis eintritt.

Im Gegensatz zu den Versicherungen, die dann zahlen, wenn individuell Schaden nachgewiesen wird, wird bei einem Derivatkontrakt einem potenziell durch ein Katastrophenrisiko Betroffenen immer dann der entsprechende Wettbetrag ausbezahlt, wenn das definierte Risiko eintrifft. Der betroffene Vertragspartner muss nicht zwangsläufig selbst einen Schaden erlitten haben. Ein Missbrauch ist unter diesen Umständen nicht möglich.

Spekulation und Eigentum

Doch kehren wir in die Geschichte zurück, die teilweise bemerkenswerte Parallelen zur modernen Zeit aufweist: Ausgangs des Mittelalters verschwand unter dem Druck der Reformation das in der damaligen Zeit größte Spekulationsgeschäft, das gewisse Ähnlichkeiten mit modernen Formen der Spekulation aufweist: der Ablasshandel.

Der Ablasshandel ist eine merkwürdige Erscheinung, die zeigt, wie eng Spekulation mit irgendeinem – auch immateriellen – Gut verknüpft werden kann, unabhängig von dessen real greifbarer Existenz. Mit Geld kaufte man sich im Mittelalter einen Ablass an Tagen im sündenreinigenden Fegefeuer und erhielt so schneller Zutritt zum Himmel. De facto wurde ein Vertrag mit der Verwalterin des Jenseits, der Kirche abgeschlossen, über ein Gut, das aus heutiger, aufgeklärter Sicht nur in der Fantasie der Leute existierte.

Die theologische Begründung für den Ablasshandel ist relativ einfach: Kaufte sich ein Mensch vor seinem Ableben einen Ablass, erhielt er nach dem Verständnis der römischen Kirche Anrecht auf einen Teil des »geistigen Kirchenschatzes«, der aus der Summe der guten Taten aller Heiligen bestand. Diese guten Taten der Heiligen ersparten dem Sünder einen Teil der Zeit, die er im qualvollen, dafür aber reinigenden Fegefeuer würde zubringen müssen.

Nach kirchlichem Verständnis bestand ein Zusammenhang zwischen der gespendeten Summe und der Verringerung der Zahl der Tage im Fegefeuer. Je höher der gespendete Geldbetrag, desto großzügiger fiel der Erlass der Strafen für begangene Sünden aus. Oder in Volkes Mund: »Der Taler in dem Kasten klingt, die Seele aus dem Feuer springt.« Zwischen Kirche und Sünder bestand also ein Vertrag, der ein Versprechen bekundete: Nach dem Tode würde man in den Genuss der gekauften Vergünstigung – die Verkürzung der Zeit im Fegefeuer – kommen. Ein Ablass war die Verbriefung eines Eigentumstitels für das Jenseits, der das Ausmaß fixierte, in dem der Sünder seine Buße erlassen bekam.

Das Aufkommen des Ablasshandels ist im Wesentlichen auf die Situation und das Weltbild des damaligen Menschen zurückzuführen. Die Menschen lebten kurz. Die hohe Sterblichkeit im jungen Alter schmälerte die Bedeutsamkeit des Lebens. Im Verein mit der engen Nachbarschaft von Lebenden und Toten, die in den Kirchen und auf den Friedhöfen ringsherum begraben worden waren, führte sie dazu, dass die Kirche als Verwalterin des Totenreiches einen großen Einfluss auf die Lebenden gewann. Gleichzeitig war alles käuflich, die Kirchenhierarchie ebenso korrupt wie der gewöhnliche Klerus. Die Kirche war zu Beginn des 15. Jahrhunderts ausnehmend reich, war sie doch – in einer Zeit, in der kaum etwas anderes zählte – der bei weitem größte Grundbesitzer.

In einer Zeit der erhöhten religiösen Erregtheit, gepaart mit im Denken der Menschen fließenden Übergängen zwischen Diesseits und Jenseits, begann die Kirche, ihre Monopolsituation bei der Erlösung von der drohenden Hölle durch die Erteilung von Sündenerlassen kaufmännisch auszubeuten. Denn die Menschen glaubten: »Extra Ecclesiam nulla salus.« (»Außerhalb des Mantels der Kirche gibt es kein Heil.«) Allerdings war die Kirche großzügig genug, das Recht auf den Verkauf von Ablässen für bestimmte Regionen an reiche Kaufleute wie etwa die Fugger zu verpachten, war dies doch eine ausgezeichnete Möglichkeit, um sich deren Unterstützung zu sichern.

Leider geben die vorhandenen Quellen keinen Hinweis auf Arbitrage bei der Sündenvergebung. Dabei wäre dies durchaus denkbar gewesen – etwa aufgrund der Möglichkeit der Wahl zwischen der Linderung der Höllenqual durch einen schriftlichen Ablass oder aber durch Reliquien. Der Besitz oder die Berührung von Reliquien boten nämlich eine ebenso religiös aufgeladene, aber konkretere Möglichkeit zur Sündenvergebung wie der Erwerb eines Ablasses von Heiligen.

Nun wäre es aus kaufmännischer Sicht durchaus vernünftig gewesen, hier Arbitrage zu betreiben, das heißt, das eine sündenvergebende Gut bei einem allfälligen ungünstigen Preis-Leistungs-Verhältnis durch ein anderes, gleichwertiges mit einem besseren Preis-Leistungs-Verhältnis zu ersetzen, eben »Arbitrage« zu betreiben, wie der entsprechende Fachausdruck heißt.

Wie auch immer, die gewöhnlichen Gläubigen reagierten auf das von der Kirche knapp gehaltene Gut »Sündenerlass« mit einer inflationären Interpretation: Wurde ein Ablass erworben, galt er im Volksglauben als umfassender Sündenerlass und nicht bloß zum Nachlass bestimmter, genau festgelegter Tage, Monate oder Jahre im sündenreinigenden Fegefeuer. Dazu verkauften Ablasshändler angeblich im Auftrag der Kirche »Vergebung für alle Sünden von der Völlerei bis zum Mord, hoben gegen Geld jeden Eid auf vom Keuschheitsgelübde bis zum Fastenschwur«, erließen jede Buße zu einem bestimmten

Preis, von dem sie das meiste in die eigene Tasche steckten. Gleichzeitig wurden auch Ablässe auf noch gar nicht begangene Sünden herausgegeben.

Das ganze System geriet aus den Fugen. Denn parallel zum Verlust der kirchlichen Autorität entrissen die Gläubigen der Kirche auch ihre Definitionsmacht über einen Teil der Jenseitsvorstellung. Sie eigneten sich den »geistigen Kirchenschatz« selber an, demokratisierten ihn so gewissermaßen. Es gelang nicht, den für einen Handel entscheidenden rechtlichen Schutz des imaginären Eigentums aufrechtzuerhalten. Das ließ das ganze System in sich zusammenstürzen, eine Systemkrise, die unter anderem zur Reformation führte.

Interessant ist der Ablasshandel vor allem als Spekulationsblase. Ob man ihn als Termingeschäft bezeichnen will, hängt von der Definition des Begriffes ab. Der Londoner Rechtswissenschaftler Swan etwa bezeichnet den Ablass als Termingeschäft, da für ihn alle Versprechen auf zukünftige Lieferung eines Gutes Derivatgeschäfte sind. Geht man aber von einer engeren und allgemein üblichen Definition des Begriffes aus, wonach ein Derivatkontrakt auf einem Basiswert errichtet wird und eine Veränderung des Derivatpreises die Veränderung des Basiswertes widerspiegelt, handelt es sich bei einem Ablasshandel um einen Kaufvertrag.

Der Ablasshandel dürfte vor dem Derivateboom der letzten 20 Jahre einer der historisch voluminösesten, lukrativsten und räumlich weitreichendsten Spekulationsbooms überhaupt gewesen sein und gipfelte letztlich in der inflationären Entwertung und wilden Aushöhlung dessen, was den Inhalt des Ablasses ausmachte: der berechenbaren Zukunft im Jenseits. Entscheidend aber ist der nicht mehr zureichende Schutz des geistig-religiösen »Eigentums«, der das System schließlich zusammenbrechen ließ.

Was Ablasshandel und Börse gemeinsam haben

Entspricht nun der Erwartungshintergrund des Börsenaufschwungs des letzten Viertels des 20. Jahrhunderts einer modernen Form des Ablasshandels? Könnte es sein, dass mit der Hoffnung auf eine glücklichere, aber keineswegs sicherere Zukunft ähnlich wie beim Ablasshandel auch in den Börsenaufschwung Geld investiert wird?

Immerhin dürfte die im Alltag stark verankerte Beziehung der mittelalterlichen Menschen zum Jenseits in der damaligen Realität einen ebenso klaren Zusammenhang zwischen Ablasszahlung und Bußenerlass mit sich gebracht haben, wie er heute bei einer Investition in die Finanzmärkte im Hinblick auf künftige Erträge besteht. Die Menschen im Mittelalter hätten keine Ablässe erworben, wären sie nicht aus ihrer Alltagserfahrung heraus durch Erscheinungen und Traumbilder von der Wirksamkeit der Ablasszahlungen überzeugt gewesen. Ebenso würde ein moderner Mensch kein Geld in Aktien, Obligationen und Derivate investieren, wenn er nicht auf unzählige Beispiele verweisen könnte, die die Wirksamkeit dieser Investition belegen.

Die Frage ist, inwiefern der Börsenaufschwung auf ähnlichen »illusionären« Vorstellungen über die Zukunft aufbaut wie der Ablasshandel, oder anders gesagt, welche Wahrnehmung der »Realität« die enorm boomenden Anlagen an der Börse begründet? Liegt etwa hinter dem Boom der Chemiewerte der Traum vom ewigen Leben, vom mystischen Jungbrunnen, dank perfektionierter Gentechnologie? Oder hinter dem Höhenflug der Kommunikationswerte der Traum von der gottähnlichen jederzeitigen Präsenz je nach Bedarf? Und: Werden die vorwiegend als Buchwerte akkumulierten Spekulationsgewinne in Zukunft ebenso entwertet wie das geistig-religiöse Eigentum?

Bis zu den frühen achtziger Jahren des 20. Jahrhunderts waren die Aktienkurse gewissermaßen ein vorauslaufender Indikator des Bruttosozialprodukts. Stand vor den achtziger Jahren für die nächste Zeit ein realwirtschaftliches Wachstum der Volkswirtschaft bevor, reagierten die Aktienkurse vorgängig mit einem Anstieg. Dieser Zusammenhang besteht seit Mitte der achtziger Jahre nicht mehr. Die Börsenkurse zogen an, aber die Wirtschaft dümpelte mehr oder weniger dahin. Ihr Zuwachs entsprach jedenfalls nie dem Anstieg der Börsenindizes. Es entstand so etwas wie eine Lücke zwischen dem Indikator und der tatsächlichen wirtschaftlichen Entwicklung, die von modernen Ikonen – nicht zuletzt vom amerikanischen Notenbankchef Alan Greenspan – mit Stützungsmaßnahmen zugunsten der Spekulation ebenso wie mit entsprechenden öffentlichen Verlautbarungen überbrückt wurde.

Der amerikanische Ökonom Robert J. Shiller sieht in der kürzlich zu Ende gegangenen Börsenhausse eine Spekulationsblase, hinter der ein natürliches Pyramidensystem steht: »Anleger, deren Vertrauen und Erwartungshaltung von den vergangenen Kurssteigerungen getragen werden, treiben die Kurse weiter in die Höhe und ermutigen so andere Anleger, es ihnen gleichzutun.«[8]

Pyramidensysteme

Ein ähnliches Pyramidensystem hat Charles Ponzi zu Anfang dieses Jahrhunderts errichtet. Bei diesem Ponzi-System wird ein Teil der bei den Neuanlegern eingesammelten Mittel nicht auf den Finanzmärkten angelegt, sondern direkt zur Auszahlung an die schon engagierten Anleger umgeleitet. Um funktionsfähig zu bleiben, muss dieses System ständig wachsen, denn nur so ist es möglich, immer genügend Kapital umzuleiten, um die erwarteten Auszahlungen und Gewinne zu garantieren.

Pyramidensysteme sind eine Wette oder auch eine Hypothek auf die Zukunft, wobei zumindest ein Teil der Beteiligten ernsthaft an eine lange Lebensdauer des Systems glauben muss. Der Zeitfaktor spielt die entscheidende Rolle, ähnlich wie bei den Termingeschäften. Die offene Frage bei Pyramidengeschäften ist jeweils, wann die Grenzen des Wachstums erreicht sind oder wann ein GAU (etwa ein Krieg mit nachfolgender Niederlage oder eine Hyperinflation) eintritt, der alle Ansprüche der Gläubiger zunichte und einen Neustart auf der Basis der realen Güter und Produktionseinrichtungen (Fabrikationsanlagen, natürliche Ressourcen wie etwa Öl und Land) möglich macht. In den meisten Ländern sind Pyramidensysteme gesetzlich verboten – was aber vor allem die primitiveren Varianten dieses Spiels wie Kettenbriefe betrifft.

Trotz Verbot und obwohl sie aus ökonomischer Sicht unsinnig sind, vermögen sich Pyramidensysteme über Jahrzehnte zu halten. Die Frage stellt sich auch hier nach dem politischen und dem gesellschaftlichen Hintergrund dieser Systeme sowie der Ideologie oder dem Glaubensinhalt, der diese Pyramidensysteme begründet. Der Ökonom Wolfgang Gramer hat beispielsweise die aus dem Genossenschaftsgedanken entstandenen deutschen Bausparkassen untersucht und ist zu der Erkenntnis gelangt, es handle sich dabei um »ein Kreditsparsystem auf der Grundlage asymmetrischer ... Leistungsverhältnisse zugunsten der Bausparer der Progressionsphase«.[9]

Im Klartext: Das System funktioniert – wie andere Pyramidensysteme – aus ökonomischer Sicht nur in einer Anfangs- oder wirtschaftlichen Aufschwungphase, da in diesen Zeiten mehr ein- als ausbezahlt wird. Und es ist die teilweise illusionäre Hoffnung auf zukünftige Auszahlungen, die solche Systeme am Leben erhält.

Gramer zitiert in seiner 1983 erschienenen Arbeit mit dem Titel *Das Warte-*

zeitproblem der Bausparkassen einen Autor aus den dreißiger Jahren des 20. Jahrhunderts, der seiner Ansicht nach den Zustand des Bausparkassensystems auch im letzten Viertel des 20. Jahrhunderts noch gültig wiedergibt: »... die deutschen Bausparsysteme (sind) mit wenigen Ausnahmen mit Absicht so verwickelt und unübersichtlich aufgezogen, dass der Bausparer sie nicht durchschauen kann und sich, bestärkt durch entsprechende Werbeschriften, alle möglichen und unmöglichen Vorteile erhofft. Man kann nicht behaupten, dass der dadurch hervorgerufene Zustrom von neuen Bausparern der Sache nütze und damit das möglich mache, was zunächst ›theoretisch‹ als unmöglich erscheine. ... Die Frage ist: Wie stellt man Bausparer auf Jahre hinaus zufrieden, wobei man mindestens die nächsten zehn Jahre ins Auge fassen muss. Heute schon haben wir Zehntausende von Bausparern, die zu glauben beginnen, dass sie hereingefallen sind. Bald wird ihre Zahl die Zahl der andern überflügeln, die das Glück hatten, beim Bausparen einen Vorteil zu finden. Ihr Hosianna wird dann von dem Wutgeschrei der Enttäuschten übertönt werden...«

Dank politischer Unterstützung und geschickter Öffentlichkeitsarbeit konnte das Bausparsystem Kritik und Krisen während Jahrzehnten überstehen, obwohl es den ökonomischen Regeln für nachhaltiges Wirtschaften widerspricht. Auch dieses Pyramidensystem schafft – ähnlich der Börsenspekulation – Gewinner und Verlierer: Den Letzten beißen die Hunde.

Wie bei allen Pyramidensystemen geht es auch bei der Börsenspekulation darum, in den Wachstumsphasen, wenn der Kauf und der anschließende Verkauf von Wertpapieren und Kontrakten ständig größere Gewinne abwirft und die Banken großzügig Kredite vergeben, immer mehr zu investieren und auf dem Höhepunkt, bevor alles zusammenkracht, wieder auszusteigen.

Die Kunst staatlicher Maßnahmen zur Aufrechterhaltung von Pyramidensystemen besteht nun darin, den Zerfallsprozess durch vertrauensbildende Maßnahmen sowie großzügige Geld- und Kreditschöpfung und niedrige Zinsen solange hinauszuzögern und allfällige Baissespekulanten so zu blockieren, dass schlimmstenfalls zumindest eine sanfte Landung möglich wird. Solange aber wichtige Figuren der internationalen Finanzmärkte wie etwa der amerikanische Notenbankchef Alan Greenspan und deren nachgelagerte Bannerträger mit ihren symbolträchtigen Handlungen den Eindruck verströmen, es gehe aufwärts und es würde alles unternommen, um zu vermeiden, dass die Blase platzt, dürfte auch das Glaubens- und so das Investitions- und Spekulationspotenzial noch nicht endgültig zerfallen.

Im Schatten der Derivate

Gleichzeitig scheint sich die Ansicht durchzusetzen, Pyramiden- oder Ponzi-Systeme an sich hätten eine Berechtigung. Im Juli 2001 hat sich jedenfalls die Bank von Bermuda bereit erklärt, den Geschädigten eines Ponzi-Systems die Hälfte der Verluste zurückzuerstatten: In den USA drohten »class actions«.[10] Indem die Bank Rückerstattungen vornimmt, akzeptiert sie grundsätzlich den Sinn von Ponzi-Systemen. Wie dem auch sei: Eine gepflegte, politisch getragene und kontrollierte Blase zerplatzt jedenfalls nicht so schnell.

Das Vertrauen in den grundsätzlich positiven Verlauf der Börsenkurse entspricht dem Vertrauen in den Sinn asymmetrischer Bausparkassensysteme oder der Ablasszahlung: Man sieht sich gezwungen zu hoffen. Denn platzende Blasen hinterlassen einen üblen Geruch. In den USA kam nach dem Platzen der Spekulationsblase der zwanziger Jahre die große Armut: »Man konnte die herrlichste Hilfe für 'n Appel und 'n Ei bekommen. Die Menschen arbeiteten fast umsonst.« So ein Zeitgenosse.

Karl Polanyi hat sich in seinem Buch *The Great Transformation*[11] mit der Frage der Entwicklungsstadien von Märkten und den damit verbundenen Regelungssystemen auseinandergesetzt. Seiner Ansicht nach folgt auf die Phase einer starken Durchsetzung des Marktes eine Phase, in der diese Marktfreiheit wieder eingeschränkt wird, wobei die liberalisierten Finanzmärkte zuerst zurückgebunden würden. Polanyi verweist zur Begründung dieser Phasenabfolge auf die Widersprüchlichkeit der Gesellschaft, die ihre Vorstellungen von wirtschaftlicher Freiheit verwirklichen will, aber aus Gründen des Selbstschutzes auch Regelungsmechanismen für die Marktkräfte durchsetzt bzw. durchsetzen muss: Denn Märkte sind keine Naturphänomene. Vielmehr wurden sie häufig mit Gewalt errichtet. Märkte und deren Regelungen widerspiegeln so immer auch Herrschafts- und Gewaltverhältnisse. Märkte sind nie »neutral«. Der Begriff »freier Markt« propagiert so einen Mythos, der die Wirklichkeit verschleiert, was zu fatalen Fehleinschätzungen führen kann.

Der Zerrspiegel des Buchhalters

Kommen wir noch einmal zurück zum Ablasshandel. Der Ablasshandel hätte mehr sein können als bloße Kaufverträge für das Jenseits. Man kann sich etwa fragen, ob sich Ablassbriefe nicht zu einer Art von Banknoten entwickelt hätten, wenn es der Kirche gelungen wäre, den Konflikt zwischen Kaiser und

Papst zu ihren Gunsten zu entscheiden, ihr System vollumfänglich in Europa zu installieren und die Kontrolle darüber zu behaupten.

Wäre der Ablassbrief also zu einer frühen Form des »Euro« geworden? Das hätte geholfen, den Geldumlauf zu vermehren, und so auch die Entwicklung der Wirtschaft angekurbelt. Aus der merkantilistischen Sicht der beginnenden Neuzeit des 17. und 18. Jahrhunderts war ohnehin alles Geld, wie Fernand Braudel in seinem Buch *Der Alltag. Sozialgeschichte des 15. bis 18. Jahrhunderts* schreibt: »Das Geld oder vielmehr die Geldmenge ist Masse und Bewegung zugleich: Die Zunahme der Masse bewirkt im Grunde dasselbe wie die Beschleunigung der Gesamtbewegung, nämlich einen allgemeinen Anstieg der Preise und (etwas langsamer) der Löhne sowie eine Erhöhung des Transaktionsvolumens, während im umgekehrten Fall alles zurückgeht. Wenn unter diesen Bedingungen ein direkter Warentausch (Naturaltausch) stattfindet, wenn ein Geldersatz den Abschluss eines Vertrages ohne Rückgriff auf eigentliches Geld ermöglicht, wenn eine Transaktion durch Kredit erleichtert wird, kann man daraus auf eine eindeutige Vermehrung der in Bewegung befindlichen Geldmasse schließen.«[12]

So sind alle vom Kapitalismus eingesetzten Werkzeuge zur Zahlung von Schulden, sei es nun Scheingeld – wie es ein Ablassbrief war – oder auch »echtes« Geld wie eine Goldmünze, als Geld zu betrachten.

Der österreichische Ökonom Joseph Schumpeter hat in den fünfziger Jahren des 20. Jahrhunderts dieser Sicht die These gegenübergestellt, alles Geld sei Kreditmittel, also bloß Zahlungsversprechen, darauf ausgerichtet, den Zugang zu Gütern jeglicher Art zu gewähren. Geld kann also Zahlungsmittel oder Kredit sein. Der Terminhandel aber hebt nun diesen Unterschied auf, er macht die Übergänge fließend. Er dynamisiert Geldmenge und Geldumlauf zusätzlich, indem er auch die mögliche Kreditfunktion der Waren ausbeutet. Termingeschäfte machen den Begriff »Geld« praktisch undefinierbar und entgrenzen ihn. Es werden klar definierte Standards auch für Güter geschaffen, was diese zu Zahlungsmitteln macht. Die dem Terminhandel dienende Standardisierung wird zur höchsten Qualität des betreffenden Gutes – ungeachtet des realen Konsumnutzens.

Dazu ein Beispiel: In Deutschland gab es zu Beginn des 20. Jahrhunderts verschiedene Kaffeebörsen. Beim Kaffeetermingeschäft in Hamburg wurde ein sehr schlechter, ungereinigter Typ von Bohnen als Grundlage für den Handel verwendet. In Berlin wiederum war eine reinere Mischung Standard. Gab es nun einen Überschuss an der Berliner Börse und einen Mangel an der Hamburger Börse, hatte das entsprechende Verkäufe von Berlin nach Hamburg zur Folge. Damit der Berliner Kaffee in seiner Qualität dem Hamburger Kaffee entsprach, wurden den Berliner Bohnen Fremdkörper wie Erde oder Ähnliches zugesetzt. Dieser »Verdünnungsprozess« war wiederum mit Arbeit verbunden, was eine Berliner Mischung von gleicher Qualität wie die Hamburger Mischung um den Anteil der Verunreinigungsarbeit teurer werden ließ. Der reale Gebrauchswert unterschied sich von der kaufmännischen Konstruktion, die eine eigene Welt abbildete.

Diese Form der Standardisierung und die damit verbundene bessere ökonomische Vergleichbarkeit mag zwar real betrachtet – wie in unserem Beispiel – kontraproduktiv wirken, schafft aber Raum für eine ungeheure Marktdynamik. So haben sich etwa die Anlagewerte in den USA von ungefähr 600 Milliarden US-Dollar im Jahre 1986 bis 1999 auf 17 Billionen US-Dollar erhöht. Das entspricht einer Vermehrung um das 28fache.

Für den Terminhandel ist der Unterschied zwischen dem theoretisch erarbeiteten Preis und dem alltäglichen Nutzwert bzw. dem faktischen Marktpreis typisch. Jede Standardisierung birgt immer die Gefahr in sich, die Wirklichkeit verzerrt abzubilden. Die Eigenschaften eines vertraglich definierten, in Form eines Derivats gehandelten Produkts können sich so von dem in der Warenwelt nachgefragten Aggregatzustand des gleichen Produkts unterscheiden.

Mit diesem Problem sah sich – neben anderen Einflussfaktoren – die Metallgesellschaft bei ihren 1,9 Milliarden Dollar schweren Verlusten im Derivatgeschäft mit Öl in den neunziger Jahren konfrontiert: Die Ölpreise waren damals sehr tief. Die Metallgesellschaft wollte diese Situation ausnutzen. Sie schloss mit einem großen Tankstellennetz Verträge ab, die die Belieferung der Tankstellen mit Benzin über zehn Jahre zu einem günstigen Preis vorsahen. Um sich selbst gegenüber ihren Lieferanten abzusichern, kaufte die Metallgesellschaft Derivatkontrakte an der Börse.

Sie konnte allerdings bloß Kontrakte mit einer Laufzeit von höchstens 36 Monaten erwerben. Die Kurzfristigkeit der an der Börse abgesicherten Derivatkontrakte verursachte jedoch längerfristig hohe Schwankungs- und Überrollkosten (Kosten zum Abschluss neuer als Ersatz für ausgelaufene Kontrakte), die die Metallgesellschaft nicht im Griff hatte.

Darüber hinaus – und dieser Umstand ist gleichermaßen von Bedeutung – war gar nicht das eigentliche Lieferungsgut für die Tankstellen, Benzin nämlich, Gegenstand der fraglichen Derivatkontrakte. Vielmehr kaufte die Metallgesellschaft Kontrakte über ein stellvertretendes, dafür aber börsengehandeltes Produkt. Das war in diesem Fall Öl. In der Zwischenzeit aber nahmen die Kosten für den Transformationsvorgang von dem mit Derivatkontrakten abgesicherten Gut (Öl) zu dem vertraglich versprochenen Gut (Benzin) zu.[13]

Die Abstimmung der beiden »Welten« auf einen bestimmten Standard war also mit hohen Kosten verbunden; übrigens auch ganz persönlich für den Händler, der damals das Derivatgeschäft der Metallgesellschaft betrieb. Er stand, wie auch seine Konstruktionen, nicht mehr ganz auf dem Boden der Realität, von einem der mit dem Fall befassten Gerichte wurde er gar als »addicted«, also als handels- oder auch derivatsüchtig bezeichnet.

Wie aber sollen diese schwierigen und komplexen Vorgänge, die sich auf einer Zeitachse abspielen, diese Widersprüche zwischen der kaufmännischen und der realen Welt in einem weiteren Konstrukt, der Buchhaltung, abgebildet werden? Die an sich immer künstliche Abbildung der Realität eines Unternehmens in einer Bilanz und einer Erfolgsrechnung wurde durch die Verbreitung von Derivaten noch wirklichkeitsferner. Denn eine Wette auf Zeit ist immer mit großen Unsicherheiten behaftet.

Anfänglich behalfen sich die Finanzhäuser mit der Aufführung der Derivate im »Außerbilanzgeschäft«. Da aber das »Außerbilanzgeschäft« mit dem Aufschwung der Derivate eine zentrale Bedeutung erhielt und für einzelne Unternehmen wie Banken sogar wichtiger wurde als das bilanzierte Geschäft, musste es letztlich doch in die eigentliche Buchhaltung integriert werden. Aber wie sollen die in ihrem Wert stark schwankenden und teilweise schwer zu bestimmenden Finanzinstrumente in der Rechnung aufgeführt werden? Übrigens spielten auch beim Zusammenbruch des US-Energiegiganten *Enron* die außerbilanzliche Verbuchung von Deviratkontakten eine zentrale Rolle.

International hat sich nun als Lösung eine generelle Marktbewertung durchgesetzt, das heißt, jedes Instrument wird gemäß seinem momentanen Wert, den es am Markt erzielen würde, in die Buchhaltung aufgenommen. Da aber für viele der individuell vereinbarten und solcherart maßgeschneiderten Derivatkontrakte der Marktwert schlecht ermittelt werden kann, bleibt dem Management ein großer Ermessensspielraum. Das vermindert die Aussagekraft von Bilanzen und Erfolgsrechnungen massiv. Letztlich wird das Vertrauen in ein Unternehmen zum zentralen Wert und nicht die in der Buchhaltung aufgeführten Zahlen. Damit verabschiedet man sich aber tendenziell von einer aufgeklärten Form der Marktwirtschaft und tritt in die Welt des Glaubens und Hoffens ein. Der Weg zur quasi-religiösen Aufladung des Referenzsystems ist hier nicht mehr weit.

Spekulation: Notwendig oder fragwürdiges Spiel?

Standardisierungsprobleme bestanden bei den ersten größeren Spekulationsblasen des 19. Jahrhunderts nicht in dem Ausmaße, bezog sich doch die Spekulation auf Staatspapiere. Mit dem zunehmenden Ausbau staatlicher Infrastruktur – vom stehenden Heer bis zu den Verkehrswegen und der prunkvollen Selbstdarstellung der Fürsten und Könige – und dem Ausbau des Handels nahm der Bedarf an umlaufenden Geldmitteln, aber auch der Hunger des Staates nach Kapital zu.

Staatspapiere waren so immer wieder Gegenstand aufblühender Spekulationsblasen, bei denen Termingeschäfte jeweils eine wichtige, wenn auch nicht immer die zentrale Rolle spielten. Um 1830 stellte Johann Heinrich Bender, der eine Abhandlung zum Thema »Verkehr mit Staatspapieren« verfasste, für Deutschland fest: »Die Zeitkäufe gehören zu den beliebtesten Geschäften in Staatspapieren.«[14] Aktien privater Unternehmen waren vor dem Eisenbahn- und Industrieboom in der zweiten Hälfte des 19. Jahrhunderts noch kaum vorhanden, und auch der Warenterminhandel war relativ unbedeutend.

Kaum aber hatte Bender das »Zeitgeschäft« – wie das Termingeschäft damals hieß – abgehandelt, begann er sich in seinem Werk des Langen und Breiten über die Frage auszulassen, ob es sich bei den Termingeschäften bloß um spekulative, das heißt so genannte »Differenzgeschäfte« handle oder nicht. Als Differenzgeschäfte werden Geschäfte bezeichnet, deren Motiv einzig darin besteht, aus der Differenz zwischen dem heutigen Kurs und dem Kurs bei Fälligkeit des Geschäfts einen Gewinn zu ziehen, eben das, was heute gemeinhin als Spekulation bezeichnet wird.

Diese Art von Differenzgeschäften befand sich während des ganzen arbeitsamen 19. Jahrhunderts in einer Grauzone der Legalität. Die Erinnerung an das umwälzendste Ereignis der letzten 300 Jahre, die Französische Revolution, dürfte die Diskussionen um die Spekulation nachhaltig beeinflusst haben. Nach einer Lesart der Geschichte war die Französische Revolution die letzte und umfassendste Hungerrevolte des 18. Jahrhunderts. Eines der zentralsten Anliegen der Französischen Revolution war daher der Kampf um gesellschaftlich kontrollierte Höchstpreise für Nahrungsmittel, also die Verhinderung der Spekulation. Der Kampf gegen die überbordende Spekulation endete im sowohl furchtbaren als auch fruchtbaren Terror gegen Adel und reiches Bürgertum. Im Zeichen von »Freiheit«, »Gleichheit« und »Brüderlichkeit« entstanden die demokratischen Bürgerrechte.

Darüber hinaus drohten Spiel und reine Spekulation die Arbeitsmoral, die im beginnenden Industriezeitalter von größter Bedeutung war, auszuhöhlen. Bender, selbst ein Befürworter der Termingeschäfte, schreibt über die Gegner der Spekulation: »Man wendet hauptsächlich dagegen ein, es seyen überall bloße Scheinverträge, kein reelles Geschäft liege ihnen zu Grunde, sondern eine Chimäre, ein verächtliches Hazardspiel, wobei häufig von der einen oder anderen Seite mehr gewagt werde, als man Vermögen habe, und wodurch man, gleich einem Rasenden, im eitlen Wahn schnell reich zu werden, sein und seiner Familie Glück auf immer zerstöre; die Absicht der Kontrahenten sey niemals auf eine reelle Lieferung und reellen Bezug der Papiere gegen Berichtigung ihres Kaufwerths, sondern immer nur auf Herauszahlung der Differenz zwischen dem Börsenpreis am Schluss- und am vorgeschriebenen Lieferungstag gerichtet, denn Staatspapiere hätten nie einen reellen Werth, der nur von politischen Ereignissen, Geldmangel oder Geldüberfluss eines Platzes und von seiner Agiotage abhänge; blos der Zufall gebe die Erfindung des Spiels an, bei dem der ärgste Wucher obendrein getrieben werde, und selbst wenn auch alle bisherige Scheinkäufe auf Lieferung durch Übergabe und Bezug der Papiere wirklich erfüllt worden wären, so würde gleichwohl damit die Eigenschaft wahrer reeller Kaufgeschäfte nicht erwiesen, weil selbst diese Erfüllung nur maskirt sey.«[15]

Diese Frage – ist das Termingeschäft nun imaginäres Spiel, also bloß unnützes, ja schädliches, bloß auf eigennützige Gewinnsucht ausgerichtetes Verlangen, oder eine auf Wohlstandsmehrung ausgerichtete Tätigkeit – prägte nun im Wesentlichen die Diskussion, bis diese Geschäfte in den dreißiger Jahren des 20. Jahrhunderts in Deutschland gänzlich verboten wurden.

Bender selbst hielt sich mit gewundenen Argumenten den Weg für das so genannte »Differenzgeschäft« frei. Er ordnete den Spielern die Möglichkeit der

Im Schatten der Derivate

Beeinflussung des Resultates zu. Ganz im Gegensatz zu den eigentlichen Differenzgeschäften, bei denen der Handelnde keinen Einfluss auf den Verlauf nehmen kann und »hauptsächlich der Zufall entscheidet, wie die Praxis aller Börsen bezeugt, auf denen sich täglich die Spekulationen der geschicktesten Papierhändler tausendfach durchkreuzen, was, wenigstens in diesem Umfang, unmöglich wäre, wenn es hier anerkannte Regeln ... gäbe.« So nahm er eine distanzierte, jeder Moral abholde, funktionale Haltung gegenüber der Spekulation ein, die bis heute mathematische Analysen der Termingeschäfte prägt, ja überhaupt erst möglich macht: Der Käufer und der Verkäufer von Wertpapieren haben zum Zeitpunkt des Abschlusses genau gleiche Chancen, zu gewinnen wie zu verlieren. Und vor diesem Hintergrund (der unsichtbaren Hände, wie es Adam Smith formulierte) verloren auch die politischen Fragen nach dem Sinn und den Nutznießern der Spekulation an Bedeutung.

Der große Börsenboom im 19. Jahrhundert

So waren in ihren Grundzügen zu Beginn des 19. Jahrhunderts praktisch alle finanztechnischen Instrumente vorhanden, die auch heute die Börsen und Finanzmärkte beleben. Im Großen und Ganzen ist das, was sich im heutigen, angelsächsisch geprägten Derivatmarkt abspielt, zumindest auf technischer Ebene »kalter Kaffee«.

Es gab etwa Optionen, die auf die Interessen der Haussiers – also der Spekulanten, die mit einem Anstieg der Kurse rechneten – zugeschnitten waren. Im damaligen Börsendeutsch hießen sie »Prämien auf Nehmen« und entsprachen den heutigen Kaufoptionen (»calls«). Dabei erwirbt der Käufer durch die Bezahlung einer Prämie das Recht, von dem anderen Kontrahenten eine gewisse Menge eines Börsenwertes zu einem vereinbarten Kurs an einem bestimmten Tag zu kaufen.

Ebenso gab es Verkaufsoptionen (»puts«), die damals »Prämiengeschäft auf Geben« hießen. Sie waren ein Instrument der Baissiers, die mit einem Rückgang der Kurse rechneten. Dabei erwarb der Käufer durch die Bezahlung einer Prämie das Recht, an einen anderen Kontrahenten eine gewisse Menge eines Wertpapiers zum vereinbarten Kurs an einem bestimmten Tag zu liefern. Als Spezialität bestand eine Einrichtung mit dem so genannten »Reuegeld«. Beim Typ »Reuegeld« hatte der Spekulant die Möglichkeit, auf die Erfüllung eines

Termingeschäfts bei Ablauf der Frist gegen Zahlung des Reuegeldes zu verzichten. »Im Gegensatz zum Prämiengeschäft konnte bei dem Reuegeldgeschäft die Prämie erst am Erklärungstage im Falle des Rücktrittes vom Geschäft vergütet werden.«[16]

Prämiengeschäfte seien laut Bender später vor allem in kritischen Zeiten, »wo niemand Papiere fest zu kaufen sich getraut«, stark gehandelt worden. In diesen bewegten Zeiten habe man auf einen Monat Laufzeit bis zu 8 Prozent des Tageskurses bezahlt, während zu stillen Zeiten die Prämie selten 0,5 Prozent überstieg, »wenn nicht der Verfalltag besonders weit hinausgesetzt ist«.

Rund 70 Jahre später – um 1905 – untersuchte Leonhard Holz in einer Dissertation die Lockvogelfunktion der Prämiengeschäfte. Er stellte fest, »...dass durch die Prämiengeschäfte mit ihrer Risikobeschränkung outsiders in ganz besonderem Maße zu den Börsengeschäften herangezogen werden. In den Annoncen der Zeitungen erbietet sich eine große Zahl von Bankhäusern, Broschüren über Prämiengeschäfte gratis und franko zu senden, um jeden darüber aufzuklären, wie er bei dem kleinen Einsatz der Prämie so schnell als möglich Millionär werden kann.«[17]

Das tönt für heutige Ohren vertraut: Die amerikanische Citybank mit ihren »Warrant«-Prospekten oder auch Martin Ebner von der BZ-Bank mit seinen Stillhalteroptionen sind hier nur die herausragendsten Beispiele. Bei den Stillhalteroptionen besitzt derjenige, der eine Option schreibt, die Wertschriften, auf die er diese Option errichtet. Damit ist die allfällige spätere Lieferung der Titel sichergestellt. Zielpublikum ist heute der gehobene Mittelstand, also der vielgerühmte Zahnarzt, der seine 5 bis 10 Millionen Vermögen steuergünstig anlegen möchte. Heute wie damals wurden Prämiengeschäfte als »Anzocker« benutzt, damit das Publikum ins Termingeschäft einsteigt. Und heute wie damals haben alle Beteiligten ihre Präferenzen: Käufer von Optionen wollen möglichst viel Bewegung im Markt, Anleger aber, die Optionen verkaufen, bevorzugen einen ruhigen Markt. Und die Höhe der Prämie bewegt sich in direkter Abhängigkeit von den Kursschwankungen und dem damit verbundenen Preisänderungsrisiko des Papiers, auf das sich das Prämiengeschäft bezieht. Auch die Laufzeit eines Prämiengeschäfts beeinflusst die Höhe der Prämie direkt. All dies entspricht den heutigen Erfahrungen.

Aber das System uferte aus: Es wurden beispielsweise »Prämien auf Nehmen« für die Option des Kaufs von Papieren kassiert, ohne dass entsprechende

Papiere zur Deckung vorhanden waren. Stieg aber der Kurs der Papiere wider Erwarten stark an, reichten die Mittel der Spekulanten häufig nicht mehr aus, um die Papiere zu kaufen, was zu ihrem Ruin führte.

Interessant ist auch der Zusammenhang, in den die Entstehung der Prämiengeschäfte gestellt wird: Prämiengeschäfte mit Staatspapieren seien in Amsterdam entstanden, da hier ein Überfluss an Kapital vorhanden und so der Zinsfuß tief gewesen sei. Man habe diese Staatspapiere nun einem Spekulanten gegen eine Prämie zur Verfügung gestellt, die diesem die Wahl offen ließ, die fraglichen Papiere bis zu dem festgesetzten Tag zum vorher vereinbarten Preis zu übernehmen oder nicht. So hätten sich nicht spekulationswillige Eigner von Staatspapieren noch zusätzlich etwas zu ihren Zinseinkünften verdient. Die genau gleichen Überlegungen standen hinter den Stillhalteroptionen von Martin Ebner. Nur waren es hier die Pensionskassen, die die Lieferung der Wertschriften garantierten.

1875 veröffentlichte James Moser im Berliner Springer-Verlag ein kleines Kompendium zu den »Zeitgeschäften und deren Combination«. In dieser Schrift beschreibt er die theoretisch möglichen 51 Kombinationen für die diversen Typen von symmetrischen Termingeschäften und asymmetrischen Prämienverträgen. Er zeigt auch, wie die verschiedenen Varianten miteinander in Beziehung gesetzt werden können, und weist für Prämiengeschäfte anhand grafischer Darstellungen nach, in welchen Preisbereichen sich ein Prämiengeschäft für den Verkäufer bzw. den Käufer des Kontrakts lohnt, bzw. was die jeweiligen Verlustrisiken sind. Grafiken dieser Art zieren bis heute jedes Lehrbuch über Derivate.

Mosers Arbeit wurde zum Auftakt einer Periode äußerst reger Termingeschäfte publiziert. Gemäß einer Schätzung anhand des Aufkommens an Börsenumsatzsteuer während der achtziger Jahre des 19. Jahrhunderts entfielen in jenem Zeitraum etwa 75 Prozent aller getätigten Abschlüsse auf Zeitgeschäfte und nur 25 Prozent auf Kassageschäfte, das heißt Geschäfte mit sofortiger Erfüllungspflicht. Rund 60 Prozent aller Börsengeschäfte waren »rein spekulative Zeitgeschäfte in Aktien«, wie Rainer Gömmel in seinem Aufsatz »Entstehung und Entwicklung der Effektenbörsen im 19. Jahrhundert bis 1914« in der *Deutsche(n) Börsengeschichte* ausführt.

Mosers Zusammenstellung der Termingeschäfte aus dem Jahre 1875 blieb bis zum gänzlichen Verbot des Terminhandels in Deutschland im Jahre 1933 wegweisend für banktechnische Abhandlungen zum Thema.

Das neu erfundene Rad

Der moderne Derivat- und Spekulationsboom ist angelsächsischen Ursprungs. Er gilt als etwas Einzigartiges, gänzlich Neues und symbolisiert den Sieg des US-Kapitalismus über den sowjetischen Kommunismus und all diejenigen, die mit diesem oder ähnlichen Systemen liebäugeln. Damit verbunden ist auch ein Hegemonialanspruch der US-Wirtschaft in der amerikanischen Außenpolitik, wie ihn etwa die ehemalige US-Staatssekretärin Madeleine K. Albright formulierte. Ihrer Ansicht nach ist die Führerschaft in der Eröffnung von Märkten zentral für die Stärkung des amerikanischen Einflusses: »Der beste Kurs für unsere Nation ist nicht, über die Globalisierung zu lästern, sondern sie im Interesse Amerikas zu gestalten.«[18]

Dieser heute weitgehend eingelöste US-amerikanische Hegemonialanspruch hat Auswirkungen. Die europäische Finanzwissenschaft richtet ihren Blick wie das sprichwörtliche Huhn gegenüber der hypnotisierenden Schlange auf die USA. Trotz der überragenden Bedeutung der Finanzmärkte für die europäische Wirtschaft fehlt es beispielsweise bis heute an einer umfassenden und systematischen Aufarbeitung der Geschichte der Spekulation und der Termingeschäfte außerhalb des angelsächsisch geprägten Kulturkreises. Globalisierung bedeutet auch den Verlust an Eigenständigkeit und damit die Gefahr des Vergessens der eigenen Geschichte. Dies trifft auf Europa zu. Der Gedächtnisverlust ist an Details sichtbar.

Eines dieser Details ist die bis jetzt »vergessene« Arbeit Vinzenz Bronzins. Bronzin veröffentlichte um 1908 als Professor an der K.K. Handels- und Nautischen Akademie in Triest eine Abhandlung zu der Frage, wie die »richtige« Höhe der Prämien bei Prämiengeschäften berechnet werden kann.[19] Bronzins Untersuchung ist anderen Arbeiten aus der Zeit wie derjenigen des Franzosen Louis Bachelier zumindest ebenbürtig.[20]

Wie aus der Praxis bekannt, bewegen sich die Prämiensätze in Abhängigkeit von der Bewegung der Marktkurse: Schwanken diese stark, so sind die im Voraus zu zahlenden Einsätze hoch. Darüber hinaus sind sie abhängig von der Restlaufzeit einer Option. All dies galt es in eine mathematische Formel zu gießen.

Der französische Mathematiker Louis Bachelier hat erstmals um 1900 eine Analysemethode zur Bewertung von Optionen entwickelt, wobei er von der Zu-

Im Schatten der Derivate

fälligkeit der Entwicklung ausging. Das heißt, seiner Ansicht nach bewegen sich die Kurse völlig zufällig nach oben und nach unten, unabhängig von ihrem Verlauf in der Vergangenheit. Dank dieser Annahme war es möglich, mit Hilfe der Wahrscheinlichkeitstheorie relativ zuverlässige Berechnungen anzustellen. Denn unter diesen Umständen kann davon ausgegangen werden, dass sich die Kursausschläge insgesamt – über einen längeren Zeitraum betrachtet – »normalverteilt« verhalten. Grafisch entspricht die Normalverteilung der Gaußschen Glockenkurve. Werden beispielsweise in einem Land Gruppen von Männern gemäß ihrer Körpergröße gebildet und diese Gruppen grafisch dargestellt, erhält man eine Zeichnung, die einer Glockenkurve entspricht.

Die Amerikaner Fischer Black und Myron Scholes sowie Robert C. Merton haben auf der Basis dieser Überlegungen in den siebziger Jahren ihre berühmte Black-Scholes-Formel zur Berechnung von Optionen entwickelt. In den USA wurde die Black-Scholes-Formel als ein für die Entwicklung der Wirtschaftstheorie entscheidendes Ereignis gefeiert, als das epochale Ereignis, das die amerikanische Überlegenheit dokumentiert, noch bedeutender als Einsteins Relativitätstheorie. So heißt es im *Scientific American*: »Die Black-Scholes-Gleichung war für die Finanzwirtschaft, was Newtons Mechanik für die Physik war ... Black-Scholes ist diese Art von Fundament, auf dem alles andere aufbaut. Diese Formel ist die Grundlage für alle weiteren Forschungen.«[21]

Dank dieser – als grundsätzlich betrachteten – Formel, die für alles und jedes »gültige« Resultate zu liefern versprach, vermochten die Chicagoer Derivathändler zu Beginn der siebziger Jahre mit Hilfe der eben aufkommenden Taschenrechner rasch Optionsbewertungen vorzunehmen. Dies half entscheidend mit, den Handel mit Derivaten zu beflügeln – und brachte Merton und Scholes 1997 den Wirtschafts-Nobelpreis. (Black war bereits 1995 gestorben.)

Was allerdings heute als gewissermaßen neueste Entwicklung zur Berechnung von Prämien bei Optionen dargestellt wird, gab es bereits in dem »Werkchen« – so nennt Bronzin selbst seine Arbeit zur »Theorie der Prämiengeschäfte« –, also rund 70 Jahre vor Black und Scholes. Bronzin interessierten statistische Prozesse wie die Bewegungen der Aktienkurse und nicht der spezifische Hintergrund eines Unternehmens und dessen Gewinnpotenzial. Er ging folglich bei seinen Berechnungen von dem Standpunkt aus, »... dass im Moment des Abschlusses eines jeden Geschäftes beide Kontrahenten mit ganz gleichen Chancen dastehen, so dass für keinen derselben im voraus weder Gewinn noch Verlust anzunehmen ist; wir stellen uns also jedes Geschäft unter solchen Bedingungen abgeschlossen vor, dass die gesamten Hoffnungswerte des Gewinnes und des Verlustes im Moment des Kontrakts einander gleich seien, oder, den Verlust als negativen Gewinn auffassend, dass der gesamte Hoffnungswert des Gewinnes für beide Kontrahenten der Null gleichkommen müsse.«[22]

Bronzin knüpft an die Denktradition Benders an. Beide vertreten eine funktionale, emotionslose Haltung gegenüber dem Risiko. Kauf oder Verkauf einer Wertschrift bedeuten zwei gleichwertige Möglichkeiten: die des Gewinns und die des Verlustes. Die Wahrscheinlichkeit des Eintreffens eines der beiden Ereignisse ist für beide Kontraktpartner gleich hoch. So lassen sich Optionspreise berechnen, indem der »Hoffnungswert« aus Sicht des Optionskäufers mit dem »Hoffnungswert« aus Sicht des Optionsverkäufers gleichgesetzt werden.

Der Amerikaner Peter L. Bernstein hat in seiner zeitgenössischen Übersicht über die Geschichte des Risikomanagements *Wider die Götter* solcherart aufgeklärte Haltungen gegenüber Risiken erst in der zweiten Hälfte des 20. Jahrhunderts vermutet, ausgehend von den USA – ein wohl durch die amerikanische Optik verfälschter Blickwinkel, aus dem heraus die Einzigartigkeit und Neuheit des angelsächsischen Termingeschäfts betont wird.[23] Diese Sicht Bernsteins ist falsch, wie aus den oben erwähnten Beispielen hervorgeht. Bacheliers Forschungen können nun nicht mehr als unzeitgemässe Erscheinung abgetan werden, zeigt doch der Fall Bronzin eine gewisse europäische Breite in der mathematischen Analyse bei der Preisfestsetzung von Optionen auf. Bronzins Arbeit, die nach der Einschätzung des führenden schweizerischen Fachmanns für Finanzökonomie, Professor Heinz Zimmermann von der Universität Basel, »phänomenal« ist, kannte Bernstein nicht.

Der Faschismus als Zäsur

Das zeitliche Zusammentreffen der Forschungen Bacheliers mit den Berechnungen der Optionsprämien in den Modellen Bronzins ist auffällig. Offensichtlich bestand aus der Zeit heraus mit ihren gesellschaftlichen und wirtschaftlichen Rahmenbedingungen ein Bedarf an Berechnungsmodellen dieser Art. Und zumindest die Forschungen Bronzins fanden in einem günstigen Umfeld statt: Triest war um die Wende vom 19. zum 20. Jahrhundert ein ausgezeichneter Boden für innovative ökonomisch-mathematische Lösungen. Die Stadt war multikulturell geprägt, liberal, genoss mit ihrer geostrategischen Lage als kaiserlich-königliche habsburgische Hafenstadt im Mittelmeer eine ökonomische Vorzugsstellung im börsen- und wettverrückten Österreich-Ungarn und war Hauptsitz der 1831 gegründeten Generali-Versicherungen.

Mit dem Ausbruch des ersten Weltkriegs um 1914 nahm das Interesse an Börsenspekulationen rapide ab. Die Wiener Börse wurde geschlossen, und mit Kriegsbeginn nahmen die Spannungen innerhalb der verschiedenen Volksgruppen in Triest stark zu. Nach dem Ende des Krieges verlor der Hafen – Triest war italienisch geworden – an Bedeutung. Mitte der zwanziger Jahre wird Bronzin, allerdings mit dem italienisierten Vornamen Vincenzo, als Direttore der Accademia di Commercio e Nautica im *Jahrbuch der gelehrten Welt* aufgeführt. An der Triester Universita degli Studi Economici e Commerciali war unterdessen Alberto Asquini Rektor geworden. Asquini ließ sich 1929 zum faschistischen Abgeordneten wählen, und unter diesen Vorzeichen dürften auch weitere wissenschaftliche Forschungen zu Börsenspekulationen an anderen Triester Hochschulen kaum opportun gewesen sein. Bekanntlich war ja die Bekämpfung des vom Judentum unterwanderten internationalen Finanzkapitals eines der Hauptziele der Faschisten. Damit fielen auch Bronzins Forschungen der Vergessenheit anheim.

In Deutschland aber begannen sich Vorboten einer zunehmenden Einschränkung des Terminhandels bereits vor dem Ausklang des 19. Jahrhunderts als Konsequenz der »überbordenden Spekulation« in den Jahren nach 1880 bemerkbar zu machen. Bereits das Börsengesetz von 1896 verbot bestimmte Formen des Terminhandels. Gleichzeitig wurden der zu den Termingeschäften zugelassene Personenkreis ebenso wie die Anzahl der handelbaren Titel sukzessive eingeschränkt. Mit der Weltwirtschaftskrise kam schließlich das »Aus«. Nach der Schließung der deutschen Börsen im Jahre 1931 wurde das Termingeschäft nicht mehr aufgenommen und 1933 unter nationalsozialistischer Herrschaft endgültig verboten.

Dass das Verbot der Spekulation auch Mängel in der Informationsverarbeitung nach sich zieht, dämmert auch Adolf Weber, ordentlicher Professor an der Universität München. Er liebäugelte in dieser nationalsozialistischen Zeit mit einer Wiedereinführung der Termingeschäfte, verlangte aber in seinem 1939 erschienenen Buch *Geld, Banken, Börsen*, »... wenn das Termingeschäft mehr nutzen als schaden soll: ... (die) Ausmerzung der Personen, die wegen ihres

Charakters oder ihrer allzu schalen eigenen Kapitalbasis ungeeignet sind«, ferner gelte es zu »...vermeiden, dass aus Spekulation bloßes Spiel wird«.[24] Erst in den siebziger Jahren begann sich das Blatt wieder zu wenden. Und die letzten Hemmnisse im Terminhandel fielen 1990 mit der Eröffnung der Deutschen Terminbörse.

Der Zwang zur Teilnahme

Spekulation schafft keine neuen Werte, sondern nur Differenzgewinne: Der Gewinn des einen ist der Verlust des andern. »Eben dieser Charakter des Spekulationsgewinnes hat zur Folge, dass die Berufsspekulation nur gedeiht, wenn zahlreiche Außenstehende teilnehmen, die die Verluste tragen. Ohne Beteiligung des ›Publikums‹ gedeiht die Spekulation nicht«, schreibt Rudolf Hilferding zu Beginn dieses Jahrhunderts.[25] Das stimmt teilweise auch heute noch. Das breite Publikum darf mitmachen, darf spekulieren und Wetten auf die Zukunft abschließen.

Optionsgeschäfte sind die heute bekannteste Möglichkeit für Kleinspekulanten. Diese Derivate werden normalerweise an den diversen Derivatbörsen gehandelt und sind »reguliert«. Der öffentliche Handel und die damit verbundene Reglementierung verlangen gesetzliche Grundlagen. Das Publikum soll nicht durch plumpe Tricks übers Ohr gehauen werden. So wurde im Jahre 1974 in den USA der Commodities Exchange Act (CEA) beschlossen. Dieses Gesetz ist aber weniger aufgrund dessen bemerkenswert, was es reglementiert. Auffällig sind vielmehr die Lücken, die es offen lässt. Die zwischen den einzelnen Kontraktparteien ausgehandelten unregulierten OTC-Vereinbarungen wurden in diesem Gesetz explizit von jeglicher staatlichen Kontrolle verschont, was dem sich anbahnenden Spekulationsboom freien Lauf ließ.[26]

Diese Zweiteilung in einen unregulierten, den großen Spekulanten wie Banken, Versicherungen und anderen finanzkräftigen Unternehmen und vermögenden Privatpersonen zugänglichen privaten Markt, der praktisch keiner staatlichen Aufsicht unterliegt, und dem reglementierten öffentlichen Markt ist eine neue Entwicklung. Es ist diese Gleichzeitigkeit der Deregulierung der »großen« (OTC-)Spekulation und der Regulierung der »kleinen« standardisierten, börsengehandelten Terminkontrakte, die den Derivathandel zu einer eigentlichen Derivatrevolution machte und den weltweiten Siegeszug der Spekulation begründete.

Die außerbörslich gehandelten, privat vereinbarten Kontrakte werden OTC-Kontrakte genannt. »OTC« bedeutet »over the counter« und umfasst alle zwischen den einzelnen Derivatpartnern individuell vereinbarten Abmachungen außerhalb staatlicher Kontrollen. Der Anteil der außerbörslich gehandelten Kontrakte – der OTC oder »über den Ladentisch« gehandelten Kontrakte – lag laut einer Statistik der Bank für Internationalen Zahlungsausgleich (BIZ) Ende 1999 bei 90 Prozent. Bloß 10 Prozent aller Kontrakte werden an den Börsen gehandelt. Diese Zahlen beziehen sich auf Devisen und auf festverzinsliche Titel. Derivate auf Aktien machen dabei einen verschwindend kleinen Anteil aus.

Mit dem gewaltigen Anschwellen der Devisenspekulation, den umgesetzten Volumina und den gleichzeitig erzielten Gewinnen ist aber das Publikum gar nicht mehr in der Lage, die Verluste zu tragen. Vielmehr werden nun ganze Staaten zum Ziel der Spekulation und können sich deren Manipulationen nicht einmal entziehen. Periodisch kommt es zu Wetten in mehrfachen Milliardenbeträgen, die häufig die betroffenen Staaten verlieren. Dabei findet eine riesige Umverteilung von »unten«, das heißt von den betroffenen Staaten bzw. deren Bevölkerung, nach »oben«, das heißt zu Hedge Funds, Investmenthäusern sowie den dahinterstehenden milliardenschweren Privatpersonen, statt. Staatsvermögen wird buchstäblich pulverisiert, um dann in den Händen von Spekulanten zu landen. Legendär sind etwa die Spekulationen von Georg Soros mit seinem Quantum Fund, der auf die Überbewertung des englischen Pfunds setzte und dabei Milliarden gewann. So kann sich letztlich niemand den Auswirkungen der Derivate entziehen.

Das wichtigste derivative Instrument – der Swap

Unter den außerbörslich gehandelten Kontrakten nehmen die Swaps eine Spitzenstellung ein. Sie machen rund drei Viertel aller Derivatkontrakte aus.[27] Swaps sind eine seit langem bekannte Technik und bieten – nach dem *Handbuch des Bank-, Geld- und Börsenwesens der Schweiz aus dem Jahre 1947* – »... die Möglichkeit zur Kurssicherung auf Termin oder zur Spekulation auf die zukünftige Kursentwicklung einer Währung«.[28] Nur international tätige Banken und Zentralbanken benutzten damals Swaps.

Der englische Begriff »Swap« bedeutet »Tausch«. Grundsätzlich geht es dabei um den Austausch von Zahlungsströmen, basierend auf einem zuvor abgeschlossenen Finanzgeschäft. Dazu eines der Beispiele aus der Vorzeit der sich anbahnenden Derivatrevolution: In den 1960er Jahren verfügte die englische Regierung Restriktionen bei der Finanzierung britischer Firmen mit ausländischen Währungen und der Finanzierung ausländischer Firmen mit englischen Pfund. Die britische Industrie sollte vor der Globalisierung mit Hilfe von Kapitalverkehrssperren geschützt werden. Britisches Kapital sollte in Großbritannien bleiben und ausländisches Kapital nicht in das Vereinigte Königreich eindringen.

Diese Restriktionen wollten die international orientierten Unternehmen nicht einhalten. So kamen die Swaps ins Spiel, die wie folgt funktionieren: Eine amerikanische Firma beispielsweise benötigt Geld zur Finanzierung einer Investition. Sie bringt dieses Geld nicht selber auf, stattdessen wird hierzu ein britisches Unternehmen tätig. Dieses stellt den aufgenommenen Betrag der amerikanischen Firma in Großbritannien zur Verfügung. Gleichzeitig nimmt das amerikanische Unternehmen einen gleich hohen Betrag zugunsten des britischen Unternehmens bei einer amerikanischen Bank oder einem anderen Kapitalgeber in den USA auf und stellt es dem britischen Unternehmen für seine Investitionen in Amerika zur Verfügung. Die Zinszahlungen werden ausgetauscht. Das amerikanische Unternehmen zahlt in England die Zinsen für das in Großbritannien vom englischen Unternehmen stellvertretend aufgenommene Kapital und umgekehrt.

Die Vorschriften der englischen Regierung erweisen sich in einem solchen Fall als nutzlos. Das Ziel der englischen Regierung, mit Hilfe von strikten Kapitalverkehrskontrollen den einheimischen Markt zu schützen, wurde durch einen Swapkontrakt umgangen.

Die oben beschriebene Form heißt »Währungsswap«, da die aufgenommenen Kapitalbeträge tatsächlich ausgetauscht werden. Es gibt diese Währungsswaps heute nur noch eingeschränkt, da grundsätzlich freier Kapitalverkehr besteht und allfällige Behinderungen durch den Internationalen Währungsfonds sanktioniert werden. Heute werden bloß noch die Zinszahlungen auf den vereinbarten Kapitalbetrag in den jeweiligen Währungen ausgetauscht. Diese Form von Swaps wird als »Devisenswap« bezeichnet.

Eine weitere wichtige Form von Swaps sind die Zinsswaps. Dabei nehmen zwei Parteien jeweils einen Kapitalbetrag auf und tauschen die Zinszahlungen. So zahlt jede Partei anstelle der Zinsen auf das eigene Kapital die Zinsen auf das Kapital der anderen. Dazu ein Beispiel: Ein schweizerisches multinationales Unternehmen will ein Netz von Einzelhandelsläden in der Schweiz eröffnen. Das Unternehmen benötigt rund 100 Millionen Schweizer Franken. Das Unternehmen ist bekannt und erhält daher Geld zu sehr guten Bedingungen sowohl über eine Bank als auch über eine öffentlich aufgelegte Anleihe.

Auf der anderen Seite benötigt ein mittelgroßes schweizerisches Forschungsunternehmen 100 Millionen Schweizer Franken für ein langfristiges Forschungsprojekt. Wie funktioniert dieser Swap nun? Für eine langfristige Investition erhält die große internationale Unternehmung das Geld zu einem besseren Preis vom Obligationenmarkt als das kleinere Forschungsunternehmen. Die große internationale Gesellschaft erhält das Geld auch zu besseren Bedingungen von einer Bank.

Als kaum eingeführtes Unternehmen erhält die kleinere Forschungsfirma schlechtere Bedingungen sowohl auf dem Obligationenmarkt als auch bei den Banken. Bei einer Bank allerdings erhält sie das benötigte Kapital zu *relativ* günstigeren Bedingungen, da die Zinsdifferenz verglichen mit dem Obligationenmarkt geringer ist. Das bedeutet, dass sie, verglichen mit dem Multi, einen komparativen Vorteil bei einem Bankkredit hat. Anders gesagt: Es ist für sie ein kleinerer Nachteil, wenn sie ihr Geld bei einer Bank ausleiht, als für den Multi.

Betrachtet man nun die Zahlen etwas genauer, so könnten die jährlichen Zinssätze in etwa auf folgendem Niveau liegen:

	Multinationales Unternehmen	Forschungsunternehmen
Bankkredite	5,1 Prozent	5,9 Prozent
Obligationen	9,0 Prozent	11,0 Prozent

Das entspräche, bezogen auf ein aufgenommenes Kapital von 100 Millionen Schweizer Franken, folgenden jährlichen Zinszahlungen (in Schweizer Franken):

	Multinationales Unternehmen	Forschungsunternehmen
Bankkredite	5,1 Millionen	5,9 Millionen
Obligationen	9,0 Millionen	11,0 Millionen
Summe	14,1 Millionen	16,9 Millionen

Wenn nun die Nettozahlungen auf ein aufgenommenes Kapital von 100 Millionen Schweizer Franken berechnet werden, so zeigt sich der Vorteil, der sich den beiden Unternehmen bietet. Das multinationale Unternehmen zahlt für das am Obligationenmarkt aufgenommene Kapital einen Zinsfuß von

9 Prozent, das heißt 9 Millionen Schweizer Franken,

und erhält von der Forschungsfirma für das für sie aufgenommene und an sie weitergegebene Kapital

10 Prozent, das heißt 10 Millionen Schweizer Franken.

Es zahlt an die Forschungsfirma für den von dieser bei einer Bank aufgenommenen Kredit

5,6 Prozent, das heißt 5,6 Millionen Schweizer Franken.

Der Kreditzinsfuß für das multinationale Unternehmen beträgt netto 4,6 Prozent, das heißt, es zahlt jährlich Kreditzinsen in Höhe von 4,6 Millionen Schweizer Franken.

Diese 4,6 Millionen resultieren aus dem Betrag von 5,6 Millionen Schweizer Franken, vermindert um eine Million Schweizer Franken aus dem Zinsfußunterschied bei der Kapitalaufnahme am Obligationenmarkt. Das multinationale Unternehmen spart also dank dem Swap 0,5 Millionen Schweizer Franken jährlich an Zinszahlungen. (Ohne den Swap hätte der Multi 5,1 Millionen Schweizer Franken an Kreditzinsen zahlen müssen.)

Wie groß sind nun die Ersparnisse für die Forschungsfirma?

Die Forschungsfirma zahlt an die Bank einen flexiblen Zinsfuß für den aufgenommenen Kredit in Höhe von

5,9 Prozent, das heißt 5,9 Millionen Schweizer Franken.

Sie erhält vom multinationalen Unternehmen für den weitergegebenen Kredit

5,6 Prozent, das heißt 5,6 Millionen Schweizer Franken.

Sie zahlt dem multinationalen Unternehmen für die Obligationenanleihe einen Zinsfuß von

10 Prozent, das heißt 10 Millionen Schweizer Franken.

Der Anleihezinsfuß für die Forschungsfirma beträgt netto 10,3 Prozent, das heißt, sie zahlt jährlich Anleihezinsen in Höhe von 10,3 Millionen Schweizer Franken.

Diese 10,3 Prozent oder 10,3 Millionen Schweizer Franken resultieren aus den 10 Millionen Schweizer Franken für die Obligationenanleihe plus

300.000 Schweizer Franken aus dem Zinsfußunterschied bei der Kredit-
aufnahme.

Das bedeutet für das Forschungsunternehmen jährlich 700.000 Schweizer
Franken weniger an Zinszahlungen, die auf den abgeschlossenen Swap zu-
rückzuführen sind. (Ohne den Swap hätte das Forschungsunternehmen 11
Millionen Schweizer Franken an Anleihezinsen zahlen müssen.)

Mit dem Swap wurde es möglich, das Kreditrisiko vom Zinsrisiko zu trennen.
Das Kreditrisiko wurde dahin verschoben, wo es am günstigsten ist. In einem
übertragenen Sinne hat so das multinationale Unternehmen eine Art von
»Bürgschaft« für das unbekanntere Forschungsunternehmen übernommen.
Dem multinationalen Unternehmen bringen aber die Obligationenkäufer un-
verhältnismäßig mehr Vertrauen entgegen als dem Forschungsunternehmen.

Großen Finanzintermediären wie Banken und anderen Finanzdienstleistungsunternehmen dienen Swaps vor allem zur Abstimmung der Aktiv- und Passiv-
seite ihrer Bilanzen. So können sie mit Hilfe von Swaps kurzfristige Einlagen
wie beispielsweise die Guthaben der Kleinsparer zur Finanzierung langfristiger
Kredite und Hypotheken mit festen Zinssätzen einsetzen. Kontrakte können
nach Belieben und nach den Bedürfnissen der jeweiligen Marktteilnehmer aus-
gestaltet werden. Denn dieser OTC-Markt unterliegt kaum gesetzlichen Vorschriften, von einer kontinuierlichen Überwachung ganz zu schweigen.

In jüngster Zeit sind wieder verschiedene Initiativen zur besseren Reglementierung der OTC-Derivate unternommen worden, aber eine internationale
Koordination dieser Bemühungen erwies sich als äußerst schwierig, wenn
nicht gar als unmöglich: Je nach Land werden unterschiedliche Instrumente erfasst, und was jeweils als missbräuchlich gilt – die Verhinderung von Missbräuchen ist das Ziel dieser Bemühungen –, ist von Land zu Land verschieden.
Gleichzeitig besteht keine Einigkeit, wer als Kontraktpartner welcher derivativen Instrumente erfasst werden soll.

Allein schon die Maßzahl zur Erfassung der Derivate ist nicht klar. So ist es
nicht ganz richtig, wenn die unterliegenden Kapitalbeträge als entscheidendes
Kriterium für die Größe des OTC-Marktes genommen werden, wie aus dem
oben stehenden Beispiel hervorgeht. Denn die Swaps werden ja auf fiktiven Ka-
pitalbeträgen errichtet. Häufig wird daher der Marktwert der abgeschlossenen
Verträge zum Vergleich beigezogen. Dabei entspricht der Marktwert in etwa

dem Wert, der für die Wiederbeschaffung eines Kontrakts aufgewendet werden müsste. Aber dieser Marktwert schwankt von Tag zu Tag, und wenn es sich um komplexere Verträge handelt, kann er nur schwer zuverlässig bestimmt werden. Laut BIZ-Statistik lag er Ende 1999 für OTC-Kontrakte der größten Marktteilnehmer bei rund 2,8 Trillionen US-Dollar, während der unterliegende Kapitalbetrag sich auf 88,2 Trillionen US-Dollar belief.

Bis vor kurzem wurden Swaps als risikolose derivative Instrumente betrachtet, da ja im Normalfall das Basiskapital nicht ausgetauscht wird und da bis jetzt keine größeren Probleme aufgetaucht sind. Das könnte sich ändern. So hat beispielsweise die Verschuldung in den letzten Jahren um mehr als 10 Prozent jährlich zugenommen. Das nährt die Gefahr, dass auch das weit verzweigte und praktisch alle großen Unternehmen umfassende System an Swaps zusammenbrechen könnte. Dies könnte schlimmstenfalls – so die englische Fachzeitschrift *The Economist* – zu einem Zusammenbruch des Weltfinanzsystems, zu einem totalen GAU, führen. Aufgrund des zum Teil beträchtlich höheren Risikos beginnen in letzter Zeit die Swap-Sätze – Referenzzinssätze für Swap-Kontrakte – tendenziell stark zu steigen.

Derivate für jedermann

Moderne Gesellschaften haben ein demokratisches System. Damit ein spekulationsorientiertes Finanzsystem wie das bestehende politisch unterstützt oder zumindest nicht aktiv bekämpft wird, muss eine breite Schicht der Bevölkerung dieses System akzeptieren und eventuell gar direkt von ihm profitieren. Daher muss der allgemeine Zugang zu entsprechenden Produkten ermöglicht und gefördert werden. Die OTC-Produkte mit ihren individuell ausgehandelten Bedingungen unter großen Marktteilnehmern kommen dafür nicht in Frage. Eine Standardisierung der Produkte für den Massenmarkt drängte sich auf.

Standardisierung bedeutete zuerst den Handel von Derivaten an Börsen, was erstmals 1973 mit Aktienoptionen an der Optionsbörse von Chicago (CBOE) der Fall war. Dabei umfasst die Standardisierung die Kontraktgröße, eine genau festgelegte Menge eines bestimmten Instruments (Basiswert), den vereinbarten Preis sowie den Übernahmezeitpunkt an einem festgelegten zukünftigen Tag, das heißt das Fälligkeitsdatum. Der Vertragsabschluss (Kauf/Verkauf) und die Vertragserfüllung (Lieferung/Zahlung) sind zeitlich getrennt, die Preisfestlegung erfolgt jedoch bereits zum Zeitpunkt des Vertragsabschlusses. Handelt es sich um »Muss«-Geschäfte, werden diese standardisierten Terminkontrakte »Futures« genannt, die nicht standardisierten Terminkontrakte hingegen heißen »Forwards«.

Gleichzeitig musste die Preisfindung für Derivate auf allgemein zugänglicher Information beruhen, und ein organisierter, transparenter Markt musste geschaffen werden. Denn um eine breitere Öffentlichkeit für diese Art von Geldanlagen zu gewinnen, musste jegliche Art von Benachteiligung der Kleinanleger etwa durch eine unklare Informationspolitik oder durch Preismanipulationen unterbunden werden. Auch galt es, eine möglichst hohe Liquidität sicherzustellen. Bei der später mit der Deutschen Terminbörse DTB zur EUREX fusionierten Schweizer Optionenbörse SOFFEX unterlagen alle Kontrakte dem Börsenzwang.

Für den Kleinhandel gewissermaßen, also die börsengehandelten Derivate, wurde in den USA im Rahmen des Commodities Exchange Act (CEA) eine zentrale Aufsichtsbehörde, die Commodity Futures Trading Commission (CFTC), geschaffen. Die bis heute vorwiegend von republikanischen Hardlinern kontrollierte CFTC gilt allgemein als wenig schlagkräftige Behörde, die, wenn immer möglich, Vorschriften abbaut, die regulierend wirken. Die als wachsam bekannte Securities and Exchange Commission (SEC) hat bloß die Aufsicht über die Aktienbörsen, was denn auch unter den beiden Kommissionen regelmäßig zu Abgrenzungskämpfen führt.

Termingeschäfte – ein Rechenbeispiel

Zu den Futures nun ein Beispiel, wie es leicht abgewandelt in jedem Lehrbuch zu finden sein könnte: Ein reicher Mensch aus Deutschland spekuliert aus Steuergründen im Jahre 1994 in der Schweiz, wo Anfang Oktober das Zinsniveau plötzlich zu sinken beginnt. Er wittert eine Gewinnchance. Er kauft daher CONF-Futures zu einem Kurs von 112,90 Schweizer Franken und hofft, sie dann zu einem späteren Zeitpunkt zu einem höheren Preis wieder losschlagen zu können.

Der Basiswert des CONF-Futures ist eine fiktive, langfristige Anleihe der Schweizerischen Eidgenossenschaft mit einem Zinsfuß von 6 Prozent und einer jederzeitigen Restlaufzeit von zehn Jahren. Die Kontraktgröße beträgt nominal 100.000 Franken. Jeder Käufer eines CONF-Futures verpflichtet sich, zum Fälligkeitszeitpunkt bestimmte lieferbare Obligationen der Eidgenossenschaft im Nominalwert von 100.000 Franken zu kaufen. Der Futures-Preis wird in Prozent des Nominalwertes der Basisobligation auf 2 Dezimalstellen genau notiert. Die kleinste Preisveränderung (Tick) beträgt 10 Franken, also 0,01 Prozent.

Die Verpflichtung, zum Fälligkeitszeitpunkt bestimmte lieferbare Obligationen der Eidgenossenschaft zum Nominalwert von 100.000 Franken zu kaufen, ist in 98 von 100 Fällen ohne praktische Folge. Die meisten Kontrakte werden nämlich nicht bis zum Verfallstag gehalten, sondern durch Kauf einer Gegenposition – in diesem Fall durch den Verkauf von CONF-Futures – glattgestellt. Sie hat aber insofern einen indirekten Einfluss auf den Preis der Futures, als bei den zugrunde liegenden Obligationen Couponzahlungen fällig werden, die den Wert der Anlage beeinflussen. So stellt sich auch hier das für börsengehandelte Kontrakte übliche Standardisierungsproblem, da auf Terminkontrakte keine Zinsen oder Dividenden bezahlt werden. Das Standardisierungsproblem wurde in diesem Fall durch die Schaffung einer »fiktiven« oder auch »synthetischen« Obligation mit gleichbleibender Restlaufzeit und gleichbleibendem Zinssatz als dem Future unterliegenden Wert gelöst.

Doch nun zurück zu unserem Beispiel: Der Vermögensbesitzer kauft Mitte Oktober 100 CONF-Futures zu einem Kurs von 112,90 Franken. Bis zum Dezember fallen die Renditen für längerfristige Anlagen um 0,30 Prozentpunkte. Daher ist der Kurs der CONF-Futures auf 115,13 Franken gestiegen. Der Anleger stellt nun seine Futures-Positionen glatt, indem er sie verkauft.

Seine Rechnung sieht nun wie folgt aus:

Kauf im Oktober bei	112,90 Franken
Verkauf im Dezember bei	115,13 Franken
Differenz	2,23 Franken

Der Gewinn aus seiner Position beträgt:

$2,23 \times 100 \times 10 \times 100 = 223.000$ Franken.

In der oben erwähnten Multiplikation entspricht der Faktor 10 dem Tickpreis. Mit dem Faktor 100 muss das Ganze multipliziert werden, da ein CONF-Future einem Hundertstel des Basisprodukts entspricht. Der zweite Faktor 100 beschreibt die Anzahl der Kontrakte.

Was hat ihn dieses Geschäft gekostet? Zuerst muss er beim Kauf der 100

Kontrakte einen so genannten »Einschuss«, das heißt eine Garantiezahlung zur Deckung allfälliger Verluste, in Höhe von 1.000 Franken pro Kontrakt überweisen. Das sind 100 mal 1.000, also insgesamt 100.000 Franken. Wären die Kurse entgegen seinen Erwartungen gefallen, so hätte er zusätzlich einen Nachschuss zur Deckung allfälliger Verluste überweisen müssen. Dies ist hier nicht der Fall; der Vermögensbesitzer erhält daher seinen Einschuss vollständig zurück.

Dass er mit sowenig Kapitaleinsatz einen so großen Gewinn erzielen konnte, hat er dem so genannten »Hebeleffekt« zu verdanken.

Preisschwankungen bei derivativen Produkten wirken sich dank des Hebeleffekts im Verhältnis zum investierten Kapital wesentlich stärker aus als bei Direktinvestitionen am Markt für den Basiswert, das heißt dem eigentlichen Obligationen- oder Aktienmarkt. So wird implizit jedem, der mit Derivaten handelt, ein zinsloser Kredit in der Höhe des unterliegenden Basisprodukts gewährt. In unserem oben erwähnten Fall beträgt dieser Kredit 10,9 Millionen Franken, das heißt das 109fache der als Sicherheitsleistung einbezahlten 100.000 Franken. Der Käufer der CONF-Kontrakte hat also mit dem Kauf von Derivaten in der Höhe von knapp einem Prozent 100 Prozent an Basiskapital zur Spekulation »angelegt«.

Aber das ist eigentlich auch nichts Neues. Friedrich Leitner, Professor an der Handelshochschule Berlin, stellt in seinem in mehrfacher Auflage erschienenen Lehrbuch *Das Bankgeschäft und seine Technik* bereits zu Beginn des 20. Jahrhunderts fest: »Die berufsmäßige Spekulation in Zeitgeschäften ermöglicht die Beteiligung an der Spekulation, ohne bedeutendes eigenes Kapital zu besitzen.«[29]

Doch zurück zum Beispiel. An Gebühren und anderen Abgaben fallen für den Kauf und den Verkauf folgende Beträge an:

Spanne zwischen Nachfrage- und Angebotspreis	0,060	Prozent
SOFFEX-Gebühren	0,005	Prozent
Courtage	0,020	Prozent
Total	0,0850	Prozent

Dies entspricht rund 9.600 Franken.[30]

Hätte unser Käufer, anstatt mit Derivaten zu spekulieren, Obligationen im entsprechenden Wert von rund 11 Millionen Schweizer Franken gekauft, so hätte ihn dies wegen der rund fünfmal höheren Gebühren sowie des viermal größeren Spreads sowie anderer zusätzlicher Gebühren rund 60.500 Franken gekostet. Der Handel mit Derivaten ist demnach rund 6,3-mal billiger als mit den entsprechenden Basisprodukten, obwohl das Gewinnpotenzial bei beiden Investitionen gleich hoch ist. Bei den OTC-Kontrakten fallen überhaupt keine Kommissionen und Gebühren für eine Börse an, sondern bloß für den Vermittler des Geschäfts.

Die geringen anfallenden Kosten im Handel mit Derivaten im Vergleich zum Handel mit den entsprechenden Basisprodukten haben neben dem international starken Konkurrenzkampf der Börsen untereinander auch einen starken Druck zur Senkung der Transaktionskosten bei den »normalen« Wertpapieren wie Aktien und Obligationen ausgeübt. Entsprechend wurden staatliche Umsatz- bzw. Transaktionsabgaben – wie etwa die Stempelsteuer in der Schweiz – in jüngster Zeit zumindest teilweise abgeschafft. Eine weltweite Transaktionssteuer auf Derivate könnte hier wieder eine verbesserte Steuergerechtigkeit schaffen.

Vorhin war in unserem Beispiel von der Spanne zwischen Nachfrage- und Angebotspreis die Rede – im Fachchinesisch »Geld/Brief-Spanne« genannt. An den meisten Börsen werden nicht einfach Nachfrage und Angebot einander gegenübergestellt, vielmehr haben die großen Investmenthäuser – vor allem Großbanken – das Recht und die Pflicht, auf bei der Börse eintreffende Angebote einzutreten. Sie sind gewissermaßen die kaufmännische Gegenpartei bei einem Abschluss, eigentlicher juristischer Vertragspartner des Handels ist jedoch die Börse. Die Spanne Geld/Brief oder der »Spread Geld/Brief« beschreibt nun das zweitletzte Angebot für einen bestimmten Abschluss, bevor der Abschluss endgültig zustande kommt. Das heißt, die Broker an den Börsen verrechnen ihren Kunden nicht genau den Kurs, zu dem sie ein Papier erwerben oder verkaufen, sondern der dem Kunden verrechnete Preis liegt eben um die Spanne höher oder tiefer. Diese Spanne wird mit Hilfe des zweitletzten Angebots an der Börse ermittelt. Sie geht an die beiden Banken, die den Abschluss machen.

Die Spanne Geld/Brief ist eine Maßzahl für die Liquidität eines Handelsplatzes. Wenn viele »market maker«, das heißt Wertpapierhäuser, die zum Handel in den betreffenden Wertpapieren zugelassen sind und die Pflicht haben, Kurse zu stellen, sich an einem Handelsplatz gegenseitig unterbieten und viel umgesetzt wird, ist der Spread gering. Wird aber wenig umgesetzt, ist er hoch. Da beispielsweise im Finanzzentrum London ein sehr hoher Umsatz von Wertpapieren stattfindet, ist der Spread allgemein niedrig. Der Verdienst der Banken ist hier trotzdem hoch, da der große Umsatz allfällige kleinere Gewinnspannen bei weitem ausgleicht. Unter diesen Umständen können es sich die Engländer erlauben, eine relativ hohe Umsatzabgabe für bestimmte Wertpapiertransaktionen aufrechtzuerhalten, ohne deshalb eine Abwanderung des Geschäfts befürchten zu müssen. Unter dem Strich lohnt es sich trotz hoher staatlicher Umsatzabgaben für die Banken, ihre Geschäfte in London zu tätigen.

Derivate auf Indizes – eine Einladung zum Missbrauch

Im Rahmen des Geschäfts mit Derivaten hat es sich auch eingebürgert, weitere fiktive Instrumente handelbar zu machen, so beispielsweise die Aktienindizes. Zur Bildung eines Aktienindizes werden bestimmte Aktien zusammengefasst. Dabei werden etwa die Chemieaktien, die Bankaktien, die Internetwerte oder die 20 meistgehandelten Titel eines Landes in einen Korb gegeben. Maßzahl ihres Gewichts in dem Korb ist die Börsenkapitalisierung, das heißt der Marktwert der Aktien des betreffenden Unternehmens.

Dieser Korb widerspiegelt so in seinem Wert den gewichteten durchschnittlichen Verlauf der eingebrachten Aktien. Für ein bestimmtes Stichdatum wird der Wert des Korbes auf den Indexstand 100 gesetzt, der sich dann entsprechend den Preisschwankungen der einzelnen Papiere verändert. Der Dow-Jones-Index ist eines der ersten Beispiele dieser Art, der NASDAQ, der Standard & Poor's 500 oder der DAX bieten weitere.

Dank der Derivatetechnik können Futures und Optionen auf diese Indizes angeboten werden. Wer will, kann auf den Verlauf der Börsenkurse der Unternehmen eines ganzen Landes oder einer bestimmten Branche wetten.

Das bietet Vorteile. Im Allgemeinen fällt es einem Privatanleger sehr schwer, mit seinen individuell zusammengestellten Anlagewerten einen besseren durchschnittlichen Gewinn zu erzielen, als wenn er den Index kaufen würde. Es gelingt ihm nur selten, »den Index zu schlagen«, wie es im Fachjargon heißt. Es besteht auch hier eine Informationsasymmetrie: Wer früher als andere über die besseren Informationen zu einem Unternehmen verfügt und auch das Wissen hat, sie richtig zu interpretieren, zählt mit größerer Wahrscheinlichkeit zu denen, die den Index schlagen – und das dürften vorwiegend die großen institutionellen Investoren wie Banken und Investmentfonds sein.

Mit der Neuschaffung der diversen Indizes und der Möglichkeit, Derivate auf sie zu erwerben, haben sich ungeahnte Möglichkeiten zu »verdeckten« Börsengeschäften ergeben. Dazu nur ein kleines Beispiel, wie Insider sich davor schützen können, entdeckt zu werden: das so genannte »Mirror Trading«. Beim »Spiegelhandel« gelangt der Insider in die Verfügung über Aktien eines Unternehmens, ohne diese tatsächlich zu kaufen.

Mirror Trading funktioniert folgendermaßen: Nehmen wir an, der Insider weiß sicher, dass die Aktie eines bestimmten Unternehmens als Folge strategischer Entscheidungen in nächster Zukunft rasant ansteigen wird. Nun kauft er einen Indexfuture der Branche, der das Unternehmen angehört, beispielsweise für Chemiewerte. Das heißt, er erwirbt auf Termin zu heutigen Preisen ein standardisiertes, aus den wichtigsten Chemieaktien zusammengesetztes Bündel von Unternehmensanteilen der Chemiebranche.

Nun will unser Insider aber nur die Aktie des Unternehmens seiner Wahl erwerben. Also verkauft er die Aktien aller übrigen Unternehmen, die zusammen den Indexfuture bilden. Sinnvollerweise verkauft er wiederum die derivativen Produkte der entsprechenden Basiswerte, also entweder entsprechende Futures auf Aktien oder auch Optionen. Unter dem Strich hat nun unser Insider ein der gewünschten Aktie entsprechendes Derivat erworben. Das Derivat weist das gleiche Gewinnpotenzial auf wie der unterliegende Basistitel.

Bei vielen börsenrelevanten Managemententscheidungen großer Unternehmen wird hin und wieder ein erhöhter Handel in Indexwerten festgestellt. Das würde auf das beschriebene Mirror Trading hindeuten, aber ernsthafte Versuche, diese Transaktionen zu analysieren, wurden bis jetzt nicht unternommen, vermutlich, weil sie aussichtslos sind.

Der Gesetzgeber verbietet Insidergeschäfte, und Börsen lieben sie auch nicht. Insidergeschäfte schaden dem Ruf eines Handelsplatzes, und schnell einmal heißt es, die Kurse würden manipuliert. Um Insidergeschäfte zu bekämpfen, zeichnen die Börsen jeden einzelnen Abschluss auf. Die entsprechenden Datensätze werden laufend computergestützt und mit Hilfe ausgeklügelter Suchverfahren unter die Lupe genommen. Die Parameter für diese Suche werden ständig gewechselt, damit sie nicht unterlaufen werden können.

Im Schatten der Derivate

Wickelt der Insider seine Geschäfte über verschiedene nationale Börsen ab, so wird es komplizierter, ihm seine Tat nachzuweisen, da kein Austausch der aktuellen Datenströme unter den Börsen stattfindet und eine international angelegte Untersuchung immer mit einem immens hohen bürokratischen Aufwand verbunden ist. Wird dem Gesuch um Unterstützung bei einer Untersuchung aber trotzdem stattgegeben, werden die historischen Daten ausgetauscht. Würden die aktuellen Datenströme unter den Börsen ausgetauscht, würde bekannt, welche Banken jeweils welche Umsätze an welchen Börsen tätigen – und das würde den Kundenschutz unterlaufen und zugleich die Gefahr gegenseitiger Abwerbungen von Kunden mit sich bringen.

Gleichzeitig erleiden die informatikgestützten Börsen immer wieder Ausfälle – manche dauern länger, andere sind so kurz, dass sie leicht überspielt werden können. Bei einem aktuellen Datenaustausch würden auch die kurzen Unterbrechungen öffentlich. Diese kurzen Unterbrechungen des Handels können sich jedoch rufschädigend für die betreffende Börse auswirken. Andererseits können international angelegte Missbräuche oder Manipulationen der Börsen ohne Datenaustausch nicht aufgeklärt werden – so behilft man sich eben mit den historischen Datensätzen.

Einem einigermaßen schlauen Insider steht so bei der Abwicklung seiner Geschäfte nichts im Wege. Oder anders herum: Insider, die erwischt werden, gehören bestraft, aber nicht, weil das Gesetz es will, sondern wegen ihrer Dummheit. Aber nicht einmal die Dummheit der Insider wird ihnen unter den heutigen Verhältnissen zum Verhängnis: Der Anteil der von der Schweizer Börse (SWX) an die Behörden weitergeleiteten Fälle von Insidergeschäften und darunter der Anteil der anschließend tatsächlich verurteilten Insider bewegen sich im einstelligen Prozentbereich. Und ist der Mitarbeiter eines Finanzinstituts trotzdem in Insidergeschäfte verwickelt, so ist das für die Community des Finanzsektors nicht negativ. Im Gegenteil: Wer Risiken dieser Art auf sich nimmt, wird allgemein für seinen Wagemut beklatscht, und das ist karrierefördernd.

3. Geldwäsche mit Derivaten

Ein Derivatkontrakt ist ein Nullsummenspiel, wie sich im vorhergehenden Kapitel gezeigt hat. Dabei gewinnt die eine Kontraktpartei, was die andere verliert. Gewinner ist, wer die Preisentwicklung des Basiswerts richtig prognostiziert hat, Verlierer ist jene Partei mit der falschen Zukunftsprognose. Derivatkontrakte entsprechen grundsätzlich Wettvereinbarungen. Im Prinzip funktioniert Geldwäscherei mit Derivaten gleich wie Geldwäscherei mit Wetten.

Wetten und Geldwäscherei

Der Einfachheit halber soll hier zuerst das System der Geldwäsche für eine Wette aufgezeigt werden. Der Grundsatz ist immer der gleiche. Die Rahmenbedingungen müssen manipuliert werden, damit das folgende Wettergebnis resultiert: Das schmutzige Geld muss durch die Wette verloren gehen, während das »saubere« Geld dem Wettgewinn entspricht.

Es müssen aber nicht einmal immer Betrug oder Manipulation der Wette mit im Spiel sein. Oft ist etwas Mathematik schon voll und ganz ausreichend. Der Geldwäscher kann beispielsweise bei einer Pferdewette aufgrund der vergangenen Ergebnisse die Wahrscheinlichkeit des Eintreffens eines bestimmten Ereignisses berechnen und seine Wetten entsprechend dem berechneten wahrscheinlichen Gewinnprofil verteilen. Als Ergebnis erhält er nun im Durchschnitt den Einsatz abzüglich des Aufwands des Wettbüros als gewaschenes Geld zurück – zumindest über eine längere Wettperiode.

Eine andere Möglichkeit für Geldwäscherei mit Hilfe von Wetten bietet – falls der Geldwäscher über Zugang zu einem Wettbüro verfügt – die nachträgliche Fälschung der Wettzettel. So kann, ohne dass Dritte zu Schaden kommen, ein »sauberer« Gewinn erzeugt werden. Der Gewinner erhält das saubere Geld, während das »schmutzige« Geld als Folge des Wettverlustes durch den Verlierer einbezahlt wird.

Noch interessanter wird natürlich das Geschäft, wenn Geld durch geschickte Wettmanipulationen gewaschen wird, die dem Außenstehenden verborgen bleiben. Dann besteht die Möglichkeit, neben der eigentlichen Geldwäscherei – die Zuweisung des Wettverlustes an den Partner mit dem »schmutzigen« Geld

90

und des Gewinns an den Partner mit dem »sauberen« Konto – noch zusätzliche Einnahmen zu erzielen. Dies kann einerseits durch einen eigenen Einsatz an sauberem Geld geschehen, andererseits durch Manipulationen mit dem »schmutzigen« Geld, das zu einem im Verhältnis zur Einzahlung mehrfach höheren Gewinn führt.

Hat man so die Macht, die Rahmenbedingungen einer Wette oder die Wette selbst zu manipulieren, verfügt man über ausgezeichnete Möglichkeiten, Geld zu waschen – sei dies nun durch Wetten oder durch Derivate. So entspricht Geldwäscherei mit Derivaten im Grundsatz der Geldwäscherei mit Hilfe von Wetten, seien es nun »Wetten« auf die richtige Zahl im Kasino oder auch Wetten auf den Gewinner eines Pferderennens und Ähnliches.

Doch wird Geld mit Hilfe von gewöhnlichen Wetten gewaschen, haftet ihm immer noch ein Geruch von Irregularität und Unsauberkeit an. Vor allem dann, wenn bei diesen Wetten größere Summen umgesetzt werden und gleichzeitig das Ergebnis der Wetten manipuliert wird, gibt es schnell mal Proteste, die das ganze Geschäft verderben können. Ohnehin gehört das Wettgeschäft zu den traditionellen Aktivitäten mafiöser Organisationen. Dazu ist das Volumen des waschbaren Geldes beschränkt. Anders bei den Derivaten. Die nachfolgenden, teilweise konstruierten Fälle zeigen, wie Geld mit Hilfe von Derivaten gewaschen werden kann.

Zwei Beispiele zur Umsetzung

Das erste nun folgende Beispiel ist nicht eindeutig bloßer Geldwäscherei zuzuordnen, sondern zeigt, wie mit Hilfe eines großen Kapitaleinsatzes die »Wettbedingungen« verändert werden können. Als ich auf der Suche nach Fällen zu Geldwäscherei mit Derivaten war, berichtete mir im Jahre 1997 der für Beschwerden zuständige Direktor der damaligen englischen Derivataufsichtsbehörde Securities and Futures Authority (SFA), David Kenmir, von einem Fall, den er an die Londoner City-Metropolitan-Police weitergeleitet hatte.

Hauptbeteiligter war ein internationales Unternehmen, das den Barerlös aus dem US-Drogenhandel in die Gewinnung und Verarbeitung von Rohmaterialien in einem Oststaat investiert und eine marktbeherrschende Stellung erreicht hatte. Dank dieses Quasimonopols konnte das Unternehmen die Preise auf dem Weltmarkt beeinflussen. In der Folge wurden an der Londoner Börse bei einem renommierten Broker Terminkontrakte auf diese Produkte gekauft, die aufgrund des voraussehbaren Preisverlaufs des unterliegenden Basisprodukts zu einem sicheren Gewinn führten. Dieser Gewinn wurde anschließend nach den USA zurücktransferiert. Da die Spekulationen an der Londoner Derivatbörse allzu offensichtlich manipuliert wurden und – das ist entscheidend – einzelne Marktteilnehmer Einbußen erlitten, beschwerten sich diese bei der Aufsicht.

Ich hätte diesen Fall gerne weiter untersucht, wurde aber gewarnt, das hinter den Manipulationen vermutete Unternehmen ziehe eine lange Blutspur hinter sich her. So ließ ich es bleiben. Von der City-Metropolitan-Police in London wurde der Fall (und wird es vermutlich auch heute noch) als »noch anhängig« beschrieben. Der zuständige Detective Superintendent Jerry Ohlson ist unterdessen in Pension gegangen. In der Zwischenzeit dürften das illegal erworbene Vermögen längst in die legale Wirtschaft investiert und die Spuren verwischt worden sein.

Der zweite »Fall« – diesmal handelt es sich um eine Eigenkreation – soll zeigen, wie Geldwäscherei mit Derivaten hilft, Spuren zu verwischen. Da bei diesem Verfahren – im Gegensatz zum oben erwähnten Fall – keine Dritten zu Schaden kommen, ist die Aufdeckung der Geldwäscherei eher unwahrscheinlich (gesetzt, wir lassen die Vortat außer Acht).

Vorstellbar ist etwa folgendes Vorgehen: X hat in Los Angeles 10 Millionen Dollar Drogengewinn in bar auf die lokale Filiale der illegalen Hawala-Bank einbezahlt, die als Luxusjuwelengeschäft in Beverly Hills getarnt ist. Wofür er, sagen wir, 9 Millionen Dollar sauberes Geld zugesichert bekommt. Der Hawala-Banker lässt die 10 Millionen Dollar von seinem Korrespondenten in der Ukraine an einen dortigen Fabrikanten auszahlen, der das Geld in der dollarisierten Realwirtschaft investiert.

Parallel zu diesem ersten Vorgang entwickelt sich nun das andere Geschäft: Der Hawala-Strohmann in Zürich erhält dank der Bürgschaft des ukrainischen Fabrikanten von einer Zürcher Bank einen Kredit über 10 Millionen Dollar. Als Sicherheit hat der Fabrikant bei der Zürcher Bank längerfristig Fondsvermögen in Millionenhöhe angelegt. Neun von den ausbezahlten 10 Millionen transferiert der Fabrikant über einen von seinem Broker in Frankfurt am Main manipulativ erzielten Derivatverlust an den Drogenhändler in Los Angeles. Diese

Manipulation erfolgt wie oben bei dem Wettgeschäft beschrieben: Für den einen Kontrakt mit dem schmutzigen Geld wird ein Verlust erzeugt, für den anderen Kontrakt ein Zufluss, der dem Geld seine saubere Legitimität verschafft. Als Kommissionen fallen folgende Beträge an: 900.000 Dollar bekommt der Hawala-Banker, 100.000 Dollar behält der Fabrikant selbst.

Offen bleibt noch die Frage der Bürgschaft: Zwei Jahre später löst der ukrainische Fabrikant seine Bürgschaftsverpflichtung beim 10-Millionen-Kredit in Zürich ein. Das Geld dazu kommt aus dem 10-Millionen-Dollar-Investment in der Ukraine.

Kurz rekapituliert verläuft demnach die Geldwaschaktion wie folgt:

1. Unser Drogenhändler bringt 10 Millionen Dollar zur Hawala-Bank.
2. Die Einzahlung bei der amerikanischen Hawala-Bank bewirkt eine Auszahlung von 10 Millionen Dollar in der ukrainischen Hawala-Filiale.
3. Ein Hawala-Strohmann in Zürich erhält von einer Zürcher Bank 10 Millionen Dollar ausbezahlt. Bürge: der ukrainische Fabrikant.
4. Neun von den 10 Millionen Dollar werden durch einen manipulativ erzeugten Derivatverlust an den amerikanischen Drogenhändler transferiert.
5. Zwei Jahre später löst der ukrainische Fabrikant seine Bürgschaft auf und überweist 10 Millionen Dollar nach Zürich.

Geldwäsche mit börsengehandelten Derivaten

Aus der Welt der börsengängigen Produkte stammt ein weiteres Beispiel, das im Anhang des *1998-1999 Money Laundering Typologies Report* des FATF zitiert wird. Die weiter oben schon einmal genannte Financial Action Task Force oder abgekürzt FATF ist die bedeutendste internationale Organisation zur Bekämpfung der Geldwäscherei und wurde von den wichtigsten Industrienationen gegründet. Nach dem FATF-Report kann nicht nur im kaum regulierten OTC-Bereich, sondern auch mit börsengängigen Derivaten auf staatlich regulierten Märkten völlig legal Geld gewaschen werden.

In diesem Beispiel führt ein Broker für einen Kunden mit Geldwaschbedarf zwei verschiedene Konten, ein Konto »Schmutz« für das schmutzige Geld und ein Konto »Sauber« für das saubere Geld. Im Prinzip ist wieder das oben erwähnte Schema gültig: Das schmutzige Geld muss verloren gehen, während das saubere dem Derivatgewinn entspricht.

Am Morgen des Handelstages kauft der Broker an der Derivatbörse 100 Derivatkontrakte zu einem Preis von 85,02 Dollar mit einem Tickpreis von 25. (Ein Tick oder Punkt ist die kleinstmögliche Preisdifferenz, bewertet mit einem Hundertstel eines Dollars, und bezieht sich in diesem Fall auf einen Kontrakt in der Höhe von 10.000 Dollar.) Gleichzeitig verkauft er 100 gleiche Kontrakte zu einem Preis von 85,00 Dollar. Beides sind völlig legal erworbene börsengängige Derivatkontrakte.

Am Nachmittag des Handelstages haben sich die Kontraktpreise am Markt verändert: der nachmittägliche Verkaufspreis ist nun 84,72 Dollar und der Kaufpreis 84,74 Dollar. Wie arrangiert der Broker nun diese vier Kontrakte, damit Geldwäscherei möglich wird? Der Broker hat sein Ziel erreicht, wenn es ihm gelingt, die Verluste dem Konto »Schmutz« zuzuteilen und die Gewinne dem Konto »Sauber«.

Um dies zu erreichen, teilt der Broker den Kauf zum Preis von 85,02 Dollar vom Morgen und den Verkauf zum Preis von 84,72 Dollar am Abend dem Konto »Schmutz« zu. Die Preisdifferenz beträgt 30 Cents (Differenz zwischen dem nachmittäglichen Verkaufspreis von 84,72 Dollar und dem morgendlichen Ankaufspreis von 85,02 Dollar). Der Verlust aus dem verkauften Kontrakt entspricht dem Tickwert von 25, multipliziert mit der Kontraktmenge 100, multipliziert mit der Preisänderung 0,30 und dem Basiswert des Kontrakts von 10.000 Dollar. Demnach ergeben sich als Verlust: $0,25 \times 100 \times 0,30$ Dollar $\times$ 10.000 Dollar = 75.000 Dollar.

Die anderen Abschlüsse werden dem »Sauber«-Konto zugewiesen, wo nach der gleichen Rechnung ein Profit von 65.000 Dollar resultiert ($0,25 \times 100 \times$ 0,26 Dollar $\times$ 10.000 Dollar = 65.000 Dollar; die 26 Cents entsprechen der Differenz zwischen dem morgendlichen Verkaufspreis von 85 Dollar und dem nachmittäglichen Kaufpreis von 84,74 Dollar). Somit hat das »Schmutz«-Konto 75.000 Dollar verloren, und dem »Sauber«-Konto können 65.000 Dollar Derivatgewinn gutgeschrieben werden.

Diese Transaktion ist aus Sicht des Brokers völlig legal. Er musste keine Kontraktdokumentation fälschen, sondern nur die entsprechenden Kontrakte den entsprechenden Konten zuweisen. Erst bei Abschluss des Handelstages um fünf Uhr abends müssen die einzelnen Kontrakte den einzelnen Kunden zugeschrieben werden. Bei den heutigen hohen Tages-Volatilitäten der Basiswerte können so problemlos hohe Verluste auf einem bestimmten Kundenkonto akkumuliert und auf einem anderem Konto gutgeschrieben werden. Auch

Im Schatten der Derivate

bei diesem dritten Fall wird niemand direkt geschädigt, was der Geheimhaltung des Vorgehens dienlich sein dürfte.

Dieses Beispiel der FATF-Experten stammt aus der Welt der US-Derivatbörsen, was der FATF-Report wohl aus Rücksicht auf die mächtige USA verschweigt. Denn das Beispiel funktioniert nur, weil die Commodity Futures Trading Commission (CFTC) ihre Handelsvorschriften im August 1998 gelockert hatte. Die CFTC regelt den Handel an den US-Derivatbörsen. Seit dem Oktober 1998 erlaubt sie den registrierten Kundenbrokern an den US-Derivatbörsen die Platzierung von Sammelaufträgen, ohne dass die Identität der Kunden deklariert werden muss, von denen die einzelnen Orders stammen.[1] Auch in verschiedenen europäischen Staaten können Broker so genannte »bunched orders«, das heißt Sammelaufträge, durchführen.

Möglich wäre diese Art der Geldwäscherei auch in Italien. Hier erlaubt laut einer Umfrage der Bank für Internationalen Zahlungsausgleich in Basel (BIZ) die Derivatbörse »La cassa di compensazione e garanzia« ihren Clearing-Mitgliedern das Führen von Omnibuskonten. Nach einer Untersuchung der Vereinigung der Kleinhandelsunternehmer Italiens, der Confcommercio, soll die Mafia in den letzten zehn Jahren rund 20 Milliarden Schweizer Franken über Aktien- und Derivatgeschäfte gewaschen haben.

In der Schweiz sind Sammelkonten zwecks Bekämpfung von Geldwäscherei grundsätzlich verboten, werden aber für den täglichen Wertschriftenhandel trotzdem zugelassen, und die einzelnen Aufträge müssen erst am Abend den Kunden zugeordnet werden. Sammelkonten erleichtern die Geldwäsche, da mit ihrer Hilfe legale und illegale Zahlungsströme vermischt werden können. Das macht es letztlich unmöglich, klar nachzuweisen, woher die Gelder im Einzelnen stammen. Auch das deutsche Wertpapierhandelsgesetz untersagt die Nutzung von Sammel- oder Omnibuskonten.[2] »Denn wenn Sammelaufträge gemacht werden, können beim abendlichen Abschluss ungünstige Kontrakte einer bestimmten Gruppe von Anlegern zugewiesen werden, die vorteilhaften Kontrakte hingegen lukrativeren Geschäftskunden.«

Hintergrund der neuen US-Derivathandelsregel für Sammelaufträge, die die Papierspur zwischen den Kontraktparteien unterbricht und damit Geldwäscherei mit legalen Mitteln ermöglicht, ist der enorme internationale Konkurrenzkampf zwischen den Derivatbörsen. Die US-Regulierungsbehörden hofften, mit einer solchen Vereinfachung der US-Handelsregeln die Kosten zu senken und damit die US-Börsen gegen die wachsende Konkurrenz in Europa, Asien und Südamerika zu stärken.

Aus US-Sicht ist dies auch dringend nötig. Seit 1987 haben die US-Derivatbörsen dramatisch Marktanteile verloren. Ihr Anteil ist von rund drei Vierteln des Weltumsatzes bis 1998 auf etwa ein Drittel gesunken. Schon kleine Kostenunterschiede können sich aber in der globalisierten Marktwirtschaft entscheidend auf den Umsatz auswirken. Das liegt auf der Hand. Denn der Konkurrenzkampf ist äußerst hart und die Betriebskosten steigen laufend: neue Computersysteme, der ständige Ausbau der Sicherheitsstandards sowie die Überwachung des Handels verursachen hohe Fixkosten. Größere Marktanteile sind aber angesichts der hohen Fixkosten entscheidend für die Weiterexistenz einer Börse.

Es lebe das Laisser-faire

Je weniger reguliert wird, je weniger Vorschriften bestehen, umso kostengünstiger werden die Transaktionen und umso eher wird auch Kapital aus der Grauzone der Legalität angezogen. Einzig der Schutz der (Klein-)Anleger vor missbräuchlichen Kursmanipulationen und Insiderhandel verlangt gewisse Maßnahmen wie Transparenz, saubere Abwicklung und Publizitätsvorschriften für Unternehmen. Der Ruf einer »fairen« und »transparenten« Börse wurde zumindest bis jetzt als Standortvorteil betrachtet. Mit der Einführung von Sammelkonten wird jedoch die Transparenz eingeschränkt.

Doch für den Handel mit Derivaten betrachten die US-Behörden weitergehende Regulierungen als unnötig. Sie meinen, Derivatgeschäfte seien so komplex, dass der entsprechende Investor für seine Anlageentscheidungen vollumfänglich selbst verantwortlich sei. Staatliche Aufsichtsbehörden müssten hier nur beschränkt kontrollierend eingreifen.

Diese Einstellung begünstigt die Großanleger oder/und diejenigen Gruppen und Organisationen, die den Markt bewusst manipulieren wollen. Sie wirft aber auch Fragen auf, die durch die Natur der Derivate bestimmt sind: Grundsätzlich kann der Handel mit Derivaten auch den Preis der Basisprodukte entscheidend beeinflussen, da bei Derivaten mit wenig Kapitaleinsatz ein großes Volumen des Basisprodukts umgesetzt werden kann. Es ist, als würde der Schwanz mit dem Hund wedeln. Der deregulierte Handel mit Derivaten kann auch den Handel mit den Basisprodukten wie Aktien oder Anleihen der Kontrolle entziehen.

So wird durch die Deregulierung der Derivatbörse quasi durch die Hintertür auch der Handelsplatz für die Basisprodukte dereguliert. Damit dürften bis jetzt bestehende regulierende Rahmenbedingungen wie Verbote von Insiderhandel oder Publizitätsvorschriften schwieriger durchzusetzen sein, was wiederum die Bedingungen für Geldwäscherei mit Derivaten verbessert.

Institutionell besteht in den USA ohnehin eine aus der Geschichte hergeleitete Trennung der Aufsichtsbehörden für den Derivathandel (CFTC) und die Aktienbörsen (SEC). Diese organisatorische Trennung macht heute nur noch Sinn, wenn die Illusion getrennter Märkte aufrechterhalten werden soll.

Im Hinblick auf die Bekämpfung der Geldwäsche bestehen für die Börsen bestenfalls nur sehr rudimentäre Vorschriften: Die Computermodelle der Börsenaufseher sind zwar darauf ausgerichtet, Insiderhandel zu verfolgen, aber nicht auf Geldwäscherei. Das sei nicht Aufgabe der Börsenaufsicht, heißt es bei praktisch allen Börsen.

Das ist auch in Großbritannien so. Der für die Beschwerden (»compliance«) zuständige frühere Direktor der englischen Derivataufsichtsbehörde Securities and Futures Authority (SFA), David Kenmir, bestätigte jedenfalls das Fehlen von Datengrundlagen zum Aufspüren von Geldwäscherei. Sie seien von den Behörden nicht beauftragt worden, Transaktionen unter dem Gesichtspunkt von Geldwäsche zu untersuchen. Selbstverständlich würden sie dies melden, wenn dennoch einschlägige Fälle offenkundig würden.

Das ist kaum mehr als ein Lippenbekenntnis. Denn ohne Analyseinstrumente und Datenbasis wird wohl nur die dümmste aller Variationen von Geldwäscherei aufzudecken sein. Es sei denn, Marktteilnehmer würden durch Geldwäscherei geschädigt und beschwerten sich deshalb bei den Aufsichtsbehörden.

In den USA aber ist für Broker nicht einmal der Verdacht auf Geldwäsche meldepflichtig. Dies entspricht einer Grundhaltung. Merton H. Miller etwa, Wirtschaftsnobelpreisträger, Verwaltungsrat bei der Chicago Mercantile Exchange und eine der herausragenden Figuren im Derivatgeschäft, findet die genaue Aufzeichnung von Derivatgeschäften nicht nötig. Er bezeichnet dies in seinem Buch *Merton Miller on Derivatives* als »trivial«.[3] Dabei ist die Bekämpfung von Geldwäsche nur möglich, wenn die Transaktionen genau rekonstruiert werden können.

Allerdings lässt sich die legere Haltung der Börsen und deren Kontrollbehörden nachvollziehen: Wird Geld gewaschen, so wird dadurch – außer der Staat – normalerweise niemand direkt geschädigt. Und dem Staat als Geschädigtem kommt kaum große Bedeutung zu. Mit dem Krieg gegen den Terrorismus hat ausgehend von den USA eine neue Phase der Regulierung bei der Geldwäscherei eingesetzt. Damit dürfte aber komplexeren Formen der Geldwäsche kaum beizukommen sein, sind doch mächtige Lobbys am Werk, die sich jeder Einschränkung oder Kontrolle widersetzen.[4]

Bis jetzt sind die Behörden vor allem bei Manipulationsversuchen von Börsenkursen eingeschritten, die eine Voraussetzung für Geldwäscherei sein können. Tatsächlich sind an einzelnen Börsen auch kriminelle Gruppen, die über ein breites Know-how verfügen, relativ intensiv am Werk. Bekannt für Manipulationen ist vor allem die wenig liquide amerikanische »Börse« für Nebenwerte, das OTC-Bulletin Board.

Mit einer gewissen Regelmäßigkeit werden in den USA der Mafia nahe stehende Organisationen oder Vereinigungen ausgehoben, die etwa an der Wall Street Brokergesellschaften unterwandern und nach und nach die betreffenden Unternehmen übernehmen. Im Juni 2000 etwa wurden rund 120 Personen festgenommen, die vermutlich zu einer Mafia-Familie gehören und die Investoren um über 50 Millionen US-Dollar betrogen hatten. Es war einer von über zehn Fällen in den letzten vier Jahren, die sich an Wall Street ereigneten.

Im März 2001 wiederum wurden frühere Inhaber verschiedener Brokergesellschaften, die vermutlich Mafia-Organisationen nahe standen, vor den Richter gebracht. Unter anderem sollen sie mit Kursmanipulationen und der Androhung von körperlicher Gewalt insgesamt 50 Millionen US-Dollar ergaunert haben. Zu den Betrogenen gehört auch die Tennisspielerin Steffi Graf, die ihr Portfolio abstoßen wollte, als dessen Wert als Folge der Kursmanipulationen verfiel: »Aber die Verantwortlichen lachten nur und warfen ihre Faxe zu den Rundschreiben«, kommentierte ein Beamter den Vorfall.[5] Die Angeklagten wiederum verteidigten sich mit dem Hinweis, die Regierung habe einen Informanten geschickt, der die Geschichte erfunden habe. Dass bei dieser starken Präsenz von Mafiaorganisationen an den Börsen – und hier handelt es sich nur um die aufgedeckten Fälle – auch in breitem Umfang Geld gewaschen wird, ist als praktisch sicher anzunehmen.

OTC-Kontrakte und Börsenhandel

Im Derivathandel wird, wie wir gesehen haben, zwischen börsengängigen und nicht börsengängigen Produkten unterschieden. Während Transaktionen mit börsengängigen Derivaten standardisiert sind und der Regulierung durch eine Börsenaufsicht unterliegen, werden die nicht börsengängigen Instrumente »over the counter« (OTC, das heißt »über den Tisch«) gehandelt.

Einen entscheidenden Wachstumsschub erhielten verschiedene Derivatkontrakte im Oktober 1992, als der damalige US-Präsident George Bush die Rahmenbedingungen für Swaps weitestgehend deregulierte. Dies war ein Entgegenkommen gegenüber OTC-Händlern, die ihn bei der Wahl unterstützt hatten. Bushs Argument lautete: Swaps werden nur von professionellen Anwendern eingesetzt und so auch nicht kriminell missbraucht.

OTC-Derivate verzeichnen insgesamt weltweit deutlich höhere Umsätze als die börsengängigen Derivate. Gemäß den Angaben der Bank für Internationalen Zahlungsausgleich hat sich die Summe aller offen stehenden OTC-Derivatkontrakte in den letzten drei Jahren des 20. Jahrhunderts um 130 Prozent auf 70 Billionen Dollar erhöht. Davon waren 67 Prozent Zinsinstrumente, 30 Prozent Deviseninstrumente, 2 Prozent Aktieninstrumente und ein Prozent Rohstoffinstrumente.

Wie eine von der US-Derivataufsicht CFTC kürzlich durchgeführte Untersuchung über den OTC-Derivatbereich in 16 Ländern ergab, ist die Regulierung in diesem 70-Billionen-Dollar-Markt generell weitmaschig. Darüber hinaus folgt sie von Land zu Land sehr unterschiedlichen Kriterien. Was auf den internationalen Märkten für OTC-Derivate vor sich geht, liegt völlig im Dunkeln und damit auch außerhalb des Wirkungsbereichs von Geldwaschgesetzen und Ermittlungsbehörden.

OTC-Derivate bieten damit ein ideales Umfeld für die Geldwäscherei. Problemlos und ungestört können die Kontraktparteien einen Derivatkontrakt strukturieren, in dem das schmutzige Geld zum Verlust umgemünzt wird und am gewünschten Ort als sauberer Derivatgewinn wieder auftaucht. Und dies betrifft praktisch alle Kategorien von Derivaten. Denn grundsätzlich stehen praktisch allen hoch regulierten Märkten (Börsen) für Derivate die viel voluminöseren nieder- bis unregulierten OTC-Märkte gegenüber.

Wer etwa OTC-Derivate auf Aktien oder einem anderen Basisprodukt errichten will, der ist keinerlei Regeln unterworfen. Einzig die Behörden zur Überwachung der Bank- und Finanzplätze verlangen eine Journalführung, das heißt die Buchführung über gehandelte und ausgegebene Kontrakte. Doch diese Journalführungspflicht nützt wenig, da die Revisoren, die diese Bücher routinemäßig prüfen, häufig keine Spezialisten sind.

Grundsätzlich kann daher jede Person auf irgendeiner Aktie eine Option errichten und die Bedingungen (Art der Option, Ausübungspreis, Laufzeit) so festlegen, wie es ihr gefällt. Das macht natürlich nur Sinn, falls ein Abnehmer für diese Option gefunden werden kann, das heißt, wenn mindestens zwei Parteien von der gegensätzlichen Entwicklung bezüglich einer Aktie ausgehen und das gegenseitige Vertrauen besteht, dass die eingegangenen Verpflichtungen erfüllt werden.

Wie stark das regulatorische Gefälle zwischen den OTC-Kontrakten und börsengehandelten Transaktionen ist, zeigt das nachfolgende Beispiel, das sich allerdings auf einen möglichen Insiderhandel und nicht auf Geldwäscherei bezieht: Der Kurs der Aktien von Miracle, einem Schweizer Unternehmen der New Economy, lag im März des Jahres 2000 bei rund 1.000 Franken. Die Aktie wurde an der SWX, der Schweizer Börse, gehandelt. Das heißt, sie war kotiert und unterlag so den Vorschriften der Schweizer Börse, die bei den kotierten Aktien den Handel bezüglich der Einhaltung der Insidervorschriften sowie das betreffende Unternehmen im Hinblick auf die Respektierung anderer Publizitäts- und Rechnungsvorschriften kontrolliert.

Im Frühling 2001 wurde die Aktie dekotiert, das heißt der Handel mit Miracle-Aktien wurde aufgehoben, weil das Unternehmen Pleite gegangen war. In dieser Zeit der Dekotierung stieg der Preis des Titels plötzlich nochmals an. In Börsenkreisen wurde nun darüber spekuliert, ob ein Insider oder auch leitende Mitarbeiter, die vom Niedergang des Unternehmens wussten, noch zu den besten Zeiten von Miracle Aktien auf Termin außerbörslich verkauft hatten und sich daher nach der Einstellung des Börsenhandels und noch kurz vor der Dekotierung eindecken mussten, was dann den plötzlichen Preisanstieg bewirkte. Denn die versprochenen Titel mussten den Käufern ja noch geliefert werden.

Klare Beweise für einen Insiderhandel gibt es allerdings nicht. Für die Börse war dieser Fall nicht weiter untersuchenswert, weil der wichtigste Teil der Transaktionen vermutlich nicht über ihre Handelsplattform erfolgte, sondern außerbörslich. Die Bankenüberwachung aber ist zu weit weg vom Markt und vermutlich bereits mit gravierenderen Fällen überbeschäftigt. Hinzu kommt, dass der Nachweis von Insiderhandel auch bei kotierten Titeln und entsprechenden Derivaten mit vollständig und umfassend aufgezeichneten Transaktionen schwer zu führen ist. Die Spezialisten der Schweizer Börsen benötigen mit Unterstützung von ausgeklügelten Computerprogrammen rund drei Monate, bis sie die Datensätze nach bestimmten Merkmalen durchkämmt, aufgeschlüsselt und den Sachverhalt einigermaßen zuverlässig rekonstruiert haben – und scheitern dennoch praktisch immer vor Gericht. Auch angesichts dieser Erfahrungen dürfte es für die Börse kaum sinnvoll gewesen sein, den Fall Miracle weiter zu untersuchen.

Ein weiteres fruchtbares Feld für Manipulationen bilden auch die weitgehend intransparenten Rohstoffmärkte. Die fehlgeschlagenen Kupferspekulationen von Sumitomo oder auch die milliardenschweren Verluste der Metallgesellschaft durch den Handel mit Ölderivaten sind nur die Spitzen des Eisbergs. Bei den meisten Rohstoffen werden ohnehin bloß rund 5 Prozent des Aufkommens über die offiziellen Börsen gehandelt. Der Rest wird unter der Hand, das heißt OTC gehandelt. Auch bei dem neu sich etablierenden Strommarkt ist der Anteil an transparenten Abschlüssen an regulären Börsen nicht höher. Diese Gutgläubigkeit und das Vertrauen der Aufsichtsbehörden in häufig durchgehend intransparente Marktmechanismen erstaunt doch einigermaßen, handelt es sich bei der Sicherheit der Stromversorgung doch um einen Eckpfeiler des modernen Lebens.

Aber auch diese Formen der Manipulation und der damit verbundenen Geldwäsche sind eher untergeordneter Natur. Die Volumina, die beispielsweise an Aktienderivaten weltweit umgesetzt werden, machen bloß 2 Prozent aller Derivate aus und bei den Rohstoffen bloß ein Prozent. Viel wichtiger und auch umfangreicher ist der Handel mit Zinsprodukten und Devisen.

So wird etwa in dem Schutzkonzept der Schweizerischen Nationalbank, das sie sich von der Buchprüfergesellschaft Arthur Andersen im Jahre 1994 erstellen ließ, auf das Gefahrenpotenzial des Devisenhandels verwiesen: Bei Betrugsfällen »dürften die größten Schadenssummen aus dem Bereich Devisenhandel resultieren«.[6] Entscheidend sind dabei die großen Volumina, die jeweils umgesetzt werden, was eine genaue Kontrolle äußerst aufwendig, wenn nicht gar unmöglich macht.

Zinsderivate dienen zur Absicherung oder zur Spekulation bei sich verändernden Zinssätzen, Devisenderivate wiederum sind Wetten auf Veränderungen der Wechselkurse zwischen den Währungen. Wie etwa mit einem kombinierten Devisen-Zinsswap Geldwäscherei betrieben werden kann, zeigt das nachfolgende fiktive Beispiel.

Eine von der japanischen Yakuza (japanische Form der Mafia) beeinflusste Bank schließt mit einer von der italienischen Mafia kontrollierten Finanzgesellschaft einen Zinsatz-Swap ab. Swaps sind das in Billionenhöhe existierende gängigste Derivat auf den globalisierten Märkten. Während der Dauer dieses Kontrakts werden die Zinszahlungen auf zwei bestimmte Kapitalien in Japan und in Italien getauscht. Je nachdem, wie sich die Zinsen entwickeln, wäscht dieser Swap entweder Geld für die Yakuza oder für die Mafia. Soll der Swap gleichzeitig Geld für beide Parteien waschen, müsste er mit einem zweiten Kontrakt kombiniert werden, der die Bedingungen des ersten spiegelt.

So ist die Möglichkeit, bei der Geldwäsche Derivate einzusetzen, ein Standortvorteil.

Vogel-Strauß-Politik

Kurz vor dem Rückflug von Washington in die Schweiz war der Termin nur 36 Stunden nach meinem ersten Telefonanruf bestätigt worden. Obwohl die Beraterstäbe im US-Treasury gerade arg beschäftigt waren. Die Inder hatten am Tag zuvor einen Atombombentest durchgeführt. Und nun mussten im Auftrag des US-Präsidenten Strategien für mögliche wirtschaftliche Sanktionen erarbeitet werden.

Offenbar hatte die Empfehlung eines der amerikanischen Spitzenbeamten des Internationalen Währungsfonds gewirkt: Im US-Treasury, direkt neben dem Weißen Haus, wurde ich vom obersten Berater des für die Bekämpfung von Geldwäsche zuständigen US-Unterstaatssekretariats »Enforcement«, Michael D. Langan, in seinem Büro empfangen.[7] Thema des Gesprächs: Geldwäscherei mit Derivaten. Der Besuch fand im Rahmen eines vom Schweizerischen Nationalfonds finanzierten Projekts statt. Weiter nahmen an dem Gespräch unter anderem Spitzenbeamte der zum US-Treasury gehörenden Unterabteilungen, wie der US-Steuerbehörden und der Drogenbekämpfungsbehörden, teil.

Eigentlich wollte ich von den Vertretern der US-Behörden wissen, ob es Beispiele für Geldwäscherei mit Derivaten gibt und wie sie bekämpft werden könnte. Es kam anders. Bloß der Vertreter der amerikanischen Steuerbehörden meinte, möglich sei Geldwäscherei mit Derivaten schon. Derivate würden jedenfalls für Steuerbetrug verwendet.

Die anderen Gesprächsteilnehmer gaben sich aber gegenüber meiner Feststellung, Derivate seien ein ideales Instrument zur Geldwäsche, zurückhaltend. Er selber, fasste Langan das Gespräch zusammen, könne meine Aussage nicht unterstützen: »Geldwäscherei mit Derivaten ist zu kompliziert. Und wenn es wider Erwarten doch geschieht, gehen wir der Sache selbstverständlich nach.« Beim Hinausgehen klopfte mir der Berater anerkennend auf die Schulter und meinte, wenn wir tatsächlich beweisen könnten, dass mit Hilfe von Derivaten Geld gewaschen würde, so käme das der Entdeckung eines Galileo Galilei gleich, der gegen alle Widerstände behauptete, die Erde drehe sich um die Sonne. Bekanntlich lag er zu guter Letzt richtig mit seiner Meinung.

Gut neun Monate später, im März 1999, nahm ich wieder Kontakt zu Langan auf. Der neue FATF-Typologiereport war gerade erschienen, und in ihm war prominent ein Beispiel für Geldwäscherei mit Derivaten aufgeführt. Mr. Langan gab sich erstaunt. Er kenne den Bericht nicht. Ich solle ihm den Bericht doch bitte faxen. Offensichtlich war niemand aus den obersten US-Behörden daran interessiert, das Thema näher unter die Lupe zu nehmen.

Dass die Aufsichtsorgane unter diesen Umständen der Ansicht sind, Geldwäscherei mit Derivaten existiere nicht, ist nicht weiter erstaunlich. Nach dem Bericht einer US-Behörde zur Geldwäscherei finden Untersuchungsbeamte nur dann Fälle einer bestimmten Art von Geldwäsche, wenn sie sich selbst Theorien über mögliche Vorgehensweisen von Geldwäschern zurechtgelegt haben – und das haben sie im Zusammenhang mit Derivaten offenbar bislang nicht getan.[8]

Ähnlich tönt es aus der Europäischen Union. Am 6. und 7. April 2000 fand bei der Europäischen Rechtsakademie in Trier eine Veranstaltung zu den neuen Geldwäscherei-Richtlinien der EU statt, die im Wesentlichen die Meldepflicht bei Geldwäschereiverdacht bei Treuhändern, Anwälten und anderen Vermögensverwaltern festlegen. Auf die Frage, warum der Richtlinienentwurf nicht näher auf mögliche moderne Formen der Geldwäsche wie beispielsweise mit

Derivaten oder durch das elektronische Bankgeschäft eingehe, meinte der Engländer Alan Beverly, Generaldirektor für Binnenmarkt der EU-Kommission: »Wir haben uns schon mit diesen Fragen auseinandergesetzt. Aber um dieses Phänomen zu untersuchen, fehlt das Geld.«

Der frühere Leiter des Referats »Grundsatzfragen der Geldwäschebekämpfung« in Berlin, Michael Findeisen, fand allerdings einen anderen Grund, warum Geldwäscherei mit Derivaten nicht näher untersucht wird: Würde man auf diese Frage eingehen, dann käme es zu einer »Öffnung der Büchse der Pandora«, das heißt, die bisherige Praxis der Bekämpfung von Geldwäscherei müsste praktisch neu überdacht werden. Und daran ist heute offensichtlich niemand interessiert.

Profiteure des Terrors?

Im Zusammenhang mit den Attentaten auf das World Trade Center in New York und das Pentagon in Washington vom 11. September gerieten auch Gerüchte über mögliche Insidergeschäfte in Umlauf, denen zufolge gewisse Finanzkreise vor dem Attentat durch den Verkauf bestimmter Aktien – vor allem der Allianz, der Münchner Rückversicherung, der Swiss Re, aber auch betroffener Fluggesellschaften – profitiert haben sollen.

Angesichts der Möglichkeiten zu trickreichen Finanzgeschäften, die weltweit und auch im arabischen Raum ihre Feuertaufe längst bestanden haben, lässt sich leicht ausmalen, wie dies hätte aussehen können: Ein über den Anschlag informierter Finanzfachmann hätte beispielsweise einem unverdächtigen Vertrauten, nennen wir ihn Herrn X, den Auftrag erteilt, Leerverkäufe von Aktien potenziell durch das Attentat betroffener Unternehmen zu tätigen.

Bei Leerverkäufen werden beispielsweise Aktien, die man nicht hat, ausgeliehen, um sie zu verkaufen, mit der Absicht, sie später zu einem niedrigeren Preis wieder zurückzukaufen. Der gleiche Vorgang ist zu günstigeren Bedingungen mit Derivaten möglich, in diesem Fall etwa mit Verkaufsoptionen.

Es müsste nun Ziel des Herrn X sein, in großem zeitlichem Abstand zu den Ereignissen über verdeckte Kanäle den entsprechenden Handel vorzunehmen. In möglichst großem zeitlichem Abstand bedeutet: Er muss die entsprechenden Verträge für den Verkauf der Aktien um Monate im Voraus abgeschlossen haben.

Um den Verkauf verdeckt abschließen zu können, bieten sich vor allem Hedge Funds an. Sie sind vorwiegend auf verschwiegenen Offshore-Inseln wie die Cayman-Inseln oder den British Virgin Islands beheimatet.[9] Im Rahmen ihrer Strategie tätigen verschiedene Hedge Funds regelmäßig und in großem Umfang »short selling«, also Leerverkäufe.

Herr X schließt nun mit dem Hedge Fund Y idealerweise einen OTC-Kontrakt ab. OTC bedeutet bekanntlich »over the counter«, also Handel »über den Ladentisch« und ohne staatliche Aufsicht. In unserem Fall findet dieser Handel zwischen Herrn X bzw. seiner Bank oder seiner Investmentgesellschaft und dem Hedge Fund statt. In dem Kontrakt wird der Verkauf einer bestimmten Anzahl von Aktien der oben erwähnten Unternehmen, in einem zweiten der Rückkauf zu einem bestimmten Termin vereinbart. Der Kontrakt kann aber auch auf entsprechende Derivate, eben Verkaufsoptionen (Put-Optionen) lauten. Da Herr X den zukünftigen Fall der Aktienpreise sicher voraussehen kann, bringen ihm die Transaktionen einen sicheren Gewinn.

Der Hedge-Fund-Manager weiß natürlich, dass er auf heißen Kontrakten sitzt. Er kann nun versuchen, diese Kontrakte in kleinen, unauffälligen Häppchen weiterzuverkaufen. Das würde nicht weiter auffallen, wenn er seine Verkäufe in eine längerfristige Strategie einplanen kann, und es hilft auch, allfällige Liquiditätsprobleme, die bei größeren Leerverkäufen auftreten könnten, zu umgehen. Zum Verkauf von Put-Optionen könnte er etwa den so genannten Spiegelhandel (»mirror trade«) benutzen, wie er in Kapitel 2 im letzten Abschnitt beschrieben wurde.

Oder er kann – je nach Vertrag – seinen Anlegern mitteilen, er habe sich verspekuliert und müsse den Hedge Fund schließen. Auch das fällt nicht weiter auf, da Hedge Funds hin und wieder Pleite gehen. Dafür erhält er von Herrn X eine Entschädigung in der Größenordnung von vielleicht 10 bis 20 Prozent der umgesetzten Summe, was leicht einem Mehrfachen eines zweistelligen Millionenbetrags entsprechen kann.

Idealerweise würden die Verluste auf westeuropäische Anleger abgeschoben, da diese zu den größten Investoren in Hedge Funds gehören. Und: Westeuropäische Investoren legen ihr Geld in Hedge Funds vorwiegend zum Zweck der Steuerersparnis an. Im Fall einer Aufdeckung unsauberer Machenschaften wäre es für sie daher im Rahmen dann anzustrengender Prozesse schwierig, politische Unterstützung zu erhalten. Wären darüber hinaus in diesen Vorgang sowohl Engländer als auch Amerikaner auf der Gewinnerseite involviert, dann wäre kaum mit einer ernsthaften Untersuchung durch die amerikanischen oder englischen Behörden zu rechnen. Gerichtliche Untersuchungen würden den Ruf nach einer Regulierung der Hedge Funds provozieren, was nicht im Interesse der Finanzmärkte liegt. Allenfalls dann, wenn der beteiligte Hedge Fund etwa in der Schweiz ansässig wäre und auch von dort aus geführt würde, bestünde eine gewisse Möglichkeit, dass der Fall untersucht würde, weil sich unter diesen Umständen die Gelegenheit nutzen ließe, das Image eines Konkurrenten zu schädigen.

Die Zukunft wird zeigen, ob sich das im folgenden Kapitel eingehend beschriebene Ambros-Muster im Zusammenhang mit den Attentaten vom 11. September in Form einer vergleichbaren Kette finanztechnischer Transaktionen wiederholt hat. Denn auch bei Ambros wurden Kapitalien über Derivatkontrakte an Dritte verschoben.

4. Geldwäsche mit Derivaten: Ein Praxisbeispiel aus Deutschland

Bis jetzt wurde immer behauptet, Geldwäscherei mit Derivaten sei zwar theoretisch denkbar, aber in der Praxis viel zu umständlich und käme daher nicht vor. Der folgende Fall – und es ist dies weltweit die einzige Untersuchung unter diesem Blickwinkel – zeigt, wie vorgegangen wurde, um Geld mit Hilfe von Derivaten zu waschen. Im Zentrum dieses Falles steht die Bank of Commerce and Credit International (BCCI) mit Sitz in London. Die Bank wurde von der saudiarabischen Oberschicht finanziert und von Pakistani geführt.

Ambros und die Bank der Betrüger

Mit der BCCI versuchte deren Gründer, der Pakistani Agha Hasan Abedi, mancherlei unter einen Hut zu bringen. Einerseits wollte er westliches und islamisches Gedankengut miteinander verbinden. Streng islamisches Denken verbietet – im Gegensatz zur westlichen Philosophie – die Geldausleihe gegen Zinsen und macht daher den Ertrag von ausgeliehenem Kapital von dem Ertrag des damit finanzierten unternehmerischen Vorhabens abhängig.

Andererseits war die BCCI stark auf die Unterstützung der wirtschaftlichen Entwicklung in der Dritten Welt ausgerichtet und gleichzeitig der Profitmaximierung verpflichtet. Zudem stand sie den amerikanischen Geheimdiensten nahe – ein Spagat zwischen verschiedenen Zielsetzungen, wie er zu Zeiten des Kalten Krieges möglich war.[1] All das machte die BCCI zu einem idealen Labor für Geldwäscherei, zu einem System, in das auch die Broker Capcom Futures Inc. in Chicago, die Capcom Financial Services Ltd. in London sowie als deutscher Ableger die Vermögensverwaltungsgesellschaft Ambros S. A. eingebunden waren.

»Ambros« ist als einer der größten Anlagebetrugsfälle der deutschen Nachkriegszeit längst verjährt. Nichtsdestotrotz eignet sich Ambros hervorragend als Beispiel dafür, wie eine Kapitalanlagegesellschaft Teil eines derivatgestützten Geldwaschsystems werden kann. Es ist auch die Geschichte vom Traum des deutschen Mittelstands vom schnellen Geld und von dessen Ausbeutung für unlautere Zwecke.

Die Rolle von Ambros als Teil eines der weltweit größten, derivatgestützten Geldwäschereisysteme ist bis heute nicht näher beleuchtet worden. Ambros wurde bislang vielmehr als ein reines Pyramiden- oder Schneeball-Betrugssystem betrachtet.[2] Die intensiven Beziehungen zwischen dem Derivatbroker Capcom und Ambros wurden bislang nie unter dem Gesichtspunkt der Geldwäscherei untersucht. Es ist an der Zeit, dies nachzuholen, auch um zu zeigen, wie schnell sich das Wissen um die Möglichkeiten der Geldwäsche mit Derivaten in der Wirtschaft etablierte.

Die Ambros entsteht

In der ersten Hälfte der achtziger Jahre begann die Derivatspekulation in London, Chicago und New York zu boomen. Doch im finanztechnisch konservativen Deutschland galt das rudimentäre einheimische Termingeschäft noch nicht als Phänomen der Finanzwirtschaft, sondern als Bestandteil der unseriösen Welt von Wette und Spiel. Börsengehandelte Derivate als standardisierte Massenprodukte existierten nicht. Diesen Rückstand der deutschen Finanzwirtschaft gegenüber dem angelsächsischen Spekulationskapitalismus wollten Günter Bökels, Hans Jürgen Funk und Richard Sax ausnutzen und ihre Dienste für die Anlage von Spekulationsgeldern anbieten.

Bökels und Funk betrieben gemeinsam die Firma Vermögensbildende Sparsysteme GmbH-Vertriebsgesellschaft (VBS) in Mülheim an der Ruhr, die mit einem Mitarbeiterstamm von etwa 500 größtenteils nebenberuflichen Vertretern Versicherungen und andere Finanzprodukte verkaufte. Weil Bökels und Funk die Palette der VBS-Finanzprodukte in Richtung der Finanzderivate zu modernisieren gedachten, reisten die beiden zum Diplom-Kaufmann Sax nach Würzburg. Sax war ein erfolgreicher Börsenspekulant, dessen Firma Sax-Vermögensverwaltung Rang drei der Branchenhitliste des Fachmagazins *WirtschaftsWoche* belegte.[3]

Sax machte mit, und als erstes wurde beschlossen, eine neue Gesellschaft im Zwergstaat Liechtenstein zu gründen, in deren Namen Sax das von der VBS gesammelte Geld auf US-Derivatbörsen vermehren sollte. Ausländer, die in Liechtenstein eine reine Domizilgesellschaft gründen, dort aber selber keine Wirtschaftstätigkeit entfalten, tun dies wegen der niedrigen Steuersätze und der vom dortigen Rechtssystem angebotenen speziellen Formen anonymer Gesellschaften.

Seit 1926 stellt das Gesellschaftsrecht der letzten deutschsprachigen Monarchie den Ausländern – zusätzlich zum Bankgeheimnis nach Schweizer Muster – drei Vehikel zur Anonymisierung von Vermögensbesitz zur Verfügung: die Stiftung, die Anstalt und den Trust. Diese Gesellschaftsformen mit hohem Missbrauchspotenzial haben wesentlich mitgeholfen, das einstige verschlafene Bauerndorf Vaduz zum milliardenschweren internationalen Finanzplatz mit 13 einheimischen Banken zu machen.

Die wohl beliebteste Liechtenstein-Gesellschaft ist die Stiftung. Sie ist grundsätzlich frei von Steuern, und der Name des Stifters kann geheim bleiben. Sie muss von einem ortsansässigen Treuhänder oder Anwalt verwaltet werden, in dessen Namen sie auch im Öffentlichkeitsregister eingetragen wird. Obwohl Stiftungen im Prinzip keine kommerzielle Tätigkeit entfalten dürfen, ist das Halten und Verwalten von Beteiligungen, Immobilien und Rechten zulässig. Dafür sorgte vor vielen Jahren der Liechtensteiner Landtag, als er die Tätigkeit der Vermögensverwaltung im Gesetz mit einem Kunstgriff – völlig realitätsfremd – als nicht kommerzielle Tätigkeit definierte.

Die Anstalt ist eine voll handlungsfähige Gesellschaft, deren Haftung sich auf das eingezahlte Kapital beschränkt. Anders als bei einer Aktiengesellschaft muss das Kapital nicht in Anteile zerlegt sein. Oberstes Organ ist der Inhaber der Gründerrechte oder dessen Rechtsnachfolger. Die Anstalt ist praktisch eine Einpersonen-AG ohne Generalversammlung der Aktionäre und externe Kontrollstelle. Der Trust oder die Treuhänderschaft entstammt ursprünglich dem angelsächsischen Common Law und bezeichnet nicht eine juristische Person, sondern ein Vertragsverhältnis zwischen dem Treugeber und dem Treuhänder. Der Erstere übergibt dem Letzteren in der Treuhandurkunde das Treugut mit der Auflage, dieses zu verwalten. Da der Trust nicht im Öffentlichkeitsregister eingetragen werden muss, kann der Treugeber anonym bleiben. (Da Liechtenstein kürzlich von der OECD auf eine »Schwarze Liste« gesetzt wurde, wird nun versucht, die wirtschaftlich Berechtigten dieser Einrichtung zu identifizieren.)

Anlaufstelle in Liechtenstein war für Sax im Sommer 1986 die Präsidialanstalt, das erste Büro für die Vermittlung und Verwaltung von Unternehmenstiteln und anonymen Gesellschaften am Platz. Die Präsidialanstalt empfahl Sax, für seine Bedürfnisse eine bereits bestehende passive Briefkastengesellschaft mit dem Namen »Ambros Holding S. A.« einzusetzen. Die Ambros Holding S. A. war eine jener Aktiengesellschaften, welche die Präsidialanstalt zu Dutzenden auf Vorrat gegründet hatte und für ihre Kundschaft bereithielt.

Präsident der Ambros Holding war Tim Schneider, als Vorstandsmitglieder fungierten Liliane Riederer und Martin Hoernig, drei damalige Kaderleute der Präsidialanstalt.[4] Ambros war eine Gesellschaft panamesischen Rechtes mit Domizil beim renommierten Anwalts- und Treuhandbüro Morgan and Morgan in Panama City, das für sein breites Spektrum an Dienstleistungen bekannt ist. Die Kombination Panama/Liechtenstein ist beliebt. Panama bietet ausländischen Investoren den gleichen Mix von anonymen Gesellschaften, flankiert von einem harten Bankgeheimnis wie Liechtenstein.

Sax kaufte den leeren Ambros-Firmenmantel im September 1986 für rund 10.000 Schweizer Franken.[5] Wenig später trat er einen Teil der Ambros-Aktien an Bökels und Funk ab. Die Ambros-Verwaltung verblieb weiterhin bei der Präsidialanstalt. Um die Besitzerschaft der Ambros nach außen hin geheim zu halten – so Richard Sax später – »(wurde) das gesamte Aktienkapital auf eine liechtensteinische Stiftung übertragen, deren wirtschaftliche Eigentümer wiederum wir drei waren«.[6] Ohne diese verdeckte Eigentümerschaft wäre Ambros leichter angreifbar gewesen.

Neben dem Verkauf des Aktienmantels und der Verwaltungstätigkeit für die Ambros konzipierten die Juristen der Präsidialanstalt für Bökels, Funk und Sax das komplizierte, mehrere Staaten betreffende Vertragswerk zwischen der Geldsammelstelle in Deutschland, also der VBS in Mülheim, und der in Panama domizilierten Anlagegesellschaft Ambros. Dabei wurden auch die Provisionen bestimmt. Sax, der für die operative Führung der Ambros zuständig sein sollte, bekam eine fixe monatliche Provision von 0,25 Prozent des Anlagevermögens zugesprochen, Bökels und Funk sicherten sich eine erfolgsabhängige monatliche Kostenpauschale in Höhe von 1,35 Prozent, aufgeteilt auf eine Verwaltungsgebühr von 0,25 Prozent und eine Provision in der Höhe von 1,1 Prozent.[7]

Nachdem die rechtlichen Fragen geklärt waren, begann der Druck der Anlageprospekte, die nach Anleitung der Präsidialanstalt möglichst knapp gehalten wurden. Gemäß diesen Prospekten bestand die Aufgabe der Ambros darin, das Anlagekapital der Investoren in Terminkontrakten auf Aktien, Rohstoffe und Devisen auf US-Derivatbörsen zu platzieren und einen monatlichen Wertzuwachs von 3 bis 6 Prozent zu erzielen.

Nach den Erkenntnissen der Staatsanwaltschaft Düsseldorf sammelte die VBS vom Oktober 1986 bis zum Dezember 1990 bei insgesamt rund 55.000 Anlegern 811 Millionen D-Mark ein, von denen die Ambros rund 116 Millionen Dollar (215 Millionen D-Mark) in Chicago verspekulierte.[8]

Es war vor allem der Mittelstand, der Geld bei Ambros anlegte, wie die Liste der Geschädigten zeigt: Ein Industriemeister aus Neunkirchen wird mit 55.000 D-Mark erwähnt, ein Tischler aus Erfurt mit 390.000 D-Mark, ein Student aus Bonn legte für seinen Vater 175.000 D-Mark an, eine Regierungsangestellte aus Aachen 100.000 D-Mark, ein Pensionär aus Essen 239.000 D-Mark, ein Berufssoldat aus Mühlingen 107.000 D-Mark, die er zur Hälfte mit Darlehen finanzierte. Euphorisch hieß es in der Mitarbeiterzeitung *vbs-time*: »Eine neue Volksbewegung hat die Republik erfasst! Nein, wir meinen nicht die Grünen und auch nicht die Republikaner, das Phänomen heißt vielmehr AMBROS.«[9]

Das System VBS/Ambros versprach sowohl seinen Mitarbeiterinnen und Mitarbeitern als auch den Investoren den finanziellen und sozialen Aufstieg. Und zwar auf seriöser, handwerklicher Basis, wie an anderer Stelle in der *vbs-time* hochtrabend zum Ausbildungssystem geschrieben stand: »Mit der intensiven Mitarbeiterförderung erfolgt ... gleichzeitig die exakte Aufnahme des notwendigen Fachwissens. Somit entsteht das berufliche Verantwortungsgefühl in Verbindung mit der persönlichen Begeisterung, hervorgerufen durch die eigene innere Einstellung zur Sache selbst«.[10] Und wer sich im Rahmen eines der diversen Seminare zum VBS-Vertreter ausbilden lassen wollte, musste bei seiner Anmeldung zu den Kursen ein Führungszeugnis vorlegen:[11] Rechtschaffenheit war gefragt.

Falsche Versprechungen

Ein wichtiges Thema der *vbs-time* war auch die Erklärung der Strategien, mit denen das Geld der Anleger im Ausland vermehrt werden sollte. »Die Hauptidee beim Start der Firma Ambros im Oktober 1986«, so war in der Geburtstagsausgabe der Mitarbeiterzeitung zu lesen, »war, Renditeeinnahmen durch Prämien zu erzielen – also als Stillhalter durch Verkauf von Optionen aufzutreten. Wir wollten uns also nicht in die lange Reihe von aktiven Optionsspekulanten einreihen, die mit einer statistischen Sicherheitswahrscheinlichkeit von über 70 Prozent regelmäßig ihre Prämieneinsätze in den Sand setzen. Wir wollten uns genau auf der anderen Seite des Geschäfts, als passiv kassierende Stillhalter etablieren.«[12]

Stillhalter halten still, indem sie Aktien nicht a priori kaufen oder verkaufen, sondern Optionen auf sie schreiben. Der Erwerber einer Kaufoption hat das Recht, den Basiswert (das heißt die Aktie) zu kaufen, und wenn er dieses Recht ausübt, dann muss der Stillhalter liefern. Analoges gilt für eine Verkaufsoption: Hier hat der Erwerber das Recht, den Basiswert zu verkaufen, und wenn er dieses Recht ausübt, dann muss der Stillhalter die Aktie übernehmen. Für das Schreiben der Option erhalten die Stillhalter eine Prämie. Mit der Option treten sie einen möglichen Vorteil aus Kursbewegungen ihrer Papiere an den Erwerber der Option ab.

Das Bekenntnis der VBS zum Stillhaltergeschäft wurde auch im Vertrag bestätigt, den jeder einzelne VBS-Kunde mit der Anlagegesellschaft Ambros abzuschließen hatte. Darin hieß es unter anderem: »Getätigt werden überwiegend Stillhaltergeschäfte.« Das Stillhaltergeschäft galt in jenen Jahren allgemein als förderungswürdig. »Wir brauchen mehr Stillhalter«, meinte damals beispielsweise Rolf E. Breuer von der Deutschen Bank. [13]

Als Beleg für die sicheren Gewinnaussichten der Ambrosschen Stillhalterstrategie verwiesen die VBS-Mitarbeiter beim Einsammeln des Kapitals auf einen Artikel des Börsengurus André Kostolany. Kostolany schrieb:»Der Optionsverkäufer aber ist quasi ein Wucherer, ein Kapitalist, der die Aktien voll bezahlt und als Gegenleistung dem Spieler, der den Kauf nicht bezahlen will oder kann, die Chance gibt, von einer möglichen heftigen Preisveränderung zu profitieren. Sein Risiko ist begrenzt. Schlimmstenfalls entgeht ihm ein großer Kursgewinn. Der Käufer aber ist sein Geld los, wenn er schief liegt. Kurz und gut: Der Optionskäufer hat die Fantasie und der Stillhalter das Geld.«[14] Indem die Ambros 1986 mit dem Begriff Stillhalteroptionen hantierte, suchte sich die Firma gegenüber den Anlegern auf der sicheren Seite der Terminspekulation zu positionieren.

Wenn Kostolany Recht hatte – und das war der Fall –, wie konnte es dann geschehen, dass Stillhalter Ambros das Geld der Anleger verspielte? Die Antwort ist einfach: Das Gerede von den fast risikolosen Stillhalteroptionen stimmte nicht. Denn Sax bezeichnete jegliche finanztechnische Strategie, bei der Optionen im Spiel waren, fälschlicherweise als Stillhaltergeschäft.

Im Schatten der Derivate

In einer zur Verwendung in den Prozessakten verfassten, handschriftlichen Erklärung zum Stillhaltergeschäft hielt Sax später fest: »Dieses Geschäft wurde und durfte von Ambros nicht durchgeführt werden, da sich steuerliche Probleme sowohl hinsichtlich der Dividendenzahlungen bei Aktien als auch der kassierten Optionsprämien für den Kunden ergeben hätten.«[15] Bei Dividendenzahlungen ist ebenso wie bei Stillhalterprämien jede einzelne Zahlung steuerpflichtig, was komplizierte Abrechnungsmodalitäten verlangt und vermutlich auch nicht den Interessen der Anleger entsprochen hätte.

Zu seiner tatsächlichen Anlagestrategie meinte Sax am gleichen Ort: »Das Stillhaltergeschäft im Aktienindex S&P 100 in Geld, also ohne den Index selbst zu erwerben, ist mit Einschränkung im Vergleich zum vorgenannten (Stillhalter-)Geschäft wesentlich risikoreicher und kann bei volatiler Aktienbörse auch zu hohen Verlusten führen. Diese Geschäftsart wurde vor allem in der Anfangszeit durchgeführt.«

Der Standard and Poor's (S&P) 100 umfasst die 100 wichtigsten amerikanischen Aktienwerte. Befinden sich diese Aktien nicht im Besitz des Schreibers einer Kaufoption oder kauft er sie nicht, dann handelt es sich beileibe nicht um ein risikoloses Stillhaltergeschäft. Steigt nämlich der Index stark an und löst der Erwerber seine Kaufoption ein, so müssen die betreffenden Titel zum Zeitpunkt des Auslaufens der Option zu stark überhöhten Preisen beschafft oder ein entsprechender Barausgleich bezahlt werden.

Eine Maklerfirma aus Chicago

1986, noch vor dem Einzug des Internet, konnte man auf deutschem Boden ohne die Vermittlung eines professionellen Einführungsmaklers noch keine Optionen in den USA handeln. Ein Einführungsmakler (»introducing broker«) ist ein Zwischenhändler, der den größeren Brokerhäusern bündelweise Kunden vermittelt und deren Positionen gegen eine Kommission überwacht.

Erster Einführungsmakler der Ambros S. A. in den USA wurde im Oktober 1986 die Frankfurter Filiale des US-Brokerhauses Dean Witter Reynolds (heute Morgan Stanley Dean Witter). Doch im April des folgenden Jahres wechselte Sax seinen Makler. Neuer Einführungsmakler der Ambros wurde die Firma SFS Sprade Futures Services GmbH von Hans Jürgen Metzler und Otto Geissensetter, beide ehemalige Mitarbeiter von Dean Witter Reynolds.

Die SFS vermittelte der Ambros ein Kundenkonto beim Brokerhaus Chicago Corporation in Chicago. Doch diese Kundenbeziehung dauerte nur wenige Monate, da ein anderer Broker – die Capcom Futures – ein geringeres Sicherheitsdepot verlangte. (Ein Sicherheitsdepot, in der Fachsprache »margin« genannt, muss der jeweilige Investor anlegen, damit allfällige Verluste abgedeckt sind.) Die Capcom hatte im Frühling 1987 in Deutschland mit Zeitungsinseraten in der Wirtschaftspresse nach neuen Kunden gesucht.

Gesprächspartner von Metzler und Geissensetter von der SFS war Donald Longmore, Capcom-Vizepräsident und Leiter des Deutschlandgeschäfts. Longmore war ein in mehrerer Hinsicht untypischer Vertreter des Maklergewerbes. Er war schwarz, sprach Deutsch, hatte an der Universität von Oxford englische Literatur studiert und sich später zum Makler umgeschult. Am 10. Juli 1987 unterzeichneten die SFS und die Capcom den Vertrag, der die SFS zur Einführungsmaklerin der Ambros bei der Capcom machte.

Die Capcom war Teil des weltumspannenden Systems, das die Bank of Commerce and Credit International (BCCI) aufgebaut hatte. Sie war im Mai 1984 von Syed Ziauddin Ali Akbar, einem in England naturalisierten Pakistani, der damals als Verwalter der Eigenmittel der BCCI (»Treasurer«) arbeitete, in London gegründet worden.

Wenige Monate nach Gründung der Capcom verkaufte BCCI-Treasurer Ali Akbar die Gesellschaft an zwei Großaktionäre der BCCI aus dem inneren Machtzirkel des Königs von Saudi-Arabien: an den Geheimdienstchef Kamal Adham und seinen Vize Abdoul Raouf Khalil. Die zwei Saudis stockten das Kapital der Gesellschaft auf 2,5 Millionen US-Dollar auf und installierten als neue Capcom-Aufsichtsräte drei US-amerikanische Geschäftsfreunde: Robert Powell, Bob Magness und Larry Romrell.

Powell war ein langjähriger Partner von Geheimdienstchef Adham im Nahostgeschäft.[16] Magness war Gründer und Präsident einer der größten US-Kabel-TV-Gesellschaften, der Tele-Communications Inc. (TCI) in Denver (Colorado), wo Romrell der Topmanager war. Die TCI hielt beispielsweise einen 20-Prozent-Anteil am Nachrichtensender CNN. Powell, Magness und Romrell waren als Minderheitsaktionäre am Kapital der Capcom beteiligt. Magness und Romrell hatten das nötige Geld zum Kauf der Anteile als verdeckte, nicht rückzahlbare Kredite von der Capcom erhalten.

Capcom-Geschäftsführer in London wurde der Pakistani Ajay Puri. Gleichzeitig gründete die Londoner Capcom Financial Services Ltd. eine Filiale in Chicago, die Capcom Futures Inc., an deren Spitze ebenfalls ein Landsmann von Ali Akbar installiert wurde: Mohammed Saghir. Als die Capcom schließlich nach all diesen Vorbereitungen am 17. September 1984 in London und Chicago mit Derivaten zu handeln begann, erweckte sie nach außen hin den Anschein eines unabhängigen saudisch-US-amerikanischen Derivatbrokers. Kein Außenstehender konnte wissen, dass die Gesellschaft in Wahrheit ein Teil der BCCI war.[17]

Das Verwirrspiel der BCCI

Dieses Verwirrspiel entsprach den grundsätzlichen Strukturen der BCCI. Rechtlich gesehen war die BCCI ein Unikum. Ihr juristisches Kleid war eine dezentralisierte Struktur von kompliziert ineinander verschachtelten Holdings und Subholdings, domiziliert in Luxemburg und auf der britischen Kronkolonie Grand Cayman in der Karibik.

Bis 1986 hatten die zwei wichtigsten BCCI-Kopfstationen in Luxemburg und auf Grand Cayman zwei verschiedene externe Revisoren: Während Price Waterhouse (heute Pricewaterhouse Coopers) die Rechnung der Cayman-Gesellschaften prüfte, war Ernst & Whinney (heute Ernst & Young) für Luxemburg zuständig. So hatte keiner der beiden externen Revisoren Kenntnis davon, was in der BCCI als Ganzes vor sich ging.

Die Trennung von operativer Zentrale und rechtlichem (Doppel-)Sitz bedeutete auch, dass sich die englische Bankenaufsicht, wahrgenommen von der Bank of England, nicht für die BCCI zuständig fühlte. Das in Luxemburg für die Überwachung der BCCI zuständige Einmannbüro wiederum besaß die nötigen Ressourcen zu einer wirksamen Kontrolle der rasch expandierenden Bank nicht. Auf Grand Cayman währenddessen existierte zu Beginn der siebziger Jahre überhaupt keine Bankenüberwachung.

Das operative Zentrum der BCCI hatte der Gründer der Bank, Agha Hassan Abedi, in London etabliert. Als BCCI-Treasurer und loyaler Partner für Abedi steuerte Ali Akbar den Eigenhandel mit Wertpapieren und war auch zuständig für das Liquiditätsmanagement der Gesamtbank. Ali Akbar wurde 1986 von der BCCI vordergründig aufgrund hoher Spekulationsverluste entlassen, tatsächlich steuerte er aber aus dem Hintergrund die Capcom.[18]

Die Capcom avancierte rasch zur größten Gegenpartei des BCCI-Treasury im außerbörslichen Derivathandel, dem OTC-Geschäft. Über den Derivathandel zwischen Capcom und BCCI gaben zwei Insider in einem englischen Dokumentarfilm 1991 Auskunft: Jehagir Masud von der Abu Dhabi Investment Authority und der Ex-BCCI-Angestellte Shaid Suleiri. Suleiri gab an, Handelsprofite seien jeweils der Capcom zugewiesen worden, Verluste dem BCCI-Treasury. Masud ergänzte, die BCCI habe bei der Capcom enorme fiktive Transaktionsvolumen generiert und dafür hohe Brokergebühren bezahlt.[19]

Ein anderer Insider, der Chief Financial Officer der BCCI Masihur Rahman, der später mit den US- und den britischen Ermittlern zusammenarbeitete, hat die Capcom-Strategie im Derivatgeschäft enthüllt. Demnach baute Ali Akbar seine Derivatpositionen aufgrund wirtschaftlich völlig absurder Annahmen über die zukünftige Preisentwicklung der Basiswerte auf. Als Beispiel dafür nannte Rahman die Spekulationen auf die in 20 Jahren zu erwartende Höhe des Zinses für US-Staatspapiere. Für solche irrealen Langfristwetten auf Risiko der BCCI, die von allem Anfang an ein Verlustgeschäft waren, hatte Ali Akbar der Gegenpartei Capcom jeweils auch noch eine Prämie bezahlt. Sich selber ließ Ali Akbar persönliche Kommissionen in Höhe von rund 7 Millionen Dollar gutschreiben, die er bei der – vom Vaduzer Rechtsanwalt Franz Pucher geführten – Panama-Gesellschaft Peniel Investments parkte. Das BCCI-Treasury verlor im Derivathandel zwischen Oktober 1984 und September 1985 insgesamt 430 Millionen Dollar, größtenteils im Geschäft mit der Capcom.

Die Capcom ihrerseits wies in ihrer Jahresrechnung trotz der Gewinne im Geschäft mit der BCCI bloß einen bescheidenen Überschuss aus. Was sie bei der BCCI gewonnen hatte, ging jeweils im Geschäft mit anderen Kontraktpartnern rasch wieder verloren. Drei der erfolgreichsten Capcom-Gegenparteien im Derivatgeschäft waren die US-Derivathäuser Refco und Bear Stearns sowie der Londoner Metallterminhändler Rudolf Wolff. Mit Refco verlor die Capcom London (bis 1988) rund 76 Millionen Dollar. Verluste von insgesamt 53 Millionen Dollar musste die Capcom überdies auch auf dem Kundenkonto ARKY verbuchen, das ihrem Aktionär Khalil gehörte.

Auch im Geschäft mit dem Capital Fund, einem Investmentfonds mit Sitz auf der britischen Kronkolonie Grand Cayman in der Karibik, verlor die Capcom viel Geld. Präsident des Capital Fund war der US-Amerikaner Kerry Fox, ein langjähriger Geschäftspartner der Capcom-Verwaltungsräte Magness, Romrell und Powell. Als Makler des Capital Fund agierte die Capcom. Wie von der

Kommission des US-Senators Kerry aufgedeckt werden konnte, war der Capital Fund in Tat und Wahrheit eine Gründung von Ali Akbar, der 81 Prozent des Kapitals selbst gezeichnet hatte. Diese Mittel flossen in gewohnter Manier über sein vom liechtensteinischen Anwalt Franz Pucher administriertes geheimes Netzwerk von Panama-Gesellschaften. Den Rest des Gründungskapitals zeichnete der saudische Capcom-Aktionär und Geheimdienstchef Adham.

Faktisch war der Capital Fund weniger ein Vehikel für anlagesuchende Kundschaft als vielmehr eine von der Capcom im Derivathandel nach Belieben einsetzbare Gegenpartei. Das Verhältnis zwischen Capcom und der BCCI entsprach dem Verhältnis des Capital Fund zur Capcom: Erstere war eine verdeckte Gründung der Zweiten.

Im Geschäftsjahr 1985 schrieb der Capital Fund einen Reingewinn von 2,3 Millionen Dollar, und er erzielte auch in den Folgejahren bis zu seiner Auflösung 1990 stets Gewinne. Laut Wirtschaftsprüfer Ian Watt von Peat, Marwick, McLintock (heute KPMG) hat der Fonds bei seinen Kontrakten mit der Capcom fast immer gewonnen. Allerdings hat Watt diese Gewinne als »künstlich« bezeichnet. Das heißt im Klartext, dass sie durch Manipulationen wie »matched trade« oder durch »Back-to-back«-Operationen entstanden waren.[20]

Beim »matched trade« werden die Positionen von zwei Gegenparteien derart aufeinander abgestimmt, dass der Gewinn respektive der Verlust bei der gewünschten Seite anfällt – ohne dass die Manipulation von außen sichtbar wird. Bei »Back-to-back«-Transaktionen deponiert beispielsweise eine Partei einen Wert unwiderruflich bei einer Depotstelle, worauf die andere Partei diesen Wert mit einer Vollmacht als Sicherheit für einen Kredit einsetzen kann.

Aus ökonomischer Sicht war Ali Akbars Derivathandel absurd. Wer seine eigenen Gesellschaften untereinander Derivatkontrakte eingehen lässt, erwirbt kein Gewinnpotenzial. Aufgrund des Nullsummencharakters der Derivate transferiert er lediglich bereits bestehende Geldwerte an diese Gesellschaften – im vorliegenden Fall vom BCCI-Treasury zur Capcom und weiter zum Capital Fund.

Die derivativen Spiegelfechtereien erhalten erst aus juristischer Sicht ihren Sinn: Die Derivatgeschäfte mit der Capcom können als kreative Umbuchung vom BCCI-Treasury über die Capcom zum Capital Fund interpretiert werden. Innerhalb des BCCI-Universums wurden Aktiven von einer Gesellschaft zur anderen verschoben und mit einem rechtlich einwandfreien Herkunftsnachweis versehen. Was vorher eine Bareinlage beim BCCI-Treasury gewesen war, deren Herkunft sich zurückverfolgen ließ, mutierte zu einem Gewinn aus einer erfolgreichen Derivatspekulation.

Bleibt die Frage nach der Natur der Gelder, die das BCCI-Treasury mit seinen Transaktionen an die Capcom verlor. Die 430 Millionen Dollar, welche die BCCI an die Gegenpartei Capcom verloren hatte, waren Teil der von Ali Akbar verwalteten Überschussliquidität in Höhe von rund 5,5 Milliarden Dollar gewesen, die dem BCCI-Treasury damals aus den rund 100 BCCI-Filialen in fast 69 Ländern zufloss. Darunter war auch Geld von der rasch expandierenden BCCI Panama. Die BCCI Panama hatte das Geld der Drogenkartelle für Narcodiktator Manuel Antonio Noriega entgegengenommen.[21] Oder auch Geld von der BCCI-Tochterbank in Kolumbien mit rund 500 Beschäftigten und Filialen unter anderem in Bogota, Cartagena, Cali und Medellin. Diese Bank hatte die BCCI nach Aussagen von Abdur Sakia, Ex-BCCI-Regionalleiter für die USA, seinerzeit mit dem Ziel gekauft, die Drogenkartelle von Cali und Medellin zu bedienen.[22]

Obwohl die offiziellen BCCI-Zahlenwerke stets Gewinne auswiesen, kursierten im Laufe des Jahres 1985 in der Londoner City allerhand Gerüchte über riesige Verluste des BCCI-Treasury im Handel mit Futures und Optionen. Diese Gerüchte kamen auch dem für die BCCI-Überwachung zuständigen Institut Monétaire Luxembourgeois zu Ohren, welches schließlich der Wirtschaftsprüferin Price Waterhouse (heute Pricewaterhouse Coopers) den Auftrag gab, die Handels- und Buchungspraktiken des BCCI-Treasury im Derivathandel zu untersuchen.

Der von Price Waterhouse Anfang 1986 nach Luxemburg gelieferte Bericht kam zu dem Schluss, bei marktgerechter Bewertung der offenen Positionen habe der Derivathandel des BCCI-Treasury 1985 statt dem ausgewiesenen Gewinn einen Verlust in Höhe von rund 500 Millionen Dollar eingefahren.

Die Wirtschaftsprüfer deckten auf, wie Ali Akbar mit Derivaten Bilanzkosmetik betrieben hatte. Statt die im Handel mit der Capcom erlittenen Verluste in den Büchern des BCCI-Treasury korrekt aufzuführen, hatte er die Verluste mit immer neuen Kontrakten glattgestellt. Das heißt, er schloss Kontrakte mit anderen Parteien ab und schob so die Verluste vor sich her. Im Bereich der damals neuen Zinsderivate erhöhte er beispielsweise die offenen Positionen im Verlauf des Jahres 1985 von einer Milliarde Dollar auf 11 Milliarden Dollar. Der zweitgrößte Spieler in diesem Produkt, eine führende Londoner Merchant-Bank, hatte damals offene Kontrakte in Höhe von 3 Milliarden Dollar.

Eine andere Methode von Ali Akbars kreativer Buchführung war die Verbuchung fingierter Kredite an Angestellte und Aktionäre. In der BCCI-Bilanz tauchten diese Kredite als Aktivposten auf, ohne je ausbezahlt worden zu sein.

Obwohl Ali Akbars Manipulationen gemäß britischen Rechtsbegriffen als betrügerisch zu qualifizieren waren, kam Price Waterhouse zu dem Schluss, letztlich handle es sich nicht um Betrug, sondern um Inkompetenz.[23] Dass die Derivathändlerin Capcom als wichtigste Gegenpartei des BCCI-Treasury faktisch von Leuten der BCCI kontrolliert und gesteuert wurde, blieb den Revisoren von Price Waterhouse verborgen.

Ende Mai 1986 wurden die von Price Waterhouse diagnostizierten BCCI-Derivatverluste in einem Artikel der europäischen Ausgabe des *Wall Street Journal* erstmals öffentlich gemacht. BCCI-Chef Abedi sah sich zu verschiedenen vertrauensbildenden Maßnahmen genötigt. Seinen Protegé und Treasury-Chef Ali Akbar entließ er, die Beziehungen der BCCI zur Capcom wurden gekappt und der Derivathandel der BCCI eingestellt – nicht ohne zuvor insgeheim noch rasch 68 Millionen Dollar an die Capcom-Tochter Brenchase Ltd. zu überweisen. Abgerundet wurden Abedis Sanierungsmaßnahmen durch einen neuen BCCI-Großaktionär, den saudischen Großbankier Khalid bin Mahfouz, und ein Darlehen von 150 Millionen Dollar aus dem Pensionskassenfonds der 14.000 BCCI-Angestellten.

Die Capcom, von außen nicht als Gründung des abgestürzten BCCI-Treasurers Ali Akbar zu erkennen, blieb vom Skandal um die BCCI-Derivatverluste unbehelligt. Die saudischen Aktionäre, ihre US-amerikanischen Strohleute sowie die pakistanischen Manager blieben im Amt.

Capcom gerät ins Zwielicht

Anfang 1987 führte das Chicago Board of Trade CBOT, die größte Derivatbörse Chicagos, eine neue Vorschrift ein, wonach ein Eigentümer von über 5 Prozent des Aktienkapitals eines Clearing Members für die gesamten Verbindlichkeiten des betreffenden Clearing Members gerade stehen musste. Clearing Members sind Börsenhändler, die Aufträge von Einführungsmaklern ausführen.

Daraufhin reduzierte Capcom London seinen Anteil an Capcom Chicago sofort von 82 Prozent auf 4 Prozent. Dies geschah durch Verkauf von Aktien der Capcom Chicago an Ali Akbar, Saghir, Puri sowie die drei US-Amerikaner Magness, Powell und Romrell.[24]

Die blitzartige Restrukturierung der Eigentümerschaft der Capcom Chicago erregte das Misstrauen der Überwachungsabteilung der CBOT. In seinem Schlussbericht wies der CBOT-Mitarbeiter Stephen Early schließlich auf verschiedene Verstöße der Capcom gegen die bei der CBOT gültigen Handelsregeln hin. So habe Capcom im Kundenhandel teilweise als »Principal« agiert statt wie vorgeschrieben als »Agent«. Das heißt im Klartext, dass Capcom mit dem Geld der Kunden nach Gutdünken Kontrakte gekauft hatte.[25]

Eine solche Praxis war damals in den USA illegal. Jeder Kunde musste genau jenen Kontrakt erhalten, den er dem Broker zuvor genau beschrieben hatte und den der Broker anschließend über den so genannten »Floor Trader« im Börsenring für ihn kaufte. Der Verstoß gegen die Handelsregeln ermöglichte es der Capcom, ihre Kundschaft mit Kontrakten zu bedienen, die nicht an der Börse beschafft, sondern von einem anderen Kundenkonto umgebucht worden waren. Damit konnte sie ihren Kunden gezielt Gewinne und Verluste zuweisen, was auf die so genannten »matched trades« oder arrangierten Handel hinauslief.

Das von Early registrierte Fehlverhalten der Capcom Chicago zog keine gravierenden Konsequenzen nach sich. Die Capcom erhielt von der CBOT eine Strafzahlung von 124.000 Dollar aufgebrummt und musste sich verpflichten, die Handelsregeln zukünftig genau einzuhalten. Schon bald nachdem diese Buße bezahlt worden war, liefen die Geschäfte der Capcom in Chicago und London im Sommer 1987 auf Hochtouren.

Die Frage, warum Capcom die vorgeschriebenen Handelsregeln missachtete, untersuchte Early nicht. Geldwäscherei war für ihn kein Thema. Aus der Sicht der Börse gab es auch keinen Grund dazu. Denn die Börsenregeln dienen dem geordneten Ablauf des Handels, und ihr Zweck ist in erster Linie der Anlegerschutz. Da es im Falle Capcom keine geschädigten Anleger gab, fiel das Motiv Anlagebetrug weg. Ein Betrug der Mitarbeiter an der Gesellschaft fiel ebenfalls außer Betracht, da die Organe der Gesellschaft keinerlei Anstoß an den hohen Kommissionen nahmen, welche die Capcom-Trader sich gutgeschrieben hatten.

Turbulente Zeiten

Nachdem die SFS wie erwähnt bei Capcom im Juli 1987 zur Einführungsbrokerin der Ambros geworden war, begannen Metzler und Geissensetter auf den Derivatbörsen Chicagos zu handeln.

Der damalige Handel an den Börsen war auf strenge Arbeitsteilung und gegenseitige Kontrolle ausgerichtet. Ein Kunde wie Ambros beispielsweise benötigte einen Einführungsmakler wie die SFS, mit dem er die Handelsstrategie und die Höhe der eingesetzten Beträge festlegte. Der Einführungsmakler setzte diese Abmachungen in einzelne Kauf- und Verkaufsentscheidungen um, die er einem Broker wie der Capcom übermittelte. Der Broker seinerseits fasste die von den Einführungsmaklern eingehenden Aufträge zu größeren Positionen zusammen und ließ sie durch den Floor Trader auf dem im A-la-criée-System organisierten Börsenparkett ausführen. Bei diesen Präsenzbörsen erfolgt die Abwicklung der Kauf- und Verkaufsaufträge an den Börsenringen durch gegenseitige Zurufe – im Gegensatz zu den elektronischen Börsen, wo der Handel via Terminals stattfindet.

Bis Anfang Oktober hatten Metzler und Geissensetter bereits 3 Millionen Dollar Gewinn gemacht. Allerdings nicht mit risikoarmen Stillhaltergeschäften, wie den Anlegern vorgegaukelt worden war, sondern im riskanten Optionsgeschäft auf Aktien. Wie alle in jenen Monaten, wetteten auch Metzler und Geissensetter auf den weiteren Anstieg des Aktienkursniveaus und lagen richtig. Zumindest bis zum großen Börsensturz.

Im Oktober 1987 erlitt die Ambros einen Verlust von nahezu 10 Millionen US-Dollar. Alle früheren Gewinne inklusive des gesamten Ambros-Anlagevermögens auf den Capcom-Konten waren aufgezehrt. Und gegenüber der Brokerin Capcom war ein ungedeckter Verlust von 4,2 Millionen US-Dollar entstanden.

Für Sax, Bökels und Funk stellte sich die Frage: Wie konnten sie den Anlegern den Riesenverlust ihrer zwei Derivathändler in Chicago plausibel machen, die ja angeblich nur sichere Stillhaltergeschäfte abschlossen? Gegenüber dem Publikum behalfen sie sich mit Lügen: Anstelle eines Verlusts wiesen sie im Oktober 1987 kurzerhand eine Monatsrendite von 3,8 Prozent aus.[26]

Als unerwarteter Retter in der Not trat aber die Capcom auf den Plan. Dazu Makler Metzler vor dem Richter: »Kurz nach dem Börsencrash kam ein Anruf von Herrn Longmore, der uns danach fragte, wie der Minussaldo glattgestellt werden könnte. Wir erklärten ihm, dass wir dazu nicht in der Lage seien. Aus diesem Grunde wurde kurzfristig ein Treffen in London festgelegt ... Herr Geissensetter und ich hatten zu diesem Zeitpunkt bereits alle Hoffnungen aufgegeben, unsere Firma fortführen bzw. die Schulden bezahlen zu können, kurz gesagt, wir standen vor dem Ruin, sodass wir eigentlich keinen Sinn in dem Treffen sahen ... Das Treffen fand jedoch einen Tag später in den Geschäftsräumen der Capcom Financial Ltd. in London statt ... Sämtliche Aktionäre und Repräsentanten von Capcom Financial (London) und Capcom Futures (Chicago) sowie Herr Donald Longmore als unser Kundenbetreuer, Herr Geissensetter, Herr Funk, Herr Bökels, Herr Saghir (Capcom Chicago) und ich waren anwesend ... Capcom wollte, dass das Debit ausgeglichen wird, und auf der anderen Seite dokumentierten Funk und Bökels, dass sie auf jeden Fall ein Konto bei Capcom weiterführen wollten ...«.[27]

Man einigte sich auf eine Sofortzahlung von Ambros in der Höhe von 1,5 Millionen US-Dollar an Capcom London. Dazu sollten von den zukünftigen Anlagen in Chicago jeweils 50 Prozent der überwiesenen Summen in London zur Schuldentilgung verwendet werden. Mit der Kreditgewährung an ihre Kundin Ambros verstieß die Capcom Chicago gegen die US-Derivathandelsregeln: In den USA dürfen Börsenmakler ihren Kunden keine Kredite geben.[28]

Finanziell liefen die Dinge für Ambros nach der unerwarteten Rettungsaktion der Capcom bestens. Von Dezember 1987 bis Juli 1988 verzeichneten die von der SFS betreuten Ambros-Konten bei Capcom in Chicago einen Gewinn von rund 20 Millionen US-Dollar, was einer durchschnittlichen Monatsrendite von 2,8 Prozent entsprach. Mit anderen Worten: Die Verluste aus dem Börsencrash waren aufgeholt, die Schulden an die Capcom zurückbezahlt und ausgewiesene fiktive Gewinne nachträglich noch erzielt worden. Die Wirtschaftsprüfer von Arthur Young (heute Ernst & Young) hatten diese Zahlen geprüft und für gut befunden.

Für Metzler und Geissensetter von der SFS schlugen sich die Handelserfolge in sensationellen Kommissionsrückvergütungen nieder. Metzler, der in den Zeiten vor Ambros in der Regel auf ein monatliches Einkommen von etwa 10.000 D-Mark gekommen war, hätte in seinem besten Monat gemäß ursprünglichem Rückerstattungssatz rund 500.000 D-Mark verdient. Bei der Vernehmung bemerkte er dazu später: »Das waren Größenordnungen, die ich nicht gewohnt war und die über mein Vorstellungsvermögen gingen, zumal es absehbar war, dass sich dies monatlich fortgesetzt, vielleicht sogar gesteigert hätte.« Metzler beantragte daher, den Rückerstattungssatz zu halbieren.[29]

Sax wiederum bezog von der Ambros für seine Tätigkeit als Kontrolleur der SFS bis Juli 1988 nach eigenen Angaben ein Honorar zwischen 400.000 Mark und 600.000 Mark, dazu kam noch die Vergütung für die Sax Vermögensverwaltung GmbH, der für die Jahre 1987 bis 1989 von der Ambros netto rund 750.000 Mark überwiesen wurden. All diese Zahlungen wurden über Gesellschaften in der Schweiz oder in Liechtenstein abgewickelt.

Die enormen Umsätze der SFS auf den Ambros-Konten hatten diese zur größten Kundin der Capcom gemacht. Nach dem Kerry-Report sollen in den Monaten September und Oktober 1988 50 bis 70 Prozent der Capcom-Kommissionserträge von Ambros stammen.[30] Die deutsche Großkundin drohte nun, die von der Derivathandelsaufsicht Commodity Futures Trading Commission (CFTC) verfügte Obergrenze für Einzelkunden zu überschreiten. Diese Obergrenze wurde eingerichtet, um Klumpenrisiken, das heißt die weitgehende Abhängigkeit von einem einzigen Kunden, zu verhindern.

Daraufhin empfahl Longmore, das von der VBS eingesammelte Geld nicht mehr von der Ambros anlegen zu lassen, sondern von einem Anlagefonds. In Anlehnung an den bereits erwähnten Capital Fund von Ali Akbar entwickelte Longmore das Konzept für den Rainbow Investment Fund (RIF) auf den Cayman-Inseln bei der Swiss Bank Trust Corporation. Mit einem Fonds als Kunden hätte die Maklerin Capcom das Problem des Klumpenrisikos umgehen können. In der Folge wurden der RIF und die dazugehörige Verwaltungsstruktur mit der Investitionsberaterin Free Port Trading in Zypern und ISPO Management S. A. Services Ltd. in Grand Cayman zwar gegründet, sie blieben jedoch vorerst noch passiv. Seine Aktivitäten nahm der RIF im November 1989 auf.[31]

Während die Geschäfte der Ambros an der Finanzfront in Chicago nicht besser hätten laufen können, kam es im Frühling 1988 in Deutschland zu Problemen. Die Erfolgszahlen, welche die Ambros trotz Börsencrash ausgewiesen hatte, erregten das Misstrauen der Justiz. Doch nach einer ergebnislosen Voruntersuchung stellte der Düsseldorfer Oberstaatsanwalt Pütz die Ermittlungen wieder ein. Was von den Ambros-Verantwortlichen prompt zu einem positiven Zeichen umgedeutet wurde: Ambros sei die einzige von der Justiz geprüfte Kapitalanlagegesellschaft mit einem amtlichen Gütesiegel.[32]

Neben der Staatsanwaltschaft Düsseldorf war damals auch das Kapitalanlage-Informationszentrum von Heinz Gerlach auf die Ambros aufmerksam geworden. Im Visier des kritischen Gerlach-Reports stand vor allem der Ambros-Anlageprospekt mit dem Titel »Die Alternative zur herkömmlichen Börsen-Anlage«, der verschiedene Mängel aufwies. Die gravierendste Kritik betraf das Fehlen einer unabhängigen Mittelverwendungskontrolle. So hieß es, Anlagestratege Sax könne schalten und walten, wie er wolle, wichtige Informationen über die Geschäftätigkeit fehlten, die Anleger seien nur ungenügend über ihre Risiken informiert und zudem bliebe die Höhe der Maklergebühren unklar.[33]

Wohl nicht zuletzt aufgrund der Vorwürfe im Gerlach-Report ließ die Präsidialanstalt in Liechtenstein im Mai 1988 durchblicken, ihre drei Vertreter wollten aus dem Ambros-Aufsichtsrat ausscheiden. Bökels, Funk und Sax mussten für die Ambros einen neuen Präsidenten suchen, den sie schließlich im Juli 1988 in der Person von Michael Hemmer fanden. Hemmer war ein ehemaliger Mitarbeiter der Präsidialanstalt und durch Heirat in die besseren Kreise des Fürstentums aufgerückt. Der Kontakt zwischen Hemmer und Sax wurde durch eine frühere Mitarbeiterin Hemmers hergestellt, die Sax aus einer »Glaubensgemeinschaft«, das heißt aus der religiösen Sekte »Universelles Leben«, kannte.[34]

Ein U-Boot bei der Capcom

Am 19. September 1988 tauchte in den Büros der Capcom ein ganz besonderer Kunde auf. Er nannte sich Robert Musella, hieß jedoch in Tat und Wahrheit Robert Mazur und war ein verdeckt arbeitender Fahnder der US-amerikanischen Zollverwaltung. Mazur alias Musella arbeitete im Rahmen einer V-Mann-Aktion zur Bekämpfung der Geldwäscherei, die vom US-Zoll in Tampa (Florida) unter dem Decknamen C-Chase gestartet worden war.

Mazur hatte bei einer zufällig ausgewählten BCCI-Filiale in Tampa ein Konto eröffnet und sein Bedürfnis nach Diskretion deutlich werden lassen, ohne jedoch direkt von schmutzigem Geld zu sprechen. Darauf wurde er zur BCCI Panama verwiesen, wo er ebenfalls ein Konto eröffnete und sich explizit als Drogengeldwäscher outete. In der Folge führten die beiden BCCI-Panama-Banker Amjad Awan und Akbar Bilgrami ihren neuen Kunden bei einigen europä-

Im Schatten der Derivate

ischen BCCI-Filialen ein. Schließlich teilten sie ihm im Juni 1988 mit, sie planten, die BCCI Panama Endes des Jahres zu verlassen. Sie gedächten, in Miami eine Filiale der Derivathändlerin Capcom zu eröffnen und zukünftig von dort aus die Bedürfnisse Mazurs abzudecken.

Awan und Bilgrami persönlich führten den V-Mann Mazur bei der Capcom in London als Kunden ein. Er wurde von Ali Akbar persönlich empfangen. Mazur gab sich als professioneller Geldwäscher aus und erzählte, er arbeite für Auftraggeber, die Kokain so zu vermarkten wüssten wie der damalige Chrysler-Präsident Lee Iacocca seine Autos.[35] Wie Mazur später vor Gericht zu Protokoll gab, erläuterte ihm daraufhin Ali Akbar die hohe Schule der Geldwäscherei mit Derivaten: Dazu handle ein Broker auf Rechnung der Partei mit dem Geldwaschbedarf auf mehreren gegen außen als getrennt erscheinenden Konten. So könne er das schmutzige Geld auf dem einen Konto als Verlust verschwinden lassen und – abzüglich Kommission – auf einem gewünschten anderen Konto völlig rechtskonform als Derivatgewinn einbuchen. Die dazu nötigen Transaktionen könne er problemlos in den astronomisch hohen Umsätzen der Derivatmärkte verstecken, und es sei praktisch auszuschließen, dass der Hintergrund seiner Handelsstrategie je aufgedeckt werden würde.[36]

Der geniale Ali Akbar lag mit seinen Aussagen insofern richtig, als erst weitreichende, nicht voraussehbare Änderungen des politischen Umfelds – Aufhebung des West-Ost-Gegensatzes als Folge des Mauerfalls und Installation der USA als unumstrittenen globalen Leader – die besagten Transaktionen der BCCI zum Thema der Justiz machen sollten: Eine der Dritte-Welt-Ideologie anhängende muslimische Bank war nach dem Ende des Kalten Krieges obsolet geworden. Und auch Ali Akbars Überlegungen zur faktischen Unmöglichkeit einer Aufdeckung der Geldwäscherei mit Derivaten war richtig: Die Capcom wurde letztlich nicht wegen Geldwäscherei, sondern wegen Verletzung der Handelsregeln geschlossen.[37]

Mazur zeigte sich von den technischen Ausführungen Ali Akbars befriedigt, eröffnete bei der Capcom ein Konto und überwies in den darauffolgenden Tagen »Drogengeld« nach London.

Just in jenen Tagen, als Ali Akbar V-Mann Mazur in sein Geheimnis einweihte, war er gerade mit einer größeren Geldwaschaktion mit Derivaten für seinen prominentesten Kunden beschäftigt: Juan Manuel Noriega. Nachdem die USA den Narcodiktator von Panama als ihren Handlanger aufgebaut hatten, wurde er im Februar 1988 vor einem Gericht in Miami unter anderem wegen Geldwäscherei unter Anklage gestellt. Das US-Justizministerium ließ seine Konten sperren. Im September 1988 ließ Ali Akbar insgesamt 23 Millionen Dollar Drogengeld, das Noriega in Deutschland, England und der Schweiz deponiert hatte, als Derivatverlust verschwinden. Dazu setzte er unter anderem auch die Capcom in London und Chicago ein. Wo das schmutzige Geld Noriegas schließlich als sauberer Gewinn wieder aufgetaucht ist, liegt bis heute im Dunkeln.

Die notwendigen organisatorischen Rahmenbedingungen

Geldwäscherei mit Derivaten ist nur möglich, wenn die organisatorischen Rahmenbedingungen dafür stimmen. Die Verhältnisse, wie sie bei der Capcom in Chicago herrschten, bieten ein gutes Beispiel für ein Handelsumfeld, das die nötigen Manipulationen zur Zuweisung von Gewinnen und Verlusten an Kundenkonten ermöglicht: Die Händler von SFS, Metzler, Geissensetter und der später dazugekommene Ralph Hassenpflug, waren innerhalb der Capcom weitgehend autonom und keiner geregelten Ablaufkontrolle unterstellt. Wie Longmore später aussagte, hatte sich die SFS-Struktur innerhalb der Capcom verselbstständigt: Gegenüber der Capcom wurde die Identität der einzelnen Kunden nicht ausgewiesen, sondern es wurden nur die Positionen geführt.

Die Händler von Capcom und SFS missachteten die von der US-Derivathandelsaufsicht CFTC und den beiden Chicago-Derivatbörsen CBOT und CME (Chicago Mercantile Exchange) vorgeschriebenen Handelsregeln systematisch. Dazu riefen Metzler, Geissensetter und Hassenpflug die Floor Trader von Capcom im Börsensaal direkt an und platzierten die Aufträge unter Umgehung des Dienstweges über den zuständigen Capcom-Mitarbeiter. Diese Aufträge wurden vom Telefon-Aufzeichnungssystem der Capcom nicht registriert.[38] So gab es keine dokumentierten Spuren eines Handelsabschlusses.

Gemäß einer Untersuchung der Bewegungen auf den Capcom-Kundenkonten bei der zweitgrößten Chicagoer Derivatbörse CME für die Zeit von Oktober 1987 bis Oktober 1988 kam es in diesem Zeitraum zu über 50 Transaktionen im Betrag von über 125 Millionen Dollar mit fehlender oder unzureichender Dokumentation der Mittelherkunft.[39] Ein besonders klarer Fall eines solchen mündlich geführten Kundenkontos war das Konto der Cayman-Briefkastenge-sellschaft Ixora, die von Ali Akbar gegründet worden war. Obwohl Direktor Sa-ghir von der Capcom Chicago die Beantwortung der Fragen des CME-Untersu-chungsausschusses zum Ixora-Konto unter Berufung auf das Fifth Amendment der US-Verfassung[40] verweigerte, gelang es den CME-Rechercheuren gleich-wohl, 53 irreguläre Ixora-Transaktionen aufzudecken. Von November 1987 bis Oktober 1988 verzeichnete das Ixora-Konto zwölf Eingänge in Höhe von insge-samt 9,84 Millionen Dollar und 25 Ausgänge in Höhe von insgesamt 9,82 Millionen Dollar – darunter eine Transaktion mit dem bereits erwähnten Norie-ga-Geldwaschkonto der Finley International bei der Capcom London im Betrag von 2 Millionen Dollar.

Im Februar 1988 veranlasste Ali Akbar beispielsweise eine Überweisung von 100.000 Dollar vom Ixora-Konto, auf das er eine Vollmacht hatte, auf ein gleichnamiges Konto Ixora bei der First National Bank of Chicago. Eigentümer dieses Ixora-Kontos war der Capcom-Verwaltungsrat Romrell. Vor der Kerry-Kommission gab Romrell später zu Protokoll, er habe nicht gewusst, dass ne-ben seinem Ixora-Konto bei der First National Bank ein zweites Konto Ixora bei der Capcom existiert habe.

In eine andere dubiose Ixora-Transaktion war Mohammed Zaheer aus Kara-chi verwickelt. Ein von der CME engagierter Privatdetektiv fand später heraus, dass Zaheer dort in bescheidenem Stil mit alten Autos handelte. Am 29. Ok-tober 1987 flossen 4,84 Millionen Dollar in sechs Tranchen vom Konto Ixora zum Capcom-Kundenkonto von Zaheer. Am Tage danach flossen aus diesem Konto 4,8 Millionen in zwei Zahlungen wieder ab. Zum Fall Ixora/Zaheer meinte Gerald Beyer, Vizepräsident der CME, er sei persönlich davon über-zeugt, dass hier Geldwäscherei im Spiel gewesen sei. Sie hätten diesen Befund im Untersuchungsausschuss auch diskutiert, ohne jedoch absolut schlüssige Beweise beibringen zu können. Um sich diese Beweise beschaffen zu können, wären umfassende Analysen der Transaktionen nötig gewesen.[41]

Auch die Ambros-Geschädigten sind schließlich an diesem Punkt geschei-tert. Ein amerikanischer Experte meint dazu: »Weitere Recherchen zu den (De-rivat-)Transaktionen würden intensive Nachforschungen in den Archivdoku-menten verlangen. Bedingt durch das große Transaktionsvolumen und die gro-ße Zahl von Handelsabschlüssen, würde ein solches Unterfangen sehr teuer sein … unserer Ansicht nach sollten daher zur Zeit weitere Untersuchungen unterbleiben.«[42] Tatsächlich schaffte es auch die Kerry-Kommission nicht, volles Licht in die Angelegenheit zu bringen.[43]

Nachdem sich Ali Akbar beim V-Mann Mazur in London als Derivatgeldwäscher geoutet hatte, schritten die Staatsanwälte von Tampa am 4. Oktober 1988 zur Tat. Die verdeckte Operation C-Chase der US-Zollverwaltung wurde abgebrochen und ein Haftbefehl gegen zehn BCCI- und Capcom-Leute verfügt, darunter Ali Akbar, Awan und Bilgrami. Sie alle wurden der Geldwäscherei angeklagt, ebenso wie vier Gesellschaften aus dem BCCI-Universum, nämlich die BCCI Holdings (Luxemburg), die BCCI (SA) Luxemburg, die BCCI (Overseas) Grand Cayman und die Capcom Financial Services (London).

Die Anklage gegen die BCCI und Capcom sorgte weltweit für großes Aufsehen in den Medien und hatte für die Capcom direkte Konsequenzen. Die beiden saudischen Hauptaktionäre der Capcom Financial in London, Adham und Khalil, distanzierten sich von Ali Akbar und erklärten, sie seien von ihm belogen und betrogen worden. Ihren Kapitalanteil stießen sie an Offshore-Gesellschaften ab, hinter denen Ali Akbar, Mohammed Saghir und Ajay Puri standen. Larry Romrell stieg bei der Capcom Chicago aus. Berechnungen einer Kommission des US-Senats haben ergeben, dass Khalil auf seinen Capcom-Kundenkonten per saldo 59 Millionen Dollar gewonnen, während Adham per saldo 178 Millionen Dollar verloren hatte.

Immer nur Verluste

Auch bei der Capcom Chicago kam es nach den groß angelegten Verhaftungen von Tampa zu dramatischen Veränderungen: Im Oktober/November 1988 brach die erfolgreiche Einführungsmaklerin SFS plötzlich in sich zusammen. Otto Geissensetter, der neben Ralph Hassenpflug und Hans-Jürgen Metzler die Verhältnisse bei Capcom Chicago am besten kannte,[44] kam bei einem Autounfall ums Leben.

Im SFS-Büro in Deutschland wurde, ebenfalls in den Monaten Oktober/November 1988, zweimal eingebrochen. Beim ersten Mal wurde die Software entwendet, beim zweiten Mal wurden neben Software auch Hardware und Börsenterminals gestohlen.[45] Damit ist es wohl nicht mehr möglich gewesen, den

SFS-Derivathandel in Chicago zu rekonstruieren. Metzler war nervlich am Ende und wurde arbeitsunfähig, SFS-Händler Hassenpflug kehrte aus Chicago zurück, und die Firma wurde liquidiert.

Das zeitliche Zusammenfallen der Anklage von Tampa mit dem kurz darauf erfolgten, abrupten Abgang der SFS von der Bildfläche liegt auf der Hand. Rein wirtschaftlich gesehen, macht der urplötzliche Abgang der insgesamt erfolgreichen Ambros-Einführungsmaklerin keinen Sinn, trotz einiger Verluste im September und Oktober. Auch der Diebstahl aller Hard- und Software aus den Büros der SFS ist höchst merkwürdig, wenn nicht gar verdächtig: Denn warum sollte spezifische Börsensoftware entwendet werden, die kaum veräußert werden kann? Vielmehr ist denkbar, dass der Diebstahl bloß Vorwand war, um verräterische Datensätze vernichten zu können. So konnte die Rekonstruktion der Abläufe bei der Capcom Chicago verhindert werden. Ob in diesem Zusammenhang auch dem Autounfall Geissensetters eine Bedeutung zukommt, muss offen bleiben. Angesichts des Zeitpunkts des Unfalls stellt sich jedoch die Frage nach allfälligen Manipulationen durch interessierte Kreise. Nach den vorliegenden Untersuchungen wurde dieser Frage nicht nachgegangen.

Wie bereits geschildert, arbeitete SFS nicht nur für Ambros, sondern hatte innerhalb der Capcom Chicago einen eigentlichen Broker im Broker aufgebaut. So arbeitete Geissensetter illegalerweise direkt mit dem Floor Trader der Capcom namens Johnson zusammen, der dafür aus dem SFS-Konto bezahlt wurde. Da die telefonischen Anweisungen von Geissensetter an Johnson entgegen den Vorschriften nicht registriert wurden, wäre es ohne weiteres möglich gewesen, Geldwaschaktionen durchzuführen. Ali Akbar hätte beispielsweise Geissensetter Handelsanweisungen zukommen lassen können, die dann technisch von Johnson abgewickelt wurden.

Die Ambros-Anleger bekamen vom dramatischen Abgang des Einführungsbrokers SFS wenig mit. Sax war im November 1988 nach Chicago gereist und hatte die Arbeit von SFS-Händler Hassenpflug an dessen Arbeitsplatz in den Büros der Capcom übernommen. Allerdings erzielte Sax im Unterschied zu Hassenpflug in der Folge nur noch Verluste. »Es ist signifikant, dass es der Ambros S. A. ... gelungen ist«, konstatierte Wirtschaftsreferent Rainer Begasse von der Staatsanwaltschaft Düsseldorf, »in einem geschlossenen Zeitraum von acht Monaten (August 1988 bis März 1989) per saldo nur noch Verluste zu machen

... Die Börsengeschäfte der Ambros S. A. (wurden) in den 26 Monaten des Berichtsraumes, Januar 1989 bis Februar 1991, lediglich in vier Monaten (April 1989, April 1990, September 1990 und November 1990) ohne Verluste abgeschlossen.«[46]

Insgesamt hat Sax in Chicago vom November 1988 bis Februar 1991 über 200 Millionen D-Mark verspekuliert. Sein hilfloses Verhalten während dieser langen Monate der ständigen Kapitalvernichtung legt den Eindruck nahe, dass Sax mit offenen Augen in den Konkurs gelaufen ist. Einer der untauglichen Versuche, etwas gegen die Verluste zu unternehmen, erfolgte nach den ersten vier Monaten von Sax' Tätigkeit in Chicago: die Wiedereinstellung von Metzler im April 1989. Der von seinen Nervenproblemen genesene Einführungsmakler sollte ihm als Börsenanalyst die Grundlagen für eine erfolgreiche Handelsstrategie liefern.

Nach der Liquidation der SFS hatte Metzler auf eigene Rechnung wieder zu arbeiten begonnen und dabei auch der Capcom neue deutsche Kunden vermittelt. Unter ihnen befand sich auch der zweitgrößte Kunde nach der Ambros, die Gesellschaft V.I.F., eine zu einem Investitionspool zusammengeschlossene Anzahl von Konten von Privatpersonen, die von Einführungsmakler Christian Hahn mit der Firma A & G Management gehandelt wurden.

Auch der Rat Metzlers konnte in der Folge die Verluste von Sax nicht abwenden. Zu den wachsenden Verlusten kam noch hinzu, dass der Ruf des Brokers Capcom durch die Anklage von Tampa arg ramponiert war. Die Aktivitäten der Capcom London auf der Chicagoer Derivatbörse CBOT waren bereits im Januar 1989 suspendiert worden. Im August 1989 wurde Capcom London schließlich wegen Betrugs, unehrenhaften Verhaltens, Verstößen gegen die Handelsregeln und mangelnder Unterlegung des Handels mit Eigenkapital für immer vom Handel an der CBOT ausgeschlossen.

Obwohl die Capcom Chicago, anders als die Capcom London, nicht unter den Angeklagten von Tampa figurierte, eröffnete die US-Derivathandelsaufsicht Commodity Futures Trading Commission (CFTC) gemeinsam mit der zweitgrößten Chicago-Derivatbörse Chicago Mercantile Exchange (CME) eine Administrativuntersuchung gegen Capcom Chicago. In ihrem Schlussbericht vom 15. August 1989 stellte das Clearing House Finance Subcommittee der CME fest, die Capcom Chicago habe die CME-Handelsregeln aller Wahrscheinlichkeit nach verletzt. Sie habe aus Kundenkonten Auszahlungen an Personen getätigt, die keine Verbindung zu den eingetragenen Kontoinhabern hatten, beispielsweise an den Geldwäscher Akbar Bilgrami von der BCCI Panama.

Die Liste der unzulässigen Praktiken, die der Capcom vorgehalten wurden, war lang: vorsätzliche Vermischung von Eigenhandel mit Kundenhandel, willkürliche Umbuchung von offenen Derivatpositionen zwischen Kundenkonten ohne Notierung der Kontoinhaber, Aufbau und Pflege von Kundenpositionen ohne vorgeschriebenen Nachschuss von Sicherheiten bei Kursänderungen. Diese systematische Missachtung der Börsenregeln untersuchte die CME nicht im Hinblick auf weitere Möglichkeiten des Missbrauchs wie beispielsweise Geldwäsche.

Geldwäscherei war für die Aufsicht der Derivatbörsen kein Anliegen, da dieser Tatbestand keine Verletzung der Börsenvorschriften darstellte. Dazu ein kurzer Ausschnitt aus der Befragung der damaligen CFTC-Präsidentin Wendy Gramm durch den Senator Kerry, der die Beziehungen zwischen Capcom und BCCI im Rahmen einer Senatskommission 1992 untersuchte:

Kerry: »Hat jemals jemand an den Derivatbörsen eine Untersuchung bezüglich Geldwäscherei eingeleitet?«

Gramm: »Wir haben unsere Bedenken geäußert.«

Kerry: »Haben Sie eine Untersuchung betreffend Geldwäscherei in Gang gesetzt?«

Gramm: »Nein, nein, nicht speziell in dieser Sache.«

Kommentar des Kerry-Reports: »Es ist unglaublich!«[47]

Wendy Gramm ist die Frau von Phil Gramm, dem damaligen US-Präsidentschaftskandidaten der Republikaner. Sie ging im Vorfeld der Wahl Clintons im Oktober 1992 noch unter der Präsidentschaft von George Bush senior auf den Wunsch der Swap-Händler ein, sie von allen staatlichen Regulierungsvorschriften zu verschonen. »Diese Billigung wurde als ›Abschiedsgeschenk‹ der Republikaner an die Swap-Händler verstanden.«[48] Wendy Gramm wurde 1993 Direktorin bei dem Energiegiganten Enron.

Entscheidend für die Bestrafung der Capcom Chicago wurde nun die Missachtung der Handelsvorschriften. Die Capcom Chicago musste eine Buße in Höhe von 500.000 Dollar bezahlen und wurde im Verzeichnis der CME-Clearing-Members oder Großhändler gestrichen.

Diese scharfe Disziplinierung der Capcom durch die Börsenaufsicht konnte Sax nicht dazu veranlassen, den Broker zu wechseln. Ebenso wenig reduzierte er die Capcom-Lastigkeit seiner Handelstätigkeit durch vermehrte Hinzuziehung anderer Broker in größerem Umfang. Beispielsweise durch den New Yorker Broker Gelderman, den Sax neben der Capcom hin und wieder für kleinere Transaktionen einsetzte. Insgesamt wurden stets etwa 80 bis 90 Prozent des Derivathandels von Ambros über die Capcom abgewickelt.

Im Sommer 1989 stützte sich Sax stärker denn je auf die Capcom. Er aktivierte den Rainbow Investment Fund (RIF), den er auf Anraten von Longmore mit Bökels, Funk und Hemmer bereits im Sommer 1988 gegründet hatte und der seither passiv geblieben war.

Nun schien es sinnvoll, eine eigene Händlerabteilung für die Börsengeschäfte innerhalb der VBS in Mülheim einzurichten. Dazu wurde wieder eine spezielle Gesellschaft, die Freeport, beansprucht. Diese zypriotische Briefkastengesellschaft hatte Hemmer für Bökels, Sax und Funk gegründet. Cheftrader der Freeport war ein Mann namens Gabrysiak, der die Handelsvollmacht über die fünf Kundenkonten des RIF bei der Capcom in Chicago hatte. Mit dabei war auch Ralph Hassenpflug von der einstigen SFS. Daneben handelte auch ein Herr Delafond in Paris für den RIF, für den extra ein Konto beim Broker Shearson Lehmann Hutton in Frankfurt eingerichtet wurde. Mit dem Geld auf diesem Konto scheint nie gehandelt worden zu sein. Hingegen diente es als Pfand für einen Kredit einiger arabischer Geschäftsfreunde von Saghir an Bökels im Juli 1990. Der Kredit von 6,6 Millionen D-Mark wurde von der Capcom Financial an die Ambros ausbezahlt, als diese dringend Geld brauchte, um den Anlegern die vorgeschwindelten Gewinnanteile auszuzahlen.

Die mit viel Hoffnung aufgebaute Trading-Abteilung in Mülheim wurde zur großen Enttäuschung. Genau wie Sax, fuhren auch Gabrysiak und seine Crew nur Verluste ein. Auch im Laufe des Jahres 1990 verlor die Ambros in Chicago fast jeden Monat einige Millionen D-Mark, ohne dass irgendjemand etwas dagegen unternommen hätte. Im August 1990 musst die Capcom Chicago ihr Geschäft liquidieren, nachdem ihr die Selbstregulierungsorganisation der US-Derivatbranche, die National Futures Association NFA, nach einer längeren Untersuchung die Handelslizenz entzogen hatte. Das Verhältnis zwischen dem Einführungsmakler SFS und der Capcom wurde nie genauer untersucht.

Warum die Verluste?

Capcom war eine entscheidende Relaisstation der BCCI für Geldwäscherei mit Derivaten, wie sie der Capcom-Gründer Akbar gegenüber dem Undercover-agenten Mazur beschrieben hat.[49] Im Licht der hier vorgebrachten Überlegungen zur Geldwäscherei mit Derivaten sind die enormen Verluste von Ambros und RIF auf ihren Brokerkonten bei der Capcom in Chicago auffällig. Mehr noch: Die ganze Zusammenarbeit der Ambros mit der Capcom wirft die Frage auf, ob Ambros und später RIF nicht Teil eines Geldwaschkonstrukts gewesen sind, in dem Ali Akbar die Fäden zog. Und in den Sax, Bökels, Funk, Metzler, Geissensetter, Hassenpflug und die anderen nach und nach hineinschlitterten und auch davon profitierten.

Die Tätigkeit der Capcom als Hauptbroker der Ambros von August 1987 bis August 1990 kann in vier Phasen eingeteilt werden. Die erste Phase, in der Ambros Gewinne machte, dauerte vom August 1987 bis zum Börsencrash im Oktober 1987. Dann rettete die Capcom ihre Kundin mit einem unerlaubten Kredit vor dem Konkurs. Vom November 1987 bis zum September 1988 folgte eine Phase mit großen Gewinnen, die mit der Verhaftung Ali Akbars und der Anklage gegen die Capcom London in Tampa im Oktober 1988 beendet wurde. Anschließend reihte sich bis zum Ende der Capcom im August 1990 Verlust an Verlust. Lediglich die Handelsmonate April 1989 und April 1990 schlossen mit Gewinn ab – dies waren Monate, in denen die Anleger ihre fingierten Gewinnanteile ausbezahlt bekamen.

Im Monat Januar 1989 verzeichnete das Ambros-Kundenkonto bei der Capcom einen absolut unerklärlichen Buchverlust von 106 Millionen Dollar, entstanden durch eine 107fache Verbuchung eines Verlustes von 970.000 Dollar. Hinweise auf Ursachen für diese Einbuchung von Verlusten fanden sich nirgends. Gegenbuchungen, welche die 107 Wiederholungen als Fehler storniert hätten, waren offenbar nicht getätigt worden. Der Kontoverantwortliche Longmore war später nicht in der Lage, den Hintergrund dieser 107 Positionen, die alle als Verlust gebucht wurden, zu erklären.

Geht man von der Annahme aus, dass dieser 106-Millionen-Verlust auf einem oder mehreren anderen Capcom-Kundenkonten, oder auf einem Konto, das die Capcom bei einem Drittbroker im Ausland unterhielt, als Gewinn eingebucht wurde, könnten diese unerklärlichen Buchungen sehr wohl Teil von mehreren Geldwaschtransaktionen gewesen sein. Die auf den anderen Konten eingebuchten Gewinne hätten dann einen Herkunftsnachweis als Gewinn aus einem Derivatgeschäft mit der Capcom-Kundin Ambros gehabt. Weil der 107fach multiplizierte Verlust zwar konstatiert, aber mangels Ressourcen nicht näher untersucht wurde, lässt sich der Verdacht auf Geldwäscherei in diesem Fall nicht erhärten.

Eine andere dubiose Transaktion auf dem Ambros-Kundenkonto von Capcom erfolgte am 27. Januar 1989. Sie umfasste je 100 Zucker-Kontrakte, fällig im März 1989, zu einem Zuckerpreis von 0,11 US-Dollar pro Pfund. Diese Position wurde gleichzeitig gekauft und verkauft. Das heißt, es wurde am gleichen Tag je eine Verpflichtung eingegangen, im März Kontrakte für Zucker zu einem Preis von 0,11 US-Dollar pro Pfund zu liefern und zu kaufen. Aus dieser Transaktion soll für das Ambros-Konto ein unerklärlicher Gewinn in der Höhe von rund 5,3 Millionen US-Dollar resultiert haben.

Der Gewinn aus dieser Transaktion wirft zwei Fragen auf. Warum wurde diese Transaktion von vornherein »glattgestellt«, das heißt, warum wurde gleich viel eines gleichen Basiswertes zu gleichem Datum und Preis verkauft und gekauft? Und warum der enorme Gewinn, der nur erzielt werden konnte, wenn sich der Preis für das Pfund Zucker um nahezu einen halben Dollar geändert hätte, was von Ende Januar bis Ende März 1989 auch nicht nur annähernd der Fall gewesen war. Auch zu diesem Kuriosum wusste der Kontoverantwortliche Longmore keine vernünftige Erklärung.

Möglicherweise war dieser Gewinn Teil einer Geldwaschtransaktion. Dabei hätte Ambros die zwei identischen Kauf- und Verkaufskontrakte mit derselben Gegenpartei mit Geldwaschbedarf abgeschlossen. Zum Zielzeitpunkt erhielt Ambros den Gewinnkontrakt zugewiesen, und das schmutzige Geld mutierte zum Derivatgewinn. Der Verlustkontrakt wurde stillschweigend vergessen. Später bekam die betreffende Partei mit dem Waschbedarf einen Gewinn aus einem fiktiven Derivatgeschäft eingebucht – beispielsweise einen Teil der erwähnten wundersamen 107fachen Verluste – und hatte danach einen sauberen Derivatgewinn.

Doch auch dieser wahrscheinliche Fall wurde von der US-Börsenüberwachung nicht näher unter die Lupe genommen. Zu guter Letzt blieb den amerikanischen Behörden nur, zu staunen und sich zu wundern. »Zum Verständnis von Kriminalität und Kollaps der Bank of Commerce and Credit International«, schrieben die beiden US-Senatoren Bob Kerry und Hank Brown in ihrem BCCI-Untersuchungsbericht,»ist kein anderer Aspekt derart undurchschaubar und gleichzeitig derart zentral wie die Capcom, eine von 1984 bis 1988 aus London und Chicago operierende Gesellschaft für Warentermingeschäfte. ... Zwar konnte unser Subkomitee aus deren Geschäftspraxis zahlreiche ungewöhnliche, ja kriminelle Vorkommnisse dokumentieren. Doch das eigentliche Motiv hinter der Gesellschaftsgründung blieb stets schleierhaft. Ebenso die Frage, welche Interessen die diversen in den BCCI-Skandal involvierten Parteien an der Capcom hatten.«[50]

Der Chefstratege aus Würzburg

Der verantwortliche Anlagestratege für Ambros, seit November 1988 zugleich Chefhändler für Ambros und RIF in Chicago, war Richard Sax. Sax war während seiner aktiven Zeit bei Ambros zugleich Mitglied der Sekte »Universelles Leben«. Hans-Walter Jungen, Ingenieur und Mitglied einer Bürgerinitiative, die sich mit der Sekte »Universelles Leben« (UL) beschäftigt, beschreibt in seinem Buch *Universelles Leben. Die Prophetin der Endzeit und ihr Management* Sax als Beirat der Sektenpostille *Christusstaat*. Als Beirat gehörte Sax zur »Führungscrew« der Sekte.[51] In Chicago wiederum trat Sax unter dem Pseudonym »Richard Wagner« auf – Richard Wagner heißt auch einer der wichtigsten Autoren von Schriften von »Universellem Leben«.[52] Ob Sax dieses Pseudonym in Verehrung des Verfassers dieser religiösen Schriften gewählt hat oder ob er gar selbst der Verfasser war, bleibt allerdings eine offene Frage.

Nach Jungen handelt es sich bei der Sekte »Universelles Leben« um eine Vereinigung mit totalitären Zügen: »Aussteiger berichten, im UL sei man nach kurzer Zeit ein gläserner Mensch: Geheimnisse gebe es nicht.« Auch der Bayerische Verwaltungsgerichtshof hielt fest: »Die Ausgestaltung des Gemeindelebens, wie aus der ›Gemeindeordnung‹ des ›Universellen Leben‹ hervorgeht, darf in scharfer und überspitzter Formulierung ohne Verfassungsverstoß als totalitäre Struktur bezeichnet werden.«[53]

Jungen fragt sich weiter, ob Richard Sax in diesen Zirkeln die große Ausnahme war und ob oder wie es möglich war, dass er seine immensen finanziellen Transaktionen außerhalb der Sichtweite seiner Sektengeschwister abwickeln konnte. Diese Frage dürfte allerdings hypothetischer Natur sein. Die monatelangen Aufenthalte von Sax in Chicago dürften zweifelsohne zu Diskussionen unter den Sektenmitgliedern geführt haben. Auch wurde der erste Kontakt zwischen dem Präsidenten von Ambros, Michael Hemmer, und Sax durch eine ehemalige Mitarbeiterin Hemmers vermittelt, die wegen ihrer Zugehörigkeit zum »Universellen Leben« aus dem Liechtensteinischen nach Würzburg gezogen war. Mit an Sicherheit grenzender Wahrscheinlichkeit dürften die anderen Sektenmitglieder von der Funktion von Sax im System Ambros gewusst haben, denn, wie gesagt, nach Meinung von Aussteigern gibt es unter den Sektenmitgliedern keine Geheimnisse.[54]

Saxens Zugehörigkeit zum UL hat nach einem der damals engsten Mitarbeiter von Sax, Hans-Jürgen Metzler, keinen entscheidenden Einfluss auf seine verlustreichen Börsenspekulationen ausgeübt. Metzler wurde vom Gericht in Hinblick auf die Sektenzugehörigkeit von Sax gefragt: »Hatten Sie den Eindruck, dass Herr Sax aufgrund seiner extremen Auffassung unter äußeren oder inneren Zwängen litt, die ihm eine intellektuelle Entscheidungsfreiheit unmöglich machten?« Metzler: »Nein.«[55]

Nach Metzler hat Sax vermutlich in der ersten Jahreshälfte 1989 die Ansicht geäußert, »dass ein weltweiter wirtschaftlicher Zusammenbruch in absehbarer Zeit bevorsteht und sich im Rahmen eines solchen Zusammenbruchs eine bestehende Ambros-Problematik von selbst erledigen würde.« Und: »Sax ... war aufgrund seiner religiösen Einstellung davon überzeugt, dass in naher Zukunft fast apokalyptische Ereignisse das Wirtschaftsgeschehen auf der Welt grundlegend verändern würden«[56].

Sax, bei Ambros-Veranstaltungen ein gesuchter Redner und hin und wieder mit Beiträgen in der *vbs-time* seine Handlungsstrategien bis zuletzt rechtfertigend, referierte auch auf dem traditionellen Fest zum Jahreswechsel 1987/88 des »Universellen Lebens«. Autor Jungen: »Die dabei waren, berichteten, Sax habe erklärt, dass beim Zusammenbruch der Weltwirtschaft das Geld wertlos würde. Wer jedoch sein Geld in die Würzburger Sache einbringe, diene dem ›großen Ganzen‹ und rette sein Geld über die ›Endezeit‹«.[57]

Jungen stellt ferner fest: »Die Zeit, als Richard Sax im UL ganz oben mitmischte, waren sichtbar fette Jahre für das UL. Gigantische Summen wurden in Unterfranken in den ›Christusstaat‹ investiert ... Es mag eine merkwürdige Parallele sein, aber nach der Ära Sax ging es mit dem Aufbau des ›Christusstaates am Untermain‹ nicht mehr so recht voran ...«[58]

Im Schatten der Derivate

Diese Zeilen wurden laut Jungen von der UL vor Gericht nie bestritten. Es stellt sich daher die Frage, ob auch Geld von Ambros-Konten via arrangierte Derivattransaktionen an das »Universelle Leben« weitergeleitet wurde. Die Konten von »Universellem Leben« wurden im Hinblick auf diesen Aspekt nie näher überprüft.[59]

Wenn man die phänomenale zweijährige Verlustserie von Sax weder dem Pech noch irgendwelchen sektiererischen inneren Zwängen zuschreiben will, wird unter dem Gesichtspunkt der oben erwähnten Möglichkeiten der Geldwäsche mit Derivaten und den damit verbundenen arrangierten Verlusten die Hypothese möglich: Die Gelder der Ambros-Anleger wurden im Derivathandel nicht eingesetzt, um größtmögliche Gewinne abzuwerfen, sondern als manipulierte Gegenpartei einer Geldwaschstrategie missbraucht. Dann wären die Verluste gar nicht am Markt entstanden, sondern die Funktion eines Transaktionsbündels zum Zweck der Geldwäscherei mit Derivaten gewesen. Der Gewinn der Ambros wäre dann nicht aus erfolgreichen Wetten im Derivatgeschäft entstanden, sondern die Entschädigung für die Bereitschaft gewesen, sich als Gegenpartei für die Geldwäscherei mit Derivaten zur Verfügung zu stellen.

Diese These wird durch die Untersuchungen der Börsenüberwachung gestützt. Nach deren Unterlagen wurde auf einzelnen Ambros-Kundenkonten bei der Capcom oftmals wochenlang gar nicht gehandelt. Auf dem wichtigsten Ambros-Kundenkonto 68097 beispielsweise lagen zwischen Mai 1988 und November 1989 routinemäßig etwa 10 Millionen Dollar, mit denen nichts unternommen wurde. Die Gründe dafür vermochte Ambros-Kundenbetreuer Longmore später nicht zu erklären. Auf das gleiche Konto erfolgte im März 1989 eine unerklärliche Einzahlung der Capcom London von über 9 Millionen Dollar. Möglicherweise handelte es sich bei dieser Einzahlung der Capcom London um die Rückzahlung eines technischen Verlustes, den die Ambros zuvor auf Anweisung der Capcom London an eine Partei mit Geldwaschbedarf verloren hatte.

Neben dem in Chicago stationierten Sax pflegte auch Funk als weiteres Gründungsmitglied von Ambros Beziehungen mit Mohammed Saghir, dem Direktor der Capcom in Chicago. Bökels wiederum sprach kein Englisch. Saghir war mehrfach in Mülheim bei VBS und Funk war in London und Chicago. Im Herbst 1990, nachdem die Capcom in Chicago geschlossen worden war, versuchten Bökels und Funk, Sax auszuschalten und mit Saghir in Luxemburg einen neuen Einführungsmakler für die Ambros zu eröffnen, die Compagnie Internationale de Finance. Obwohl Saghir sich bereits in Luxemburg installiert hatte, misslang der Plan, und Saghir setzte sich nach der erneuten Verhaftung von Ali Akbar im Herbst 1991 nach Pakistan ab.

Getäuschte Kleinkapitalisten

Grundsätzlich wurden beim Anlagesystem Ambros die eingezahlten Beträge in den USA investiert und die daraus resultierenden Erträge quartalsweise per Mitte Januar, April, Juli und Oktober per Barscheck an die Anleger ausbezahlt. Allfällig gekündigte Anlagegelder erhöhten jeweils noch den Liquiditätsbedarf zu den Auszahlungsterminen.

Da Bökels, Funk und Sax den Anlegern seit November 1988 ständig Gewinne vorschwindelten, de facto jedoch praktisch immer Geld verloren, ergaben sich für Ambros ab Januar 1989 im Auszahlungsquartal regelmäßig Liquiditätsprobleme. Im Juli 1989 war Anlageanalyst Metzler bei einer Sitzung anwesend, in der freimütig über die Zahlungsprobleme gesprochen wurde. Sax und Metzler waren dafür, die Verluste – zumindest teilweise – auszuweisen. Bökels und Funk lehnten ab. Das Anlageprodukt Ambros wäre dadurch unverkäuflich geworden. Zudem profitierten Bökels, Funk und Sax persönlich von den gefälschten Renditeausweisen, kassierten sie doch dank dieser falschen Gewinnangaben schätzungsweise 45 Millionen Mark an überhöhten Kommissionen.[60]

Schließlich wurde die Lösung der Liquiditätsprobleme ab Frühling 1989 im so genannten Schneeball- oder Pyramidensystem gefunden. Beim Schneeball- oder Pyramidensystem werden die Einzahlungen jeweils direkt auf ein Auszahlungskonto umgeleitet, wobei dieses System auf stetiges Wachstum ausgerichtet ist.

Bei Ambros wurden die für die Auszahlungen notwendigen Mittel innerhalb des gleichen Postgiroamts Essen direkt vom Einzahlungskonto der Ambros-Kunden auf das Auszahlungskonto umgeleitet. Wenn zu den Quartalsterminen jeweils zusätzliche Liquidität nötig war, machten Sax und seine Trader-Crew jeweils Gewinne. So waren die einzigen zwei Gewinnmonate von Sax auf den Kundenkonten der Ambros bei der Capcom der April 1989 und der April 1990, Monate also, in denen eine Gewinnauszahlung an die Investoren fällig war.

Zum Auszahlungstermin Juli 1990 gewährte die Capcom London der Ambros einen kurzfristigen Kredit von 6,6 Millionen D-Mark.

Das Spiel ist aus

Nachdem die Capcom im August 1990 hatte schließen müssen, wurde der Ambros-Handel auf bereits bestehende kleinere Maklerkonten bei Geldermann, New York, und Czarnikov, London, sowie Shearson Lehmann Hutton in Frankfurt verteilt. Dazu kamen noch einige neue Brokerkonten, etwa bei Brody White, New York, Quantum Financial, Chicago, oder South West in Dallas.[61]

Doch auf all diesen Konten wurden im Herbst 1990 weiterhin Verluste gebucht. Den Auszahlungstermin im Oktober 1990 überstand die Ambros nur dank eines großen Gewinns auf dem Konto bei Shearson Lehmann Hutton. Dieses wurde vom geheimnisvollen Händler Delafond in Paris gehandelt, der als Mitglied des im Herbst 1989 geplanten RIF-Trader-Teams in Mülheim mit Gabrysiak und Hassenpflug zur Ambros gestoßen war. Wer dieser Delafond genau war und warum sein Konto genau im Oktober 1990 den einzigen Gewinn auswies, wurde nie untersucht.

Mitte Januar 1991 war das System Ambros nicht mehr zahlungsfähig und die Anleger warteten vergeblich auf ihre Gewinnbeteiligung. Bökels und Funk versuchten, die Schuld auf den Anlagestrategen Sax abzuschieben, und reichten Strafanzeige gegen ihn ein. Doch das Ablenkungsmanöver misslang und die beiden wurden Anfang Februar 1991, noch vor Sax, verhaftet. Später kam auch noch Metzler in Untersuchungshaft. Hemmer wurde zwar angeklagt, die Verdachtsmomente reichten aber nicht aus, um ihn in Untersuchungshaft zu nehmen.

In der Folge kam es in Düsseldorf zum Prozess, wobei sowohl Sax als auch Funk zu sechs Jahren Gefängnis und vier Jahren Berufsverbot verurteilt wurden. Bökels erhielt fünf Jahre Gefängnis. Hemmer und Metzler wurden freigesprochen. Den Ambros-Investoren beschied der Düsseldorfer Oberstaatsanwalt Jochen Ruhland nach Abschluss des Verfahrens: »Die Sache interessiert uns nicht mehr ... Wie die Leute an ihr Geld kommen, ist deren Problem.«[62]

Zur Zeit sind noch Verfahren anhängig, die klären sollen, ob die Ambros-Investoren nie ausbezahlte, fiktive Gewinne auch versteuern müssen.

Am 5. Juli 1991 wurde auch die BCCI durch eine koordinierte Aktion der Bank of England und anderer Zentralbanken geschlossen. Dies geschah, nachdem die Buchprüferin Price Waterhouse im so genannten Sandstorm-Bericht zu verheerenden Befunden gekommen war: Die BCCI-Buchführung sei von allem Anfang an ein systematischer Betrug gewesen. Dieses Urteil mutet merkwürdig an, nachdem dieselbe Firma seit den siebziger Jahren die Bilanzen der BCCI Cayman und ab 1987 die Rechnung der Gesamtbank bis 1989 stets anstandslos testiert hatte.

Das von der amtlichen Liquidatorin, der Wirtschaftsprüferin Touche Ross (heute Deloitte Touche Tohmatsu), eruierte Finanzloch belief sich auf rund 10 Milliarden Dollar. Die Liquidatorin hatte Klage gegen Price Waterhouse eingereicht, ebenso gegen Ernst & Whinney, die bis 1987 die BCCI (SA) in Luxemburg geprüft hatten, bevor Price Waterhouse 1987 Alleinrevisor geworden war. 1998 leisteten die beiden Angeklagten schließlich in einer außergerichtlichen Einigung Schadenersatz für ihr Fehlverhalten: Die drei nationalen Filialen Price Waterhouse UK, Price Waterhouse Luxemburg und Price Waterhouse Grand Cayman zahlten insgesamt 95 Millionen Dollar, Ernst & Young kam mit 30 Millionen Dollar davon.

Auch die Capcom London geriet im Sommer 1991 in den Strudel der BCCI-Schließung – obwohl sie rein formaljuristisch nie etwas mit der BCCI zu tun gehabt hatte und Ali Akbar seine Strafe wegen Geldwäscherei im Falle Tampa mit 18 Monaten Gefängnis und 100.000 Dollar Buße bereits im Oktober 1990 erteilt bekommen hatte.

Einen Monat nach der BCCI-Schließung wurde Akbar jedoch im August 1991 vom englischen Serious Fraud Office aufs Neue zur Verhaftung ausgeschrieben. Er setzte sich nach Frankreich ab, wo er bereits kurze Zeit später in Calais verhaftet und nach England ausgeliefert wurde. Gleichzeitig hatte die Präsidentin der Capcom London, Sushma Puri, über 100 Kartons mit den Geschäftsakten der Capcom, die bis ins Jahr 1984 zurückreichten, schreddern lassen. Es kam zu einem zweiten Strafverfahren gegen Ali Akbar, wobei die Capcom London die Anwaltshonorare übernahm. Mitte 1993 verurteilte das legendäre britische Kriminalgericht Old Bailey Ali Akbar zu sechs Jahren Gefängnis.

Offen bleibt aber bis heute die politische Bewältigung der Affäre: In Großbritannien hatten verschiedene Muslimgemeinschaften ihr Geld aus religiös-ethnischen Überlegungen bei der BCCI angelegt, und dieses Kapital hatten sie nach dem Zusammenbruch der Bank nur teilweise zurückerhalten.

Da die Muslime traditionelle Labour-Wähler sind, haben sich einzelne Labour-Abgeordnete mit Unterstützung ethisch verantwortungsbewusster Buchprüfer rund um den Essexer Professor Prem Sikka und des Labour-Abgeordneten Austin Mitchell hartnäckig auf die Suche nach den Schuldigen für das BCCI-Desaster gemacht.

Neuerdings ist die Bank of England als verantwortlicher Regulator ins Schussfeld der Geschädigten geraten.[63] Dem damals in der Verantwortung stehenden Management wird vorgeworfen, es hätte sich pflichtwidrig verhalten, da es der BCCI über Jahre hinweg die Erlaubnis zur Führung der Bankgeschäfte gegeben habe, obwohl verschiedene Mängel bekannt gewesen seien. Kommt es tatsächlich zu einer Bestrafung der Verantwortlichen – das oberste Gericht dürfte im Verlaufe des Jahres 2002 entscheiden –, dann wird dies zu einer nachhaltigen Verschärfung der Finanzmarktaufsicht in Großbritannien führen.

Das Erbe von Ambros und BCCI

Ambros war, wie wir gesehen haben, der Wurmfortsatz eines großen und umfassenden Netzes von Geschäftsbeziehungen. Die Spinne im Netz war die BCCI, die das Kapital der Kleinanleger in Deutschland über die Capcom absaugte und umverteilte.

Mit der Zerschlagung der BCCI wurde zwar das Zentrum des Netzes zerstört, aber daneben blieben verschiedene Fäden als grundsätzliche Strukturen für Geschäftsbeziehungen weiter bestehen. Öl als Basis des Reichtums des Nahen Ostens änderte seine Flussrichtung nicht. Und das Interesse vor allem der Amerikaner an einem engen Kontakt mit den Herrschern in dieser Region – allen voran mit der traditionell mit ihnen verbündeten saudischen Königsfamilie – war weiterhin vorhanden. Ebenso das Interesse der saudischen Oberschicht an lukrativen Anlagen in den westlichen Ländern.

Die BCCI war als Bank von muslimischem Gedankengut geprägt und verkörperte als weltweit orientiertes Institut muslimische Hegemonialansprüche und den Versuch, im internationalen Kontext eine Finanzbasis aufzubauen, die diesen Ansprüchen dienen sollte. Die BCCI diente aber auch als amerikanischsaudische Finanzdrehscheibe. Das durch die Schliessung der BCCI entstandene Vakuum musste irgendwie aufgefüllt werden.

Es lohnt sich daher, der Geschichte des die BCCI überdauernden Beziehungsgeflechts nachzugehen, da verschiedene Exponenten dieses Geschäftsund Machtparellelogramms zwischen den USA und dem Nahen Osten in jüngster Zeit an weltpolitischer Bedeutung gewonnen haben: So zum Beispiel die dank dem texanischen Öl und ihres politischen Erfolgs reich und mächtig gewordene Familie Bush und der saudi-arabische Clan der Bin Laden.

Damit die BCCI ihren kometenhaften Aufstieg bewerkstelligen konnte, mussten in verschiedenen Ländern politisch wichtige Personen in das System eingebunden werden und auch davon profitieren. Zu diesen Profiteuren gehörte auch der jetzige Präsident der USA, George W. Bush junior.

George W. Bushs Vater war während der Entstehungsphase der BCCI von 1976 bis 1977 Direktor des amerikanischen Geheimdienstes CIA. Während des Kalten Krieges bestanden enge Beziehungen zwischen der BCCI und dem amerikanischen Geheimdienst CIA, übernahm doch die BCCI für wichtige Untergrundaktionen des CIA die Finanzierung. Gleichzeitig stand der Gründer der BCCI, Agha Hasan Abedi, dem pakistanischen Geheimdienst nahe, und der Gründer des saudi-arabischen Geheimdienstes, Sheikh Kamal Adham, war immer wieder in strategischen Positionen für die BCCI tätig. Das Ölgeschäft war ein anderes Standbein zur Abstimmung der Interessen. Über diesen Kanal entwickelten sich denn auch die ersten privaten Geschäftsbeziehungen zwischen den Bushs und der saudischen Oberschicht.

Als beispielsweise George W. Bush junior in den siebziger Jahren das Unternehmen Arabusto Energy Inc. gründete, kam ein Teil der Finanzierung von einem seiner Freunde, dem texanischen Unternehmer James R. Bath, der ein wichtiger Vermögensverwalter der Saudis war.[64] Im Oktober 1990 beschrieb George W. Bush seine Beziehung zu James R. Bath: Er habe Bath in den siebziger Jahren kennen gelernt, als beide zusammen bei der ANG, der Air National Guard, gedient hätten.[65]

James R. Bath tanzte auf verschiedenen Hochzeiten. So hatte er sich bereits für die CIA als nützlich erwiesen, indem er dem amerikanischen Geheimdienst zusammen mit dem Saudi-Araber Kahlid bin Mahfouz Flugzeuge abkaufte. Bath aber »… machte sein Vermögen durch Investitionen für (Sheikh Kalid bin) Mahfouz und einen anderen mit der BCCI verbundenen Saudi-Araber, Sheikh bin Laden«.[66] Der saudi-arabische Großbankier Kahlid bin Mahfouz half im Mai 1986 dem BCCI-Gründer Abedi bei der Refinanzierung der Bank.

Sheikh bin Laden wiederum ist ein Halbbruder des gesuchten Terroristenführers Osama bin Laden. Bath kaufte für Salem bin Laden 1978 unter anderem einen Flugplatz im Süden von Texas, den Houston Gulf Airport, der später an Kahlid bin Mahfouz überging.[67]

George W. Bushs unternehmerische Tätigkeit im Ölgeschäft war nicht sehr erfolgreich, bis es ihm 1986 gelang, die Anteile einer seiner späteren Firmengründungen, der Spectum 7 Energy Corporation, gegen Anteile der Harken Energy Corporation einzutauschen.[68] Bush wurde Direktor ohne Managementverantwortung im Tagesgeschäft und erhielt 212.000 Anteile von Harken zu einem Preis von rund 500.000 US-Dollar, das heißt, ein Anteil war rund 2,50 US-Dollar wert.[69] Später kaufte Bush noch weitere Anteile hinzu. Darüber hinaus wurde er – merkwürdigerweise – für fünf Jahre als Consultant für ein jährliches Salär von 42.000 bis 120.000 US-Dollar eingestellt.

In der Folge stieg der Preis der Harken-Aktie auf 4 bis 5 US-Dollar. Im Januar 1990 erhielt die kleine, unerfahrene und wenig ausgeleuchtete Firma Harken den für sie außergewöhnlichen Auftrag, vor der Küste des Sultanats Bahrain nach Öl zu bohren. Am 20. Juni desselben Jahres verkaufte Bush seine Aktien für 848.000 US-Dollar. Acht Tage später fiel der Kurs der Harken-Aktie um rund 75 Prozent auf 1 US-Dollar. Kritiker waren nun der Ansicht, Bush hätte sein Insiderwissen als Direktor missbraucht; jedenfalls hatte er der Börsenaufsichtsbehörde SEC den Verkauf seiner Anteile nicht regelkonform mitgeteilt. Es kam zu einer Untersuchung, die aber für Bush ohne Folgen blieb.

Kommentar des *Wall Street Journal*: »Harkens Geschäft in Bahrain verlief außerordentlich glücklich. In der Ölindustrie bemerkte man mit einigem Erstaunen die Wahl des kleinen Unternehmens Harken durch die Regierung am Persischen Golf für die Öl- und Gasbohrungen. Harken schien den Bahrainern wenig zu bieten. Die Firma hatte weder Erfahrungen in Übersee noch bei Offshore-Bohrungen ...« Es war aber nie eine Frage, dass die Behörden von Bahrain klar wussten, dass der Direktor von Harken zugleich der Sohn des Präsidenten war.[70]

Anschließend engagierte sich Bush junior bei den Texas Rangers. Ab 1990 erhielt er einen Sitz als Direktor bei der Caterair, die 1989 von der Carlyle Group aufgekauft worden war. Caterair besorgt das Catering für Fluggesellschaften.

Die Carlyle Group wiederum ist eine erzkonservative Washingtoner Finanzgesellschaft, präsidiert von einem früheren Verteidigungsminister der Reagan-Administration: Frank Carlucci.[71] Die Carlyle-Gruppe verfügt heute über ein Kapital von über 12 Milliarden Dollar.

In der Folge wurde die Carlyle-Gruppe zum wichtigsten Standbein der Familie Bush in der Geschäftswelt. Kurz nach seiner Wahlniederlage als US-Präsident engagierte sich George Bush senior in der Carlyle-Investmentgesellschaft, für die er zahlreiche Referate hielt und deren Senior-Berater er später wurde. Er soll, bedingt durch sein Engagement für Carlyle, in den vergangenen Jahren zweimal die Familie Bin Laden besucht haben. Der global agierende Finanz-Clan gehört zu den größeren Investoren der überaus einträglichen Carlyle-Gruppe, die eine jährliche Rendite von 40 Prozent abwirft.[72]

Der Verwaltungsrat der Carlyle-Gruppe ist hoch dotiert mit ehemaligen republikanischen Politikern. Dort sitzen ein ehemaliger Berater des Präsidenten Bush senior sowie der einstige Außenminister James Baker. Chefberater ist der frühere Vorsteher der amerikanischen Börsenaufsicht SEC, Arthur Levitt. Zusammen mit Levitt übernahm auch der ehemalige Schatzmeister der Weltbank, Afsaneh Beschloss, eine Führungsfunktion bei der Carlyle-Gruppe.[73] Vorsteher der europäischen Abteilung ist wiederum kein Geringerer als der frühere britische Premierminister John Major. Im europäischen Beirat der Gruppe sitzen unter anderem der ehemalige Präsident der Deutschen Bundesbank, Karl-Otto Pöhl, der Vorstandsvorsitzende des Pharmakonzerns Hoffmann-La Roche, Fritz Gerber, sowie der ehemalige Vorsitzende des Aufsichtsrates der Bayerischen Motorenwerke, BMW, Eberhard von Kuenheim.

Aber auch die Saudis sind in der Carlyle-Gruppe namhaft vertreten. Ein Mitglied eines wichtigen Gremiums der Carlyle-Gruppe ist Sami Mubarak Baarma. Er ist ein enger Mitarbeiter der Bin-Mahfouz-Familie. So ist Sami Mubarak Baarma unter anderem bei der National Commercial Bank für die internationale Abteilung zuständig, daneben steht er der Prime Commercial Bank Ltd. vor, die ihren Sitz in Lahore, Pakistan, hat und deren Aktienmehrheit sich im Besitz der Bin Mahfouz befindet.[74] Kahlid bin Mahfouz, der lange Zeit als Schatzmeister des Königs galt, war bis 1999 der bestimmende Aktionär der National Commercial Bank, musste aber in dieser Zeit seinen Anteil auf 10 Prozent des Aktienkapitals reduzieren, da der Verbleib von Depositen in Höhe von nahezu 2 Milliarden US-Dollar von den saudischen Behörden nicht klar eruiert werden konnte. In diesem Zusammenhang stellten die Behörden auch fest, dass über

Im Schatten der Derivate

von bin Mahfouz kontrollierte Institute vermutlich Geld von reichen Saudi-Arabern zur Unterstützung von Osama bin Laden und ihm nahestehende Einrichtungen überwiesen wurde.[75]

Aber die Beziehungen zwischen der Familie Bin Laden und speziell Osama bin Laden und dem 2,3 Milliarden US-Dollar schweren saudi-arabischen Bankier Kahlid bin Mahfouz sind auch verwandtschaftlicher Natur. Eine der vier Frauen von Osama bin Laden ist – nach der Aussage eines früheren CIA-Direktors – die Schwester von Kahlid bin Mahfouz.[76]

Dem *Nouvel Observateur* zufolge soll die von Osama bin Laden gegründete Gesellschaft Quant à Wadi Al-Haqiqi, die im Jemen, in Kenia und im Sudan in den Nahrungsmittelsektor und die Elektrizitätswirtschaft investiert, direkt mit Carlyle verbunden sein.[77] Eine der Investitionsstrategien von Carlyle ist auf die »Interaktion von Regierungen und Geschäftswelt« ausgerichtet.[78] Daneben ist die Gruppe in der Unternehmensfinanzierung, im Liegenschaftenhandel, aber auch im Waffengeschäft tätig.

Die engen Geschäftsbeziehungen zwischen dem republikanischen und konservativen oberen Establishment der westlichen Welt und dem saudi-arabischen Geldadel werfen vor allem nach den Attentaten vom 11. September 2001 auf das World Trade Center in New York und das Pentagon in Washington Fragen auf. So zum Beispiel danach, wie seriös Untersuchungen über Kapitaltransfers zu Osama bin Laden überhaupt durchgeführt werden und wie effektiv sie eventuell auch unterbunden werden können, da die gegenseitigen Kapitalverquickungen ja recht weitgehend sind.

Das FBI untersucht zur Zeit die Geschäftsbeziehungen der Bin Laden, das heißt, auch die Carlyle-Gruppe muss unter die Lupe genommen werden. Das FBI habe sich bis jetzt angesichts der engen freundschaftlichen und geschäftlichen Beziehungen zwischen den Bin Ladens und den USA gegenüber der saudi-arabischen Familie »bemerkenswert einfühlsam, taktvoll und schützend« gezeigt, stellte dazu der frühere amerikanische Botschafter in Saudi-Arabien zufrieden fest.[79]

Die Gefahr einer unangebrachten Rücksichtnahme vonseiten der amerikanischen Regierung gegenüber bestimmten Vertretern der saudi-arabischen Finanzoligarchie ist also keinesfalls von der Hand zu weisen. Das französische Magazin *Le Nouvel Observateur* schreibt dazu: »Man versteht besser, wie unter diesen Umständen gewisse Finanzinstitute oder wohltätige Organisationen von

Saudi-Arabien oder den Golfstaaten in der Liste (der Osama bin Laden naheste-henden Finanzinstitutionen) von George W. Bush ausgespart wurden.«

Allerdings wird auch die Frage aufgeworfen, ob in Bushs Liste der zu blo-ckierenden Geschäftsbeziehungen einige der potenziellen Bankverbindungen zu Osama bin Laden vielleicht aus diplomatischen Gründen ungenannt geblie-ben sind. Schließlich gilt es, die bereits durch den Angriff der Amerikaner auf das muslimische Bruderland Afghanistan verunsicherte saudi-arabische Ober-schicht nicht noch weiter zu destabilisieren.[80] Nach der *New York Times* be-müht sich denn auch die Bush-Administration, jede Möglichkeit eines Konflik-tes mit den Saudis zu vermeiden, obwohl doch 15 der 19 Attentäter aus Saudi-Arabien stammen.[81] Das dürfte durchaus auch im Interesse der Familie Bush liegen. Die US-amerikanische Antikorruptionsorganisation Judicial Watch be-schreibt jedenfalls die Verquickungen zwischen dem Ex-Präsidenten sowie der Carlyle-Gruppe als skandalös: »Die Vorstellung, ein Ex-Präsident und Vater des amtierenden Präsidenten mache Geschäfte mit einem Unternehmen, das als Folge der Attentate vom 11. September vom FBI untersucht wird, ist schreck-lich.«[82]

Mag sein, dass Bush senior sich von der Carlyle-Group zurückzieht, oder die Bin Ladens ihr Engagement auflösen, aber angesichts der langjährigen, engen Beziehungen zwischen der saudi-arabischen Oberschicht und der Familie Bush und deren Umfeld wird das womöglich nicht mehr als eine der üblichen sym-bolischen Gesten bleiben. Was sich aber doch mit einer gewissen Sicherheit voraussagen lässt: All die Untersuchungen rund um die Familie Bin Laden und um potenzielle Finanztransaktionen zugunsten des angeblichen schwar-zen Schafs Osama bin Laden dürften einmal mehr eher gedämpft verlaufen und allenfalls bloß einige Sündenböcke ihre Stelle kosten. Das Netz an Wirt-schaftsbeziehungen zwischen der saudi-arabischen Oberschicht und der kon-servativen texanischen Oberschicht dürfte ebenso wie den Fall der BCCI auch diese Folgen der Terrorangriffe auf das World Trade Center überstehen. Das ge-meinsame Interesse am Öl und dessen höchst gewinnträchtiger Vermarktung sowie der lukrativen Anlage der dabei erzielten Vermögen überlagert alles an-dere.

5. Japan oder die hohe Kunst, mit Hilfe von Derivaten das Gesicht zu wahren

Derivate als die eigentlichen Folgeprodukte der Deregulierung der Finanzmärkte besitzen neben der Möglichkeit, mit ihnen Geld zu waschen und Steuern zu »optimieren«, noch andere Eigenschaften, die geeignet sind, Grundlagen einer Marktgesellschaft zu zersetzen. Gezielt eingesetzt, helfen sie die Aussagekraft von Unternehmensbilanzen auszuhöhlen. In der zweitwichtigsten Industrienation der Welt, in Japan, wurden sie in ganz großem Stil zur Desinformation verwendet.

Derivate dienten hier der Manipulation der Bilanzen und so der Irreführung von Bankenaufsicht und Aktionären, denen damit eine für eine Marktwirtschaft zentrale Funktion praktisch verunmöglicht wurde: die Diskussion und Kontrolle der Qualität der Unternehmensführungen.

Bestehende Schwachstellen der japanischen Vorschriften zur Rechnungslegung wurden in einer Grauzone der Rechtmäßigkeit von den Verkäufern von Derivatkonstruktionen schamlos und rücksichtslos ausgenutzt. Es war eine Form von Finanzimperialismus, in dessen Rahmen Ideen umgesetzt wurden, die zuerst in dem US-amerikanischen Finanzunternehmen Bankers Trust entwickelt worden waren und später von anderen US-amerikanisch geprägten Banken wie der Credit Suisse oder auch der Deutschen Bank übernommen wurden.

Die Rücksichtslosigkeit des Vorgehens wurde mit der aus US-amerikanischer Sicht grassierenden Korruption in der japanischen Wirtschaft gerechtfertigt. Dazu ein unverdächtiger Zeuge, Frank Partnoy, der als erfolgreicher Investmentbanker bei Morgan Stanley Dean Witter arbeitete und der nach seiner Kündigung ein kritisches Buch zu dem Thema veröffentlichte: »Die japanischen Wertpapierhäuser waren den US-Firmen insofern weit überlegen, als sie sich jahrelang mit großem Erfolg in Finanzbetrügereien geübt hatten. ... das japanische Wertpapiergeschäft war in absurdem Ausmaß korrupt ... Im Vergleich zu japanischen Wertpapierhäusern waren US-Investmentbanken ... wahre Heilige.«[1]

Der Erfolg der ausländischen Finanzunternehmen mit ihren fragwürdigen Manipulationen ist aber auch auf spezifische Eigenheiten der japanischen Wirtschaft zurückzuführen und kann nur vor dem Hintergrund eines rückständigen japanischen Finanzmarktes, verbunden mit einem höchst effizienten und ertragreichen Produktionssektor erklärt werden.

Andererseits: Was in Japan geschah, ist keine Ausnahme, sondern bloß in seinen Dimensionen außergewöhnlich. In anderen Ländern Asiens und in Lateinamerika werden ähnliche Derivatprodukte zur Manipulation bzw. kosmetischen Aufbereitung von Bilanzen verkauft.[2] Zur Globalisierung gehört auch das gewinnorientierte Ausnutzen regulatorischer und/oder kultureller Unterschiede. Das tonangebende amerikanische Finanzsystem setzt hier seine Definitionsmacht und seine Standards durch, ungeachtet möglicher negativer Folgen für eine Gesellschaft.

Japans Wirtschaftswunder

Noch in den achtziger und den beginnenden neunziger Jahren des 20. Jahrhunderts galt Japan als der zukunftsträchtigste und potenteste Markt überhaupt, obwohl sich ab Mitte der achtziger Jahre in Japan eine »bubble economy« entwickelte. Auf dem Höhepunkt dieser Entwicklung, gegen Ende der achtziger Jahre, entsprach die Kapitalisierung, das heißt der Börsenwert der japanischen Unternehmen, rund 40 Prozent der globalen Börsenkapitalisierung. 1980 waren es erst 15 Prozent gewesen. Sieben der zehn größten Banken weltweit waren damals in japanischen Händen.

Ein weiteres Kennzeichen der japanischen »bubble economy« waren enorme Exportüberschüsse. Diese veranlassten 1985 die Amerikaner zu der Forderung, den Yen aufzuwerten. Konsequenz der Exportüberschüsse war außerdem, dass Japan zu einem der weltweit größten Kreditgeber wurde, ein Umstand, der die Japaner auch zu den ersten großen Devisenspekulanten machte.

Zu Beginn der neunziger Jahre stieg der Wert des Yen gegenüber dem Dollar binnen Jahresfrist um 60 Prozent. Rund 37 Prozent der amerikanischen Staatsschuld in Form von Anleihen waren in den Händen von Japanern, die durch die Aufwertung einen – damals allerdings leicht zu verschmerzenden – Verlust an Wettbewerbsfähigkeit auf den Weltgütermärkten erlitten.[3] Insgesamt war Japan gegen Ende der neunziger Jahre mit Nettoforderungen in Höhe von rund 1.000 Milliarden US-Dollar der größte Gläubiger der Welt.

Im Schatten der Derivate

Die Japaner investierten jedoch nicht nur in amerikanische Staatsanleihen. Sie kauften zum Teil relativ wahllos Prestigeobjekte zu Fantasiepreisen ein. Während des großen Konjunkturbooms gehörten beispielsweise rund 46 Prozent aller Geschäftsliegenschaften in Los Angeles japanischen Gesellschaften. In Manhattan, dem Finanzdistrikt New Yorks, kaufte eine japanische Immobilienverwaltung das Exxon-Hochhaus für 610 Millionen US-Dollar. Die Japaner hätten das Haus für 375 Millionen Dollar haben können, aber nach dem Willen des Präsidenten der japanischen Immobiliengesellschaft zahlten sie für das Gebäude 610 Millionen Dollar, um einen Eintrag ins Guinness-Buch der Rekorde zu erreichen.

Parallel zu den Investitionen im Ausland stiegen auch als Folge besonderer Steuervorschriften – vererbter oder mit Hypotheken belasteter Bodenbesitz wird geringer oder gar nicht besteuert – und eines Überangebots anlagesuchenden Kapitals sowie der damit verbundenen, traditionell niedrigen Zinssätze die Grundstückspreise in Tokio ins Gigantische.

Die Blase platzt

Doch mit dem Platzen der Blase fielen die Bodenpreise binnen Jahresfrist um rund 70 Prozent, was Mitte der neunziger Jahre unter anderem den Zusammenbruch verschiedener auf die Finanzierung von Bauten spezialisierter Sparkassen (»Jusen«) zur Folge hatte. Gleichzeitig fiel der japanische Aktienindex Nikkei, der Ende 1989 auf dem Höhepunkt der Entwicklung fast 40.000 Punkte erreicht hatte, in einem ähnlichen Umfang wie die Bodenpreise.

Allerdings vollzog sich der Niedergang des Aktienmarkts über eine längere Zeitspanne. Im Frühherbst des Jahres 2001 bewegte sich der Nikkei wieder in der Nähe der Marke von 10.000 Punkten. Insgesamt soll der Wert der Aktiva der japanischen Unternehmen außerhalb des Bankensektors in der Zeit von 1990 bis 1996 um 334.000 Milliarden Yen – was rund 2.775 Milliarden Dollar entspricht – abgenommen haben. Die Finanzunternehmen wiederum verzeichneten einen Kapitalverlust von 181.000 Milliarden Yen.[4]

Der Verfall der Bodenpreise und der Aktienkurse hatte allgemein die Profite zusammenbrechen lassen und die Reserven der Banken ausgehöhlt. Es kam zu der so genannten »Schuldenkrise« der Finanzunternehmen. Im Jahre 2001 schleppten die japanischen Banken um die 150 Trillionen Yen (dies entspricht rund 1.300 Milliarden US-Dollar) an Krediten mit sich, die zu einem guten Teil nie zurückgezahlt werden dürften. Und die Zahl der problematischen Kredite wächst laufend.

Von Zeit zu Zeit versucht nun die japanische Regierung, mit Finanzspritzen in der Höhe von Hunderten von Milliarden US-Dollar die bestehenden Strukturen in Fluss zu bringen und letztlich zu bereinigen. Westliche Investmenthäuser aber lieferten mit ihren Derivatkonstruktionen über Jahre hinweg die Instrumente, um diese Schwachstellen in den Bilanzen zu übertünchen.

Der japanische Leistungsstaat

Die Voraussetzungen für den Erfolg des vorgetäuschten Schuldenmanagements der westlichen Investmentgesellschaften lagen in den japanischen Gesellschaftsstrukturen: Die Gesellschaft war geprägt durch den »Klassenkampf von oben«, verbunden mit einer starken »staatlichen Klasse«. Die Arbeiterbewegung wurde weitgehend unterdrückt und in korporatistische, betriebsgewerkschaftliche Strukturen eingebunden.

Den europäischen »Sozialstaat« ersetzte in Japan ein feudal geprägter »Leistungsstaat«, der von Kapitalinteressen bzw. einer staatlichen Finanzbürokratie dominiert wurde, die wiederum personell stark mit den Großkonzernen verbunden war. Mittel- und Kleinunternehmen dienten den großen Konzernen als Zulieferer und wurden von ihnen weitgehend beherrscht.

Der wirtschaftliche Aufschwung Japans und die Globalisierung bewirkten keinen Wandel hin zu einer flexiblen, mobilen Dienstleistungsgesellschaft, sondern die bestehende, stark hierarchische und beziehungsorientierte japanische Gesellschaftsstruktur blieb erhalten. Auch die Unternehmensphilosophie der japanischen Führungskräfte war noch immer von der industriellen Produktion geprägt. Der Mangel an dienstleistungsorientierten Denk- und Verhaltensstrukturen hatte zentrale Auswirkungen auf die japanische Finanzindustrie, die sich in der Folge den veränderten Bedingungen nicht anzupassen vermochte.

Die Japaner waren so weder fähig noch bereit, sich das Wissen über die modernen Finanzinstrumente umfassend anzueignen und einzusetzen. Denn das Ziel der japanischen Leistungsgesellschaft war gemäß ihrer feudalen Struktur ein starkes Wachstum des Exports und nicht die innere ökonomische Entwicklung, die die bestehenden Hierarchien aufgeweicht hätte.

Demokratische Verteilungskämpfe wurden weitgehend unterbunden, einen effizienten politischen Wettbewerb um die Verwaltung der Macht gab es praktisch nicht. Obwohl etwa der Yen gegenüber dem Dollar zeitweise stark stieg und so die Importgüter günstig eingekauft werden konnten, wurden diese Vorteile kaum an die Konsumenten weitergegeben. Der Gewinn verblieb vor allem im Zwischenhandel, entsprechend den starren Macht- und Verteilungshierarchien.

Das gottgleiche Finanzministerium

Bei der Gestaltung der wirtschaftlichen Rahmenbedingungen ist das japanische Finanzministerium federführend. Es ist als Kontroll- und Machtinstrument wichtiger als vergleichbare Ressorts in anderen Ländern und auch fähig, eine ihm nicht genehme Politik zu verhindern. Anlässlich seines Rücktritts als Premierminister im Jahre 1994 meinte der reformfreudige und populäre Morihiro Hosokawa: »Ich versuchte, die Macht des Finanzministeriums zu manipulieren, aber am Ende war es das Ministerium, das mich manipulierte.«

Zur Charakterisierung der Philosophie des Finanzministeriums erwähnt einer seiner Chronisten, der Australier Peter Hartcher, die »Legende« der Entstehung des japanischen Finanzministeriums, wie sie den neu Eintretenden jeweils verkündet wird. Der alte Kaiserhof bestand früher aus drei Komponenten: einem inneren Schrein für die Götter, einem äußeren Schrein für den Mensch gewordenen Gott, den Kaiser also, und dem Schatzamt, dem »Okura«. So ist das Finanzministerium gemäß der Tradition in der Hierarchie direkt nach den Göttern des Himmels und der Erde angesiedelt.[5] Während die Politiker in den Augen der staatlichen Bürokratie bloß den Interessen bestimmter Lobby-Gruppen verpflichtet sind, dienen die Finanzbürokraten dem nationalen Interesse.

Finanzministerium und Kapitalinteressen stehen sich nahe. Aufgrund der sich ändernden wirtschaftlichen Schwerpunkte verlagerte sich auch das Beziehungsgeflecht tendenziell vom Produktionssektor hin zum Finanzsektor. Das Finanzministerium ist heute durch persönliche Beziehungen, das so genannte »Amakudri«-System, mit der Finanzwirtschaft verknüpft. »Amakudri« bedeutet »vom Himmel herabgestiegen« und meint die Besetzung führender Positionen in der Privatwirtschaft mit ehemaligen Mitarbeitern des Finanzministeriums sowie der Zentralbank.

Um 1995 war beispielsweise rund ein Viertel der Spitzenpositionen aller privaten Finanzinstitute in den Händen von ehemaligen Mitarbeitern des Finanzministeriums. Dass die Beamten des Finanzministeriums so einfach nachgezogen wurden, hat offenbar wenig mit ihren unternehmerischen Fähigkeiten zu tun ... So wurden in einer Untersuchung die führenden Bankinstitute in vier Kategorien eingeteilt: in Institute, die nur ehemalige Mitarbeiter des Finanzministeriums anstellten, solche, die ehemalige Zentralbankangestellte in Führungspositionen hatten, solche, die ihre Führungspositionen vorwiegend mit ehemaligen Angestellten des Finanzministeriums und der Zentralbank besetzten, und schließlich solche, die ihre Führungsfunktionen mit Leuten weder aus dem Ministerium noch aus der Zentralbank besetzten. Die Untersuchung ergab, dass unabhängige Bankinstitute im Schnitt 4,6 Prozent profitabler waren als Institute, die von ehemaligen Angestellten der Zentralbank geführt wurden, und 7,4 Prozent profitabler als Unternehmen, die von ehemaligen Angestellten des Finanzministeriums geleitet wurden.

Das Management der japanischen Banken musste sich auch nicht um besonders hohe Gewinne bemühen. Die Finanzinstitute insgesamt waren Teil eines so genannten »Konvois«, bei dem den Instituten von der Staatsbürokratie die Gewinnspanne vorgegeben wurde. Geriet ein Institut in Gefahr, illiquid zu werden, konnte es mit staatlicher Unterstützung und der Hilfe anderer Unternehmen rechnen, die zum gleichen Firmenverbund gehörten. Denn das japanische Wirtschaftssystem baute in all seinen Verästelungen stark auf Beziehungsnetzen auf.

Nach einem von Iwao Taka von der Wharton Business School im Internet veröffentlichten Artikel ist das Verhalten der japanischen Gesellschaft weitgehend von einer Struktur von »konzentrischen Kreisen« geprägt. Innerhalb dieser konzentrischen Kreise – die vom Individuum ausgehen und über Familie, Freunde und Unternehmen bis zur Nation reichen können – besteht langfristig eine starke Abhängigkeit, die auf gegenseitigem Geben und Nehmen aufbaut.

Ein Unternehmen hat so eine quasifamiliäre Funktion, die die Zulieferer und die angeschlossenen Banken umschließt. Verschiedene Unternehmen bilden gemeinsam einen »Keiretsu«, innerhalb dessen vertiefte Austauschbeziehungen und Abhängigkeiten bestehen.

Im Schatten der Derivate

Da es sich um längerfristige Vereinbarungen bezüglich Geben und Nehmen handelt, sind diese Konglomerate inflexibel und reagieren vorwiegend auf Anreize, die den Zusammenhalt fördern. Das hat auch einen Einfluss auf das Verhalten der zu den konzentrischen Kreisen gehörenden »Familienmitgliedern«. Um respektiert zu werden, müssen Dinge getan werden, die im Rahmen des traditionellen Kodex als akzeptabel gelten. Die innere Struktur der Unternehmen ist nicht auf die flexible Bewältigung von Anforderungen und Konflikten ausgerichtet, die von außen an das System herangetragen werden, sondern auf die Wahrung der Harmonie.

Damit befinden sich die japanischen Unternehmen in einer konträren Position zu den Denkstrukturen und Verhaltensweisen der modernen, US-amerikanisch geprägten Finanzunternehmen. Denn die US-amerikanischen (Derivat-)Spekulationen sind auf das unpersönliche und gewinnorientierte Ausnutzen kleinster Differenzen und Ungleichgewichte ausgerichtet.

Entsprechend dem japanischen harmonieorientierten Selbstverständnis wird das Verhalten jedes Gruppenmitglieds als repräsentativ für das Verhalten der Gruppe an sich angesehen. Werden Mitglieder oder Unternehmen in der Welt außerhalb des engen inneren Kreises beschuldigt, etwas Unehrenhaftes unternommen zu haben, fällt der Schaden sowohl auf die Person als auch auf den zugehörigen Personenverbund. Daher halten sich die Mitglieder einer Gruppe meistens an die ungeschriebenen Gesetze eines Ehrenkodex und versuchen, Abweichungen zu unterdrücken oder zu verheimlichen. Falls aber Fehler an die Öffentlichkeit gelangen, entschuldigt sich der für die »Außenbeziehungen« Letztverantwortliche – meistens der Präsident – beschämt für seine »Beschmutzung« des Namens des Unternehmens und vollzieht die entsprechenden symbolischen Handlungen der Buße, die bis zum Selbstmord reichen können.[6]

Die Aktionäre werden zum Schweigen gebracht

Nicht eingebunden in diese Unternehmensstrukturen waren beispielsweise die Aktionäre. Sie bedeuteten für die Unternehmensleitung eine ständige Gefahr, konnten sie doch in Generalversammlungen unangenehme Fragen an das Management richten. Um die Möglichkeit kritischer Fragen von vornherein auszuschließen und die Harmonie aufrechtzuerhalten, wurden von verschiedensten

Unternehmen einzelne Gangs der japanischen Mafia (»Yakuza«) angestellt. Ihr Auftrag war, kritische Aktionäre gegebenenfalls mit Drohungen und Radau in den Generalversammlungen zu übertönen oder zum Schweigen zu bringen (»Sokaiya«), und im Gegenzug dazu wurden sie großzügig honoriert.

Die Yakuza verwalten als relativ straff organisierte traditionelle Gruppen mit insgesamt knapp 90.000 Mitgliedern die Unterwelt Japans mit ihren höchst einträglichen Glücksspielen (»Pachinkos«) sowie der lukrativen Prostitution. Die Yakuza waren auch maßgeblich an der Bodenpreisspekulation beteiligt.[7] Sie halfen kräftig mit, die Bodenpreise hochzutreiben, und beschleunigten anschließend ihren Fall durch manipulative und erpresserische Praktiken, indem sie im großen Stil Häuser besetzten oder Eigentümer vertrieben.[8]

Indem die Yakuza sie zum Schweigen zwangen, wurden die Aktionäre, die in den demokratischen, marktwirtschaftlichen Gesellschaften neben den Medien eine wichtige Funktion als Kontrollorgan und Korrektiv des Managements eines Unternehmens innehaben, entmachtet. Wenn es für die japanischen Unternehmen darum ging, das Gesicht zu wahren, bildeten die Mafia-Banden somit das organisatorische Gegenstück der internationalen Finanzhäuser.

Während die Yakuza die Aktionäre ausschalteten, halfen die ausländischen Finanzhäuser den japanischen Unternehmen, mit Bilanzkosmetik über Derivatkonstruktionen den Schein eines ordentlichen Geschäftsganges aufrechtzuerhalten. Dies, obwohl verschiedene Unternehmen technisch gesehen bankrott waren.

So ergänzten sich die Interessen der Yakuza und der internationalen Finanzhäuser – und beide verdienten gut. Wenn auch direkte Kontakte zwischen Yakuza und den internationalen Finanzhäusern nicht nachgewiesen werden können, so konnten sowohl die Yakuza als auch die internationalen Finanzhäuser ihre Geschäfte nur in indirekter gegenseitiger Abhängigkeit betreiben.

Das Zusammenspiel zwischen Finanzmärkten und organisierter Kriminalität gestaltete sich in Japan inniger als anderswo. Doch ist es Teil eines grundsätzlichen Trends. Nach dem amerikanischen Wirtschaftsmagazin *Business Week* »... wird das organisierte Verbrechen weiterhin der stille Partner der Finanzmärkte sein«.[9]

Hin und wieder kehrten die Yakuza den Spieß auch um: So erpressten sie die Unternehmer mit dem Hinweis, Radau in Versammlungen zu machen, falls sie nicht eine bestimmte Summe Geld ausbezahlt erhielten. Führende Mitglieder von japanischen Finanzunternehmen mussten zurücktreten, weil ihnen Kontakte zur Yakuza nachgewiesen werden konnten, so zum Beispiel der Dai-Ichi Kangyo Bank, der Broker Yamaichi und Nomura etc. Im Sommer 1997 erhängte sich der frühere Vorsitzende der Dai-Ichi Kangyo Bank, der 67-jährige Kuniji Miyazaki, weil in der japanischen Presse illegale Zahlungen seines Unternehmens für »Sokaiya« bekannt gemacht wurden.[10]

Das indirekte Zusammenspiel von Yakuza und internationalen Finanzhäusern kommt nicht von ungefähr. Mit der sich durchsetzenden Marktwirtschaft gehörten die zumindest teilweise außerhalb der gesellschaftlichen Normen sich bewegenden Yakuza-Banden zu den ersten Organisationen, die sich als Nischenplayer dynamisch dem Markt anpassten und bestehende Gewinnmöglichkeiten extensiv ausnutzten.

Aufgrund ihrer Gewinnorientierung begaben sich die Yakuza in Konkurrenz zu Organisationen, die bereits über bestimmte Monopole verfügten, das heißt, sie drängten dort, wo es ihren Interessen entsprach, auf einen wie auch immer gearteten Wettbewerb, vor allem in dem traditionellen Sektor ihrer Tätigkeit, der Bauwirtschaft.

Der Kampf gegen die Liberalisierung konnte daher auch als Kampf gegen die mafiösen Banden verstanden werden. So etwa verhinderten Transportorganisationen die Deregulierung der Hafenbenutzung, weil sonst die Yakuza »grünes Licht« bekämen und sich ausbreiten könnten.[11] Die Deregulierung im Finanzsektor bedeutete eine ähnliche Entwicklung. Oder wie es der Japan-Korrespondent von *Le Monde*, Philippe Pons, ausdrückt: »Mit der Generationenerneuerung sind die japanischen Gangster Geschäftsleute geworden und haben sich seit Beginn der neunziger Jahre auf ›intelligentere‹ Verbrechen und ökonomischen Parasitismus verlegt...«[12]

Nach dem Analysten Koyp Ozeki hat »... die spekulative Blase die Mauern zwischen der formellen und der informellen Ökonomie zerstört«.[13] Im derivatgestützten globalen Kasinokapitalismus verschwinden die Grenzen zwischen legal und illegal.

Yakuza: Ursache der Rezession?

Es ist aber umstritten, welche Bedeutung der Yakuza in dem Prozess der Zerstörung der japanischen Spekulationsblase zukommt. Guilhelm Fabre, der mit finanzieller Unterstützung der Unesco ein Buch mit dem Titel *Das Wachstum der Kriminalität* schrieb, wählt für sein Kapitel über Japan gar den Titel »Japan: Die Yakuza-Rezession«.[14] Es stellt sich die Frage, ob ein Erklärungsmuster einer wirtschaftlichen Problemlage, das auf die Bezeichnung »Gangsterbanden« zurückgreift, überhaupt eine Aussagekraft besitzt oder ob es nicht vielmehr bloß ein allzu vereinfachendes Behelfsmittel darstellt, um eine komplexe Situation zu beschreiben. Denn an der »Gangster-Rezession« haben die ausländischen Derivatkonstrukteure einen mindestens ebenso großen Anteil wie die Yakuza-Banden.

Die Situation im japanischen Finanzsektor war sehr komplex und von traditionellen Strukturen geprägt, was den Derivatkonstrukteuren ihre Arbeit erleichterte. Das Beziehungssystem mit seinem Klientelismus und seinen gegenseitigen Abhängigkeiten, mit seinen Möglichkeiten, Politiker zu schmieren, sowie das Vertrauen in die staatliche Bürokratie sind wichtige Faktoren zur Erklärung des Verhaltens der japanischen Unternehmen: Sich zu verschulden, das war in den Augen der japanischen Unternehmen und Behörden bestenfalls ein kurzfristiges Problem, galt es doch vor allem, Zeit bis zur Konsolidierung zu gewinnen. Sie gingen von einer zwar nicht immer gleichmäßig fortschreitenden, aber grundsätzlich prosperierenden Wirtschaft aus und dachten, zumindest langfristig würde jegliche Schuld aufgehoben.

Im Falle ernsthafter Schwierigkeiten vertrauten die Unternehmen auf die Eingriffe der staatlichen Finanzbürokratie, die Kapital praktisch zum Nulltarif, das heißt zu äußerst niedrigen Zinssätzen, zur Verfügung stellte. Falls aber die Börsenkurse doch fielen und damit ein Teil der Aktiva der Unternehmen von Entwertung bedroht war, betrieb das Finanzministerium traditionellerweise aktive Kurspflege und forderte die Finanzinstitute auf, diesen oder jenen Titel zu kaufen. Oder es wurden staatliche Fonds errichtet, um das Absacken der Kurse zu verhindern. So schuf etwa das Finanzministerium im Sommer 2001 auf Drängen der Politiker einen staatlich gedeckten Fonds (»Bank Equity Purchasing Corp.«), der die Aktien aufkaufen sollte, die die Geschäftsbanken im Rahmen der traditionellen Kreuzbeteiligungen hielten und die zur Entflechtung der Finanzindustrie im Rahmen der allgemeinen Schuldensanierung abgestoßen werden sollten.

Im Schatten der Derivate

Der freie Markt hält Einzug

Doch durch die Globalisierung und die mit ihr verbundene Durchsetzung marktkonformer Verhältnisse kam es zu Kontrollverlusten. Traditionelle langfristige Beziehungen und Austauschverbindungen wurden unter dem Marktdruck zunehmend gekappt. Das Konvoi-System brach in einem langwierigen Prozess allmählich auseinander, große Finanzhäuser mussten Konkurs anmelden und wurden nicht mehr vom staatlichen und/oder privaten Beziehungsnetz aufgefangen. Was bisher als selbstverständlich angesehen oder stillschweigend geduldet worden war, entpuppte sich nun unter den Gesetzen des Marktes als kriminelle Handlung.

Dazu ein Beispiel: Ganz im Zeichen der Gegenseitigkeit kassierten die japanischen Broker für ihre Dienste nicht marktgerechte, erhöhte Kommissionen. Dafür gaben sie ihren Kunden die Zusicherung, sie würden allfällige Kursverluste beim Erwerb bestimmter spekulativer Wertpapiere rückvergüten. Diese Abmachungen wurden häufig im Rahmen von nicht steuerpflichtigen Trust-Konten (»Eigyo tokkin« oder »Kingai«) getroffen. Tokkin-Konten erlaubten es den Unternehmen oder Pensionskassen, eine Kapitalreserve bei einer Trust-Bank zu deponieren, wobei die Länge des Kontrakts sowie die Anlageform des Kapitals vereinbart wurden. Bei Kingai-Konten wurde der Verwendungszweck nicht genauer beschrieben.

Nach dem Schwarzen Montag, dem 19. Oktober 1987, stiegen die Spekulationsverluste. Bis zum Oktober 1991 sollen 21 Broker mehr als 1,5 Milliarden US-Dollar an Kompensationszahlungen überwiesen haben. Dem Broker Yamaichi allein wurden von dem japanischen Finanzministerium 26 Kunden nachgewiesen, zu denen solch »graue Geschäftsbeziehungen« bestanden.[15]

Die japanischen Broker, die, wenn überhaupt, nur über ein rudimentäres Risikomanagement verfügten, gerieten in Zahlungsschwierigkeiten. Es kam zu juristischen Streitigkeiten darüber, ob die vereinbarten Kompensationszahlungen durch die Broker überhaupt entrichtet werden müssen. Das Finanzministerium installierte nun vermehrt marktwirtschaftlich orientierte Regeln und ging dazu über, entsprechende Kompensationszahlungen durch das Gesetz, wie das revidierte »Securities and Exchange Law«, zu verbieten.

Kriminell sind die anderen

Nach westlichem Verständnis waren die Abmachungen zwischen den Brokern und ihren Kunden, die den Ausgleich allfälliger Spekulationsverluste vorsahen, illegal. Denn Kompensationszahlungen auf der Basis gegenseitigen Vertrauens widersprechen den Marktgesetzen. Aus Partnoys Sicht ist dieses Verhalten »in absurdem Ausmaß korrupt«.[16]

Stein des Anstoßes sind die auf gegenseitigen Beistand ausgerichteten Vereinbarungen zwischen Unternehmen und Brokern. Die dem US-amerikanisch geprägten Finanzsystem angepasste Lösung zur Absicherung von Spekulationen wäre das Schreiben von Put-Optionen gewesen. Bei Put-Optionen hätte das spekulierende Unternehmen dem Broker eine Prämie zahlen müssen, dafür aber die Möglichkeit erhalten, die betreffenden Wertpapiere zu einem bei Vertragsschluss vereinbarten Preis an den Broker zurückzugeben.

Im Endeffekt besteht zwischen dem japanischen und dem US-amerikanisch geprägten System der Risikoabsicherung kein großer Unterschied, bloß, dass das amerikanische System marktorientiert ausgerichtet ist, während sich das japanische an informellen Beziehungsnetzen und überlieferten Verhaltensweisen orientiert. Das hegemoniale amerikanische Finanzsystem setzte hier seine Definitionsmacht durch, und was nicht seinen Normen entspricht, gilt als »kriminell«.

Derivate aber wurden von den der Spekulation abgeneigten japanischen Aufsichtsbehörden nicht gern gesehen, nicht zuletzt deshalb, weil sie dadurch befürchteten, die Kontrolle über den Aktienmarkt zu verlieren.[17] Bezeichnenderweise waren etwa Aktien-Swaps lange Zeit verboten. Noch 1999 wurden bloß 3 Prozent aller weltweit gehandelten und mit Sicherheiten wie etwa Anleihen unterlegten OTC-Kontrakte durch japanische Händler abgewickelt, obwohl doch Japan gemessen am Bruttosozialprodukt zu den führenden Nationen der Welt gehört.[18]

Verluste fliegen weg

Anlässlich der Untersuchungen zu den Tokkin-Konten stießen die japanischen Behörden Anfang der neunziger Jahre erstmals »offiziell« auf eine Blüte des so genannten »Tobashi«-Systems. »Tobashi« bedeutet »wegfliegen« und bezieht sich auf das Wegfliegen von Verlusten aus der Buchhaltung.

Tobashi-Transaktionen sind reine Finanzkosmetik, die zur Irreführung der Aktionäre, aber auch der Beamten des Finanzministeriums und der Revisoren diente. Ob das Finanzministerium von diesen Konstrukten wusste, aber nicht genau hinschaute, ist umstritten. Bei den primitiveren Tricks müssen jedenfalls beide Augen geschlossen werden, um sie nicht zu erkennen. Bei Tobashi-Transaktionen wird mit buchhalterischen Kunstgriffen entweder der Verlust auf eine Tochtergesellschaft ausgebucht oder am Bilanzstichtag auf eine andere Gesellschaft, deren Bilanzstichtag früher oder später anfällt, umgebucht.

Eine der primitiveren Varianten des Tobashi-Systems funktioniert wie folgt: Ein Broker bewegt ein Unternehmen X dazu, ein Aktienpaket des Unternehmens Y im Wert von 10 Millionen Yen zu kaufen. Implizit wird dabei versprochen, dass das Unternehmen keinen Verlust erleiden wird. Als Folge des Börseneinbruchs fallen nun die fraglichen Aktien auf 9 Millionen Yen. Das Brokerhaus hält sein Versprechen und kauft den Bestand für 10 Millionen Yen zurück, bevor das Unternehmen X den Jahresabschluss macht. Durch diese Manipulation hat der Kunde keinen Verlust erlitten.

Der Broker sucht nun einen anderen Käufer und findet ihn in dem Unternehmen Y, dem er die Aktien für 11 Millionen Yen verkauft mit dem Versprechen, sie vor dem Jahresabschluss des Unternehmens Y im März zu einem höheren Preis zurückzukaufen. Das wirkt sich günstig für den Jahresabschluss aus.

Dieses System kann nun so lange weiter fortgesetzt werden, bis der Broker keinen Käufer mehr findet. Steigen die Börsenkurse, funktioniert das System bestens, fallen sie hingegen über längere Zeit, wird es für den Broker immer schwieriger, sein Versprechen einzuhalten. Im Grundsatz handelt es sich um ein Pyramiden- oder Schneeballsystem, das unter der Voraussetzung des Vertrauens und des stetigen Wachstums funktioniert. Das Risiko – vorausgesetzt, die vertraglichen Bindungen werden eingehalten – liegt in diesem Fall beim Broker.

1991 musste beispielsweise der Präsident der Daiwa Securities, Japans zweitgrößter Broker, zurücktreten, weil das Unternehmen in ein Tobashi mit einem Einzelhändler, dem Tokyu-Kaufhaus, verwickelt war und gegenüber dem Tokyu-Kaufhaus eine Wiedergutmachungszahlung in der Höhe von rund 630 Millionen Dollar entrichtete. Daiwa hatte Tokyu unter anderem Aktien zum

Preis von etwas mehr als 680 Millionen Dollar verkauft, die in Wirklichkeit einen Marktwert von nur etwas mehr als 220 Millionen hatten. Daiwa war in dieser Zeit in mehr als zehn ähnliche Fälle verwickelt.[19]

Das Tokyu-Kaufhaus eignete sich als Gegenpartei vortrefflich für Bilanzmanipulationen, da der Bilanzstichtag hier per Ende Januar anfiel und nicht per Ende März, wie sonst üblich in Japan. Tokyu nahm beispielsweise auch bei Banken Darlehen auf und leitete das aufgenommene Kapital direkt an einen Broker wie etwa Yamaichi weiter, der es gegen einen garantierten Profit von 10 Prozent anlegte.

Als die Blase platzte, die Aktienwerte in den Keller fielen und die japanische Regierung den Banken und Spekulanten nicht im üblichen Ausmass unter die Arme greifen konnte, kam das ganze System ins Rutschen. Das traditionelle gegenseitige Hilfs- und Vertrauensverhältnis unter den japanischen Unternehmen funktionierte nicht mehr durchgehend.

Der Broker Yamaichi etwa geriet erstmals in große Schwierigkeiten, als das Warenhaus Tokyu seine Zusammenarbeit bei den Bilanzmanipulationen aufkündigte, und musste sich in der Folge neu orientieren. Yamaichi fand eine Lösung. Denn nun kam die Verschiebung der falsch bewerteten Titel in Tokkin-Konten oder zu ausländischen Gesellschaften ins Spiel.

1991 gründete Yamaichi eine spezielle Gesellschaft mit dem Namen Yamaichi Enterprise, die ein Konto bei der Credit Suisse Trust Bank eröffnete. Yamaichi platzierte hier eine 200 Milliarden schwere japanische Regierungsanleihe in Yen und benutzte diese fiktive Gesellschaft, um Gewinne für Kunden zu generieren und Verluste zu verdecken. Dazu eröffnete Yamaichi Enterprise fünf weitere Schattengesellschaften zwecks Manipulation von Gewinnen und Verlusten. Daneben lagerte Yamaichi Verluste auf eine eigene, in Australien domizilierte Gesellschaft oder in Briefkastenfirmen aus.[20] Ab 1998 wurde dieses sogenannte »Parken« von Wertpapieren in andere, beispielsweise ausländische Gesellschaften zur Auslagerung von Verlusten verboten.

Im Schatten der Derivate

Dankbare Kunden

Mit dem sich abzeichnenden Verbot der Auslagerung von Verlusten schlug in Japan die Stunde der Derivatkonstrukteure. Denn parallel zu diesen Auslagerungen sollen amerikanische Derivatspezialisten wie Morgan Stanley oder Bankers Trust Anfragen aus Tokio für Tobashi-Konstruktionen erhalten haben. Wer allerdings wen zu den derivatgestützten Tobashi-Konstruktionen getrieben hat, ist unklar. So meint der Manager einer großen japanischen Bank: »Jeden Tag kommen westliche Banker zu uns und sagen: ›Wir haben diese Derivate, die Ihnen helfen können, Verluste zu verheimlichen, brauchen Sie welche?‹«[21] Nach dem für die ausländischen Investmenthäuser zuständigen Direktor der japanischen Überwachungsbehörde Financial Supervisory Agency, Kiyotaka Sasaki, haben die japanischen Unternehmen ausländische Partner zum Abschluss dieser Verträge ausgewählt, weil die ausländischen Investmenthäuser kompetenter seien und weil sie nicht wollten, dass diese Transaktionen japanischen Konkurrenten sowie der Überwachung bekannt würden.[22]

Ab etwa 1996/97 begannen sich die Probleme der japanischen Banken zuzuspitzen. Einerseits erwiesen sich mehr und mehr ausstehende Kredite als kritisch und andererseits wurde das von den internationalen Behörden wie der Bank für Internationalen Zahlungsausgleich vorgeschriebene Eigenkapital (BIZ-Ratio) knapp. Nun schlug die Stunde für den Star und aggressivsten Verkäufer unter den Anbietern von »Derivat-tobashi«: die Credit Suisse Financial Products.

Nachdem die CSFP in Russland Verluste erlitten hatte, hielt sie nach neuen Geschäftsfeldern Ausschau. Als Tochter der angesehenen Credit-Suisse-Gruppe erhielt sie schnell die erste Lizenz für den Derivathandel in Japan und konnte daher im April 1997 eine Niederlassung in Tokio eröffnen.

Dank des aggressiven Marketings der Credit Suisse Financial Products konnte die Credit-Suisse-Gruppe schon in deren zweitem Geschäftsjahr 1998 den in Japan erzielten Gewinn von 85 Millionen Dollar auf rund 115 Millionen Dollar hoch schrauben. Nach der japanischen Zeitung *Yomiuri Shimbun* ist der Anstieg des Reingewinns vorwiegend auf den Verkauf von »dubiosen« – so die Zeitung – Derivatprodukten zurückzuführen.[23] Die CS-Gruppe erreichte nach der amerikanischen Citibank 1998 den zweitgrößten Reingewinn unter allen ausländischen Banken in Japan.

Diese Angaben zu den Reingewinnen stimmen vermutlich nur bedingt, da der Reingewinn häufig an die Standorte verschoben und dort versteuert wird, wo die günstigsten Steuerbedingungen herrschen. Und manchmal »vergessen« die Unternehmen, den Behörden auf Anhieb den ganzen Profit zu melden. So musste beispielsweise die Credit Suisse Trust Bank in Tokio 1998 Extrasteuern in Höhe von 1,2 Milliarden Yen für die vorausgegangenen drei Jahre bezahlen, da Einkünfte verschwiegen worden waren.[24] Die Deutsche Bank und die Chase Manhattan Bank übrigens waren bezüglich Reingewinn Nummer drei und vier.[25]

Aber die Credit Suisse hatte gegenüber anderen ausländischen Banken noch weitere Vorteile aufzuweisen: Als eine von sieben ausländischen Banken war sie eines der wenigen Institute, das auch die verschwiegenen Trust-Konten anbieten durfte, was für Tobashi-Deals vorteilhaft war. Und neuerdings konnte sie ihr Angebot dank der japanischen CSFP-Tätigkeit noch um die Derivatpalette vergrößern.

Sogar mit Hilfe von Broschüren bot die Credit Suisse ihre Dienste beim Vertuschen von Verlusten an. In einem der Dokumente mit dem Titel »Restrukturierung eines Investment Fund Portfolios« wird die Ausgangslage für ein mögliches Angebot der Credit Suisse Financial Products beschrieben: »Kunden Ihrer Bank verfügen über einen Trust-Fund in Höhe von 50 Millionen US-Dollar, und sie überlegen sich, wie diese Anlage liquide gemacht und weiterverwendet werden kann. 50 Millionen beträgt der Buchwert dieser Anlage, aber der Marktwert liegt in Wirklichkeit bei 35 Millionen. Ihr Ziel ist eine jährliche Dividende von 2 Prozent und die spätere Auszahlung des Buchwertes.«

Die Überlegungen hinter diesem Geschäft waren folgende: Die Titel mit einem Buchwert von 50 Millionen Dollar sollten im Austausch für einen sofort überwiesenen Betrag (Kassabetrag) von 35 Millionen Dollar verkauft werden. Um die Lücke von 15 Millionen Dollar zu decken, wurden spezielle Swapkontrakte mit anderen Unternehmen abgeschlossen, die die CS First Boston vermittelte. Dank diesen Swapkontrakten sollte das Unternehmen nach fünf Jahren 19 Millionen erhalten. Das in den Swapkontrakt involvierte Kapital erscheint aber nicht als Fehlbetrag in der Unternehmensrechnung, da es sich um Kontrakte handelte, die außerbilanziell verbucht werden. Das heißt, die 15 Millionen Verlust müssen während fünf Jahren nicht in der Bilanz erwähnt werden.

Im Schatten der Derivate

Ein anderes Modell der CS First Boston sah vor, dass die oben erwähnten 50 Millionen US-Dollar für die nächsten fünf Jahre bei ihr deponiert werden. »Sie sagten«, so ein japanischer Banker, »dass sie eine Rendite von 6,5 Prozent jährlich anstreben würden, und dazu käme noch eine Dividende von jährlich 2 Prozent. Wenn also der Kunde 50 Millionen deponiert, würde er 16,25 Millionen US-Dollar an Zinsen und 5 Millionen an Dividende, also insgesamt 21,5 Millionen erhalten. Davon müssten 19 Millionen nach fünf Jahren an den Kontraktpartner des Swaps zurückbezahlt werden und 2,25 Millionen blieben als zusätzlicher Profit. Aber«, so der betroffene japanische Banker, der auf die Offerte der CSFB-Vertreter einging und den vorgeschlagenen Swap akzeptierte, »das System funktionierte nicht, und wir hatten am Schluss mehr Schulden als zuvor«.[26]

Im Falle der Long-Term Credit Bank (LTCB), die schließlich von der Regierung übernommen werden musste, sollen die sich durch Tobashi-Transaktionen verheimlichten Schulden auf 6 Milliarden US-Dollar belaufen haben, während die Japan Credit Bank (JCB) nach den Angaben eines Vertreters der japanischen Finanzaufsicht rund 5 Milliarden Dollar unter den Tisch gewischt haben dürfte, wovon 3 Milliarden von der CS First Boston mit Hilfe von derivativen Konstruktionen versteckt wurden.[27]

In der Zeit vom September 1997 bis zum Sommer 1999 soll die CSFP nach Angaben der Financial Reconstruction Commission, einer japanischen Bankenbehörde, insgesamt 13 Geschäfte in Höhe von 481 Milliarden Yen (rund 4 Milliarden US-Dollar) gemacht haben, um Bilanzen »aufzubessern« (»window-dressing«), und 43 Transaktionen im Wert von insgesamt 64 Milliarden Yen (rund 550 Millionen US-Dollar) zum Verbergen von Finanzvermögensverlusten.[28]

Bei den meisten der Finanzunternehmen, die in den letzten Jahren Bankrott gegangen sind und bei denen unsaubere Buchführung als Folge von Bilanzkosmetik mit im Spiel war, war die CSFP mitbeteiligt. Der jüngste Bankrott, in den die CSFP verwickelt war und der schließlich 2.000 Arbeitsplätze kostete, war die Tokioter Versicherungsgesellschaft Dai-Ichi Mutual Fire and Marine Insurance Co., die unter anderem Bilanzfälschung betrieb, um Verluste aus spekulativen Auslandsobligationen in Höhe von 86 Millionen Yen zu verdecken. Im Jahresbericht von 1999 hatte der Versicherer noch einen Gewinn von 700 Millionen Yen nach Steuern ausgewiesen, wobei zusätzlich noch 390 Millionen Yen den Rückstellungen für zukünftige Dividendenzahlungen zugeführt wurden.[29] Einige Monate später musste das Unternehmen Konkurs anmelden.

Nominalwert und Endvermögenswert

Bei der derivatgestützten Variante der Bilanzkosmetik ist ein Produkt wesentlich, das sich aus zwei verschiedenen Bestandteilen zusammensetzt. Diese haben jeweils den genau gleichen Nennwert. Der Marktwert aber, das heißt der innere Wert der beiden Teile, muss verschieden sein. Dieser unterschiedliche Marktwert kann beispielsweise über zeitlich stark voneinander abweichende Fälligkeiten der Verpflichtungen erreicht werden.[30]

Grundlage der Manipulationen ist das Baukastenprinzip der Derivate, also die Möglichkeit, Transaktionen in beliebige Teile aufzuspalten. Das US-Schatzamt erlaubt es Investmentbanken etwa, bei Regierungsanleihen die Zinsverpflichtungen von den Kapitalverpflichtungen zu trennen und die beiden Teile gesondert zu handeln.

Wie funktioniert nun diese Aufteilung? Schuldverschreibungen bzw. Anleihen können in zwei Bestandteile aufgeteilt werden: einerseits in das aufgenommene Kapital, andererseits in die jedes Jahr fälligen Zinszahlungen. Nach der Trennung von Kapital und Zinsverpflichtung wird auf das Kapital keine jährliche Zinszahlung mehr entrichtet. Die Kapitalschuld wird zu einem so genannten »Zero-Bond« oder »Strip«. Dieser ist aber, da das Anrecht auf Verzinsung weggefallen ist, viel weniger wert als die ursprüngliche Anleihe.

Jetzt kommt die Unterscheidung zwischen Nominalwert und Endvermögenswert zum Zuge. So erhält etwa der Besitzer einer über 30 Jahre laufenden Anleihe mit einem Nennwert von 100 D-Mark bei einem Zinssatz von 5,5 Prozent und einer Zinszahlung pro Jahr insgesamt am Ende der Laufzeit 500 D-Mark. Oder anders gesagt: Werden heute 100 D-Mark angelegt und der Zinsertrag ständig dem Kapital zugeschlagen, dann sind diese 100 D-Mark am Ende, das heißt nach Ablauf von 30 Jahren, bei einem Zinsfuß von 5,5 Prozent rund 500 D-Mark wert. Man sagt auch, die Anleihe hat zu Beginn der Laufzeit einen Endvermögenswert in Höhe von 500 D-Mark. Davon entfallen 100 D-Mark auf die Kapitalverpflichtung und 400 D-Mark auf die Zinsverpflichtung.

Der springende Punkt ist nun die Verbuchung in den Bilanzen. Denn dafür wird nicht der Endvermögenswert erfasst, sondern der Betrag, der verbrieft ist und in 30 Jahren zur Auszahlung gelangt, also der Nenn- oder Nominalwert. Dieser aber macht in unserem Beispiel nur ein Fünftel des Endvermögenswertes aus.

Anders sieht die Rechnung für den Teil der Zinszahlungen aus: Die Zinszahlungen fallen jährlich an. Für sie spielt der Zinsfaktor kaum eine Rolle, Endvermögenswert und Nominalwert fallen praktisch zusammen. Nun kommt der Witz an der Konstruktion: Sowohl für die Rückzahlung des Kapitalbetrags als auch für die Zinsansprüche werden Titel gebildet, die den gleichen Nennwert aufweisen. So kann bei entsprechender Laufzeit mit entsprechendem Zinsfuß auf eine Wertschrift mit dem Nennwert von 100 Franken eine Zinszahlung von 1.000 Franken erfolgen. Der innere, wirkliche Wert dieses Anteils würde demnach 10-mal höher liegen als der in der Bilanz ausgewiesene Nennwert. Umgekehrt verhält es sich mit den Kapitalverpflichtungen: Diese sind aufgrund der erst in Jahren anfallenden Auszahlung heute viel weniger wert.

Geht es nun darum, eine Bilanz zu fälschen, so werden die beiden Komponenten in einen eigens dafür geschaffenen, verschwiegenen Trust eingebracht. Das Unternehmen, das seine Bilanzen fälschen will, kauft anschließend den Trust oder Anteile davon, wobei das Investmenthaus, das den Trust errichtet hat, die Verwaltungsvollmacht behält.

Im nächsten Schritt verkauft der Verwalter den wertvolleren Teil der Komponenten zuerst. Auf diese Weise wird ein Erlös erzielt, der nahezu dem gesamten inneren Wert des Trusts entspricht. (Gehen wir von den gleichen Bedingungen aus wie in unserem einfachen Rechenbeispiel, dann wären das vier Fünftel des Kaufpreises des Trusts.)

Damit werden für Nichteingeweihte die Anteile insgesamt und so auch der Trust aufgewertet. Für einen Außenstehenden ist ja nicht ersichtlich, was sich noch in dem Trust befindet. So geht dieser davon aus, dass der Anteil an dem Trust, der bei dem an der Bilanzfälschung interessierten Unternehmen verblieben ist, in unserem Beispiel genau gleich viel wert ist wie der verkaufte – was nicht der Fall ist, wie wir ja wissen. Die Bilanzkosmetik fällt aber erst an dem Tag auf, an dem die Kapitalverpflichtung aufgelöst wird. Aber bis dahin vergehen meistens noch mehrere Jahrzehnte ...

Partnoy erwähnt in seinem Buch den folgenden Fall: Vor dem Bilanzstichtag Anfang Februar 1993 kaufte eine japanische Großbank – laut Gerüchten war es entweder die Long-Term Credit Bank (LTCB) oder die Industrial Bank of Japan (IBJ) – bei dem amerikanischen Investmenthaus Morgan Stanley alle Anteile an einem Trust in Höhe von 571 Millionen Dollar. Die Aktiva dieses Trusts bestanden aus US-Hypotheken, aufgeteilt auf Kapitalverpflichtungen und Zinsverpflichtungen. Von dem 571 Millionen Dollar schweren Trust verkaufte der Verwalter nun die wertvollere Hälfte des Trusts, die Zinszahlungen, für 400 Millionen Dollar. Dieser realisierte Erlös bezog sich auf die Hälfte der Anteile. Das an der Bilanzfälschung interessierte Unternehmen konnte somit einen Erlös von rund 400 Millionen Dollar aus dem Verkauf der Hälfte seiner Anteile ausweisen – und vorerst vergessen, dass die restliche Hälfte de facto nur noch wenige Millionen Dollar wert war. Und falls bis heute noch nicht aufgedeckt worden ist, welches japanische Unternehmen diesen Deal abschloss, so warten die Aktionäre noch weitere 15 Jahre, bis die Bombe explodiert – es sei denn, die japanischen Gesetze werden in der Zwischenzeit revidiert und diese Revisionen auch tatsächlich durchgesetzt.

Morgan Stanley hatte mit dem Deal, der praktisch risikolos war, reichlich Glück. Die von dem Investmenthaus verwalteten und im Trust verbliebenen Kapitalanteile (also die Kapitalverpflichtungen) erlebten in jener Zeit einen wahren Boom. Die Zinsen fielen, und daher stieg der Marktwert des Kapitals. Am Schluss resultierte für Morgan Stanley ein Profit von 75 Millionen US-Dollar. »Das Endresultat«, schrieb der Seniordirektor im Investment-Banking von Morgan Stanley, Bob Scott, »war für das Unternehmen zweifellos eine der profitabelsten Transaktionen aller Zeiten.« Partnoys Kommentar: »Damit hat er nicht übertrieben.«[31] Für den Schaden aber – bis jetzt wurden immer wieder Beträge in zweistelliger Milliardenhöhe (in US-Dollar) in das marode japanische Bankensystem gepumpt, und es dürften noch mehr folgen – kam bisher der japanische Staat auf, also die Steuerzahler.

Auch amerikanische Investmentgesellschaften nutzten diese Methode zur Bilanzfälschung. So wurde beispielsweise bei der amerikanischen Investmentgesellschaft Kidder Peabody lediglich der viel später fällige Nominalbetrag eines Bonds, dessen Zinszahlungen abgetrennt worden waren, in der Buchhaltung aufgeführt und nicht der Marktwert, der bloß in der Größenordnung eines Fünftels des Nominalwertes lag. Als Kidder Peabody schließlich 1994 den »Fehler« – der der bei Kidder Peabody gängigen Buchhaltungspraxis entsprach – bemerkte und publik machte, bestand schon ein Verlust von 350 Millionen US-Dollar.[32]

Im Unterschied aber zu Japan wurden in den führenden angelsächsischen Finanzhochburgen diese Techniken in der Finanzwelt offensiv diskutiert und gebrandmarkt. Mit der Einführung einer Market-to-market-Bewertung, das

Im Schatten der Derivate

heißt einer Bilanzierung, die sich nach dem effektiven Marktwert richtet, im Januar 2001 soll dieser Mangel allgemein behoben werden.[33] Bis jetzt aber unternehmen die japanischen Banken alles, um ihre Derivatpositionen nicht nach diesen Market-to-market-Richtlinien offen legen zu müssen, da sonst ihre großen Buchungsverluste offenkundig würden und sie einen Vertrauensverlust befürchten.[34]

Die Luft wird dünn

Die Credit Suisse war nur eines – wenn auch das größte – unter verschiedenen Unternehmen, die diese Derivatgeschäfte anboten. Die Deutsche Bank verzeichnete in Japan ein ähnlich rasantes Wachstum wie die CSFB. Von Mitte bis Ende der neunziger Jahre stieg beispielsweise die Zahl der Mitarbeiter in Japan von rund 150 auf 1.200. In der Zeit vom September 1997 bis zum März 1998 soll die Deutsche Bank bzw. ihre Abteilung »Deutsche Securities« Transaktionen in Höhe von 3,5 Milliarden Yen (ca. 30 Millionen US-Dollar) abgeschlossen haben, die japanischen Unternehmen geholfen haben sollen, ihre Verluste zu verbergen.[35]

Allmählich begann es auch den japanischen Behörden zu dämmern: So konnte es nicht weitergehen. Am 20. Januar 1999 nahm die japanische Bankenaufsicht in einer noch nie da gewesenen Aktion die Credit Suisse Financial Products unter die Lupe und schickte unangekündigt 40 Inspektoren in das CSFP-Gebäude. Da die Verantwortlichen der CSFP in Panik gerieten und ein Gerichtsverfahren wegen Gesetzesverstößen infolge ungenügender Trennung von Bank- und Wertpapiergeschäften (Insiderhandel) befürchteten, ließen sie Dokumente vernichten, verschwinden oder nach London verschieben. Insbesondere – so das spätere Gerichtsurteil – sei den Inspektoren die Existenz eines Warenlagers im 27. Stockwerk des untersuchten Gebäudes verschwiegen worden. In diesem Archivraum befanden sich für die Untersuchung relevante Dokumente. So kam es zur Schließung der Tokioter Niederlassung der CSFP. Darüber hinaus wurde gegen die Credit Suisse Trust and Banking – eine andere Tochter der CS-Gruppe – das auf ein Jahr befristete Verbot verhängt, bestimmte Bankprodukte zu handeln oder anzubieten.[36]

Das Schreddern und die Verschiebung von Akten bot den Anlass, das Verhalten der CS-Gruppe in Japan zu brandmarken, ein Exempel zu statuieren und die Praktiken verschiedener Derivatanbieter an den Pranger zu stellen. Zwar waren die Tobashi-Deals mit Derivaten im Grundsatz nie klar verurteilt worden. Was die japanischen Aufsichtsbehörden aber erzürnte, war die Rücksichtslosigkeit, mit der sie gehandhabt wurden. So habe sich die Credit Suisse »unanständig« und »unangemessen« verhalten, was »schädigend« auf das öffentliche Interesse gewirkt habe, hieß es im Bescheid der zuständigen japanischen Kommission. Mit anderen Worten: Die ausländischen Banken verletzten kulturell als allgemeinverbindlich betrachtete, aber ungeschriebene Gesetze des Inselstaates.

Die japanischen Behörden setzten mit ihrem Vorgehen ein Zeichen. Wie in Fällen dieser Art üblich, distanzierten sich die direkten Vorgesetzten der Tokioter Niederlassung von ihrer japanischen Filiale. Einige leitende Angestellte – so der Leiter der japanischen Niederlassung der CSFP, Shinji Yamada – wurden entlassen. Yamada war zusammen mit Allan Wheat vom Bankers Trust zur CSFP gegangen. Auch der für die interne Kontrolle (Compliance) Verantwortliche der CSFP, der in London stationierte, freundliche Anthony Blunden musste seinen Sitz räumen. Anthony Blunden war einer der ersten Derivatspezialisten, der auf die Möglichkeit der Geldwäscherei mit Derivaten aufmerksam gemacht hatte.[37] Er galt in London als einer der führenden Köpfe zu Fragen von Derivaten und Compliance.

Wie auch schon früher bei der Bank of New York stellt sich auch hier die Frage, ob das Verhalten der CSFP die Regel oder die Ausnahme war. Glaubt man der Aussage von Hitombi Gambe, Personalverantwortliche bei der CSFP-Niederlassung in Tokio, vor Gericht, so herrschte bei der CSFP ein Betriebsklima, nach dem der Profit alles rechtfertigte. Dieses Klima aber sei von der Spitze der CSFP und konkret von Allan Wheat ausgegangen.

Tatsächlich beschreibt der Journalist Richard Thomson den Geschäftsführer der CSFP Allan Wheat als einen Manager, der mit größter Rücksichtslosigkeit alles den Gewinnzielen unterordnet – und dies in einer an sich schon sehr rücksichtslosen Geschäftsumgebung.[38] Allan Wheat bestritt jedes Wissen um die Vorgänge in Tokio.

Nach Aussage von Kiyotaka Sasaki, dem für die ausländischen Banken zuständigen Mitglied der japanischen Aufsichtsbehörde, bestand in der Credit

Im Schatten der Derivate

Suisse ein matrixorientiertes Führungssystem, das es für Außenstehende sehr schwer machte, die Verantwortlichkeiten klar zuzuordnen.[39] Basiert eine Betriebsorganisation auf einer Matrixstruktur, so überlagern sich verschiedene Führungsebenen wie beispielsweise die Verantwortung für ein Land bzw. eine Region und die Fachverantwortung.

Es ist eines der wichtigsten Ziele der japanischen Bankenaufsicht, durch vermehrte Kontrollen und regulatorische Rahmenbedingungen die Verantwortung auch internationaler Finanzhäuser für das japanische Geschäft in Japan selbst zu lokalisieren. Damit verbunden ist eine stärkere Regionalisierung der Verantwortung – und so auch des Finanzgeschäfts an sich. Der sich anbahnende Konflikt mit den Interessen der multinationalen Finanzriesen mit global ausgerichteten Führungsstrukturen ist absehbar.

Auf die Frage aber, die ich zusammen mit anderen bei der CS-Zentrale in Zürich einreichte, wie sich dieses Verhalten der CSFP-Verantwortlichen mit ethisch verantwortlicher Geschäftsführung vereinbaren lasse, wollte man nicht eingehen. Ich erhielt bloß einen undatierten Pressetext zugestellt, in dem die CS bekannt gibt: »... es seien keinerlei Anhaltspunkte dafür gefunden worden, dass Derivativ-Transaktionen oder Transaktionen im Zusammenhang mit in Konkurs gegangenen japanischen Finanzinstituten hätten verheimlicht werden sollen ...«

Der Bericht kommt zu dem Schluss, dass »... einige Einzelpersonen in führender Position sowohl dem Unternehmen als auch ihren Mitarbeitern geschadet haben. In Absprache mit der englischen Finanzmarktaufsicht FSA ergreift die Credit Suisse Group deshalb gegen einige Mitarbeiter unterschiedlicher Nationalitäten in Tokio und in London disziplinarische Maßnahmen, inklusive Freistellungen, welche wahrscheinlich zu Kündigungen führen werden. Zudem wurden die Bonuszahlungen einiger Mitarbeiter bis zur abschließenden Beurteilung durch die FSA sistiert (das heißt ausgesetzt).«

Neuerdings bemüht sich die CS-Gruppe wieder vermehrt um Imagepflege. Kürzlich hat der CEO der CS, Lukas Mühlemann, in einem Interview versichert: »Alle unsere Mitarbeiter erhalten einen Code of Conduct, und dort heißt es, dass man sich zuerst korrekt, fair und ethisch zu verhalten hat. Erst dann wollen wir auch noch Geld verdienen.«[40] Angesichts der sich häufenden Verwicklungen der CS in fragwürdige Praktiken wird erst die Zukunft zeigen, ob es innerhalb der Gruppe tatsächlich gelingt, eine ethisch verantwortlichere

Grundhaltung zu schaffen, oder ob der CEO der CS Group Lukas Mühlemann einmal mehr eine publikumswirksame Aktion zur Besänftigung der Öffentlichkeit lanciert hat.

Allan Wheat wurde, nachdem der Japan-Boom der CSFP ihren Höhepunkt überschritten hatte, Ende 1997 zum CEO der Credit Suisse First Boston befördert und behielt diese Position bis Ende Juli 2001. Er wurde durch den früheren Präsidenten des US-Investmenthauses Morgan Stanley, John Mack, ersetzt. Als ein möglicher Grund für den Rausschmiss von Allan Wheat wurde die nun von den US-Behörden untersuchte Zahlung von Kompensationen im Zusammenhang mit Wertpapiergeschäften erwähnt.

Trifft diese häufig geäußerte Vermutung zu, so ist sie typisch für die Verhältnisse. Auf Vorbehalte von US-Behörden wird jeweils sofort in der Weise reagiert, dass man an der Spitze Köpfe rollen lässt, während in Japan eher untergeordnete Angestellte entlassen werden. Vonseiten der CS hieß es, die Phase des Aufbaus und der Expansion sei nun abgeschlossen, in Zukunft müsse das Erreichte konsolidiert werden, und dazu sei John Mack der geeignetere Mann. John Mack mit dem Spitznamen »Mack the Knife« gilt in der Branche als harter Sanierer.

6. Hedge Funds –
Leitwölfe der internationalen Spekulation

Die Welt der Derivate bildet eine wesentliche Grundlage für den jüngsten Boom im Finanzsektor: die Hedge Funds. Hedge Funds sind hochprofitabel, »steueroptimiert«, das heißt meistens in Offshore-Zentren domiziliert, für Außenstehende weitgehend intransparent und daher der wachstumsträchtigste Zweig der modernen Finanzindustrie. Nirgends sonst wird die internationale Arbeitsteilung zur Ausreizung des regulatorischen Gefälles und zur Umgehung von Steuern so intensiv ausgenutzt wie bei den Hedge Funds. Und in kaum einem Bereich besteht ein so starkes Wissensgefälle zwischen den staatlichen oder internationalen Organisationen und den privaten Unternehmen:

Der Beinahe-Zusammenbruch des Hedge Funds Long-Term Capital Management bewog immerhin einige der internationalen Organisationen, das Phänomen mit gnädiger Unterstützung durch die Privatwirtschaft etwas genauer zu studieren. Die Dürftigkeit des Know-hows über Hedge Funds ist erstaunlich. Je nach Situation setzen nämlich die Hedge Funds an der Londoner Börse bis zur Hälfte aller Aktien um. Die Strategie der Hedge Funds prägt so das Geschehen an den Aktienmärkten entscheidend.

Spielwiese für Reiche

Aber nur wer reich ist, soll nach dem Willen der amerikanischen Behörden mitmachen: Bei Hedge Funds in den USA beispielsweise müssen 65 Prozent aller Investoren belegen, dass sie über ein Nettovermögen von mindestens einer Million US-Dollar verfügen oder im vorausgegangenen Jahr ein Nettoeinkommen von mindestens 200.000 Dollar erzielt haben. Zudem wurde die Höchstzahl der Teilhaber an einem Hedge Fund auf 100 festgelegt; später wurde die Obergrenze auf 500 erhöht. Da verschiedene Hedge Funds in der Vergangenheit äußerst erfolgreich waren, konnten einzelne Funds die Untergrenze für Investitionen gar auf 50 Millionen US-Dollar erhöhen, ein Betrag, der zudem fünf Jahre lang nicht abgehoben werden kann.

In Deutschland selbst hat man erst im Jahr 2000 begonnen, die Hedge Funds zu entdecken. Zur Zeit vollzieht sich auch hier ein regelrechter Boom.

Als Folge des unsicheren Verlaufs der Börse hat die Nachfrage nach Hedge Funds allgemein stark zugenommen, bieten sie doch auch bei stark sinkenden Börsenkursen ein enormes Gewinnpotenzial.

Da die Hedge Funds ihre Dienstleistungen in den USA nicht öffentlich anpreisen dürfen – es sei denn, sie nutzen dazu das Internet –, müssen sie sich nicht bei der Börsenaufsicht registrieren lassen.[1] Lediglich bei Spekulationen ab einer bestimmten Größe, das heißt ab einem Investitionsvolumen von 50 Milliarden US-Dollar, sind sie verpflichtet, in regelmäßigen Abständen ihre Positionen der US-Derivathandelsaufsicht CFTC zu melden.[2] Dieses Vorgehen entspricht der bereits bekannten Philosophie der amerikanischen Börsenaufsichtsbehörden, wie wir sie von den Derivaten kennen: Der Markt selbst sorgt für seine eigene Regulierung. Darüber hinaus – so wird weiter argumentiert – würden in Hedge Funds nur sehr vermögende Anleger investieren; diese seien selbst in der Lage, die anstehenden Risiken zu erkennen und sich zu schützen.[3] Registrierungszwang gibt es – wie schon erwähnt – in den USA nur, wenn Investmentgesellschaften Wertpapiere über die offiziellen Börsen handeln wollen.

In Deutschland bestehen ebenfalls einschränkende Vorschriften: Hedge Funds dürfen nicht öffentlich vertrieben werden, da es den Kapitalanlagegesellschaften nicht erlaubt ist, Aktien bei Dritten auszuleihen und zu verkaufen.[4] Das Gesetz untersagt Leerverkäufe. Findige Juristen haben aber auch hier eine Umgehungsmöglichkeit gefunden. Deutsche Finanzgesellschaften und Banken errichten vorwiegend auf Offshore-Destinationen wie den Cayman-Inseln durch Tochtergesellschaften Hedge Funds und verkaufen dann in Deutschland Zertifikate, deren Wert sich entsprechend dem Offshore-Hedge-Fund verändert. Diese Zertifikate entsprechen ökonomisch einer Direktinvestition in einen Hedge Fund, nicht aber juristisch. Gleichzeitig können diese Zertifikate so strukturiert werden, dass sie steuerbefreit sind.

Wenn schon kaum Regulierungen bestehen oder wenn diese spielend umgangen werden können und sogar Reporting-Vorschriften nur beschränkt existieren, wo kann dann, wenn nicht hier, unter dem Vorwand der Steueroptimierung Geld am besten gewaschen werden? In dem kurzen Begleitbrief zu der Untersuchung über den beinahe Bankrott gegangenen Hedge Fund Long-Term Capital Management an die Präsidenten des US-Repräsentantenhauses und des

Im Schatten der Derivate

US-Senats wird von der zuständigen Kommission darauf hingewiesen: »Das LTCM-Ereignis wirft einige Fragen bezüglich der steuerlichen Behandlung von Hedge Funds auf, wie etwa die Erfassung von ›total return equity swaps‹[5] und die Nutzung von steuerbefreiten Offshore-Finanzzentren. Aber auf diese Fragen kann im Rahmen dieses Berichts (über den LTCM-Fund) nicht eingegangen werden. Es wird Aufgabe des US-Schatzamts sein, diese Aspekte speziell zu untersuchen.«[6]

Soweit der Brief an die Präsidenten der beiden Kammern, den der Chef der US-Notenbank Alan Greenspan und Robert Rubin, der damalige Vorsteher des Schatzamtes, sowie die Präsidenten der Börsenaufsichtsbehörde SEC und der Derivataufsichtsbehörde CFTC unterzeichneten. Bis heute wurde in dieser Frage nichts unternommen. Erst nach dem Anschlag vom 11. September 2001 wurde das Thema wieder ernsthaft diskutiert. Unter anderem meinte der ehemalige Chef der Investmentabteilung von Goldman Sachs und heutige US-Senator, John Corzine, er würde einen Hedge Fund benützen, wenn er Geld waschen müsste.[7] Aber auch wenn es im Gefolge der Attentate zu einer Verschärfung der Gangart bei der Geldwäschebekämpfung kommt, so wird diese vermutlich weiterhin sehr selektiv erfolgen, ausgerichtet auf das amerikanische Interesse, den Terrorismus zu bekämpfen, während andere Aspekte an Gewicht verlieren.[8]

Hedge Funds sind größtenteils private Vereinigungen von spekulativen Anlegern und im Zeichen des Aktienbooms in jüngster Zeit auch in mittelständischen Kreisen zu einem beliebten »alternativen« – wie es so schön heißt – Anlagevehikel geworden. Sie sind ein schwer fassbares, typisch postmodernes Phänomen: Kein Hedge Fund ist direkt mit einem anderen vergleichbar, und die Übergänge zu anderen Anlageformen wie den Investmentfonds sind fließend.

Bis vor kurzem war es beispielsweise in den USA den Investmentfonds nicht erlaubt, so genannte »Leerverkäufe«, das heißt den Verkauf von ausgeliehenen Aktien, abzuschließen. Als Folge des Hedge-Fund-Booms, der die Nachteile der Investmentfonds offensichtlich machte, wurde dieses Gesetz aufgehoben. Das macht die Grenzziehung zwischen Investmentfonds und Hedge Funds schwierig.

Hedge Funds sind meistens global orientiert, hin und wieder auch auf einzelne Wirtschaftssektoren ausgerichtet. Sie verhalten sich amöbenartig, passen ihre Strategie den sich wandelnden Umständen an und nutzen die Hebelwirkung von Derivaten. Große Profite machen sie attraktiv: »Everybody's Going

Hedge Funds« titelte denn auch das US-Wirtschaftsmagazin *Fortune* im Juni 1998.[9] Drei oder vier Jahre bleiben die jungen Anlagespezialisten als Manager bei ihrem Hedge Fund, beziehen in dieser Zeit jährlich fünf bis zehn Millionen Dollar Salär und gehen anschließend wieder.[10]

Um zu verstehen, wie Hedge Funds funktionieren, muss man sich von der Vorstellung lösen, die einzige Aufgabe der Finanzmärkte bestünde darin, Kapital für Investitionen in Unternehmen zu organisieren. Weit gefehlt! Diese historisch wohl wichtige Funktion der Börsen ist für die internationalen Finanzmärkte zu einer Nebensache geworden. Moderne Anleger und Spekulanten wollen vor allem Kursschwankungen und örtliche Kursunterschiede in den Weltmärkten für sich ausnutzen. Dabei spielt es keine Rolle, ob die Kurse steigen oder sinken, Hauptsache ist, sie bewegen sich.

Diese Bewegungen führen jeweils zu großen Kapitalverschiebungen unter den Beteiligten, entsprechend den Gesetzen der Derivate: Die einen gewinnen, was die anderen verlieren. Da sich aber dank der Derivate das Buchvolumen sämtlicher Kapitalanlagen in den Jahren von 1986 bis 1999 um das 28fache auf 17.000 Milliarden US-Dollar vermehrt hat und gleichzeitig in großem Ausmaß Geld geschaffen wurde, verdienen grundsätzlich alle Anleger an ihren Wetten.[11] Die Hedge Funds sind daher der zukunftsträchtigste, aber auch prägnanteste Ausdruck des US-Spekulationskapitalismus bzw. dessen europäischer Variante. So nimmt jedenfalls der Präsident der Dubliner Custom House Group, Dermot S. L. Butler, an: 70 Prozent des Anlagevolumens der Hedge Funds stamme aus Europa.[12] Die Custom House Group ist ein renommierter Hedge-Fund-Administrator.

Eine der informativsten Zusammenstellungen über Hedge Funds hat die von großen Finanzhäusern gegründete Gruppe Tremont Partners and TASS Investment Research mit dem Titel *The Case for Hedge Funds* erstellt.[13] Nach dieser Studie soll der erste Hedge Fund um 1949 in den USA entstanden sein. Damals soll ein gewisser Alfred Jones, Journalist und Soziologe, mit eigenem und fremdem Geld erfolgreich spekuliert haben. Mit Hilfe von Krediten erzielte er eine Hebelwirkung bei seinen Anlagen. Eine Hebelwirkung entsteht grundsätzlich, wenn der Anleger Kapital aufnimmt, um es zu investieren. Je mehr Kapital er im Verhältnis zu den eigenen Mitteln aufnimmt, um so größer ist der Hebel. Stark »gehebelte« Unternehmen zeichnen sich stets durch mehrfach höhere Kreditaufnahmen als Eigenmittel aus.

Im Schatten der Derivate

Typen von Hedge Funds

Der Verkauf von geborgten Wertpapieren und weitere Formen von Kreditaufnahmen für den Handel mit Wertpapieren gelten als sehr riskant. Um diese Risiken einzugrenzen und sich abzusichern, eben um zu »hedgen«, versuchte Jones die möglichen auftretenden Risiken zu analysieren. Er fand zwei grundsätzliche Risiken: einerseits das Risiko, dass einzelne Aktienposten falsch gewählt wurden, und andererseits das Risiko eines allgemeinen Preisverfalls. Um sich gegen die Folgen eines allgemeinen Preisverfalls abzusichern, verkaufte Jones stets eine Anzahl von in seinen Augen überbewerteten Aktien. Gleichzeitig kaufte er Aktien auf Kredit, die er als unterbewertet erachtete.[14]

Dazu ein Beispiel: Hätte man vor dem Einbruch der Börsenkurse im Herbst 2001 auf Kredit Aktien von Luftverkehrsgesellschaften in großem Umfang verkauft, die bei einer Pensionskasse oder einem anderen institutionellen Anleger ausgeliehen werden können, gleichzeitig einen relativ schwerfälligen, aber seriösen Titel gekauft, hätte man den Einbruch der Kurse ohne größere Probleme, wenn nicht gar mit einer guten Rendite überstanden.

Jones' Provision war erfolgsabhängig – und dieses Honorarmodell gilt in seinen Grundzügen bis heute. Normalerweise liegt das Honorar zwischen 5 und 20 Prozent des Gewinns. Heute allerdings ist dieses Honorarsystem umstritten, da die Hedge-Fund-Manager nicht durchgehend selbst bedeutende Investitionen für ihre Fonds tätigen. Dies kann dazu verleiten, allzu große Risiken einzugehen. Denn geht der Fund Pleite, was hie und da der Fall ist, verliert der Manager kein eigenes Geld. Hingegen fließen bei einer guten Performance die Honorare reichlich.

Jones fand Nachahmer. Mit zu den ersten Hedge-Fund-Pionieren gehörte der später berühmt gewordene George Soros. Soros' Quantum Fund etwa verzeichnete in der Anfangszeit Jahre, in denen das Kapital der Anteilseigner verdoppelt wurde.[15] Soros' Rendite wurde zwar nicht von allen Hedge Funds erreicht. Die durchschnittliche Rendite aller Hedge Funds blieb aber immer hoch. So hat sie nach einer Studie für die Zeit von 1986 bis 1995 im Schnitt jährlich rund 17 Prozent betragen. Sie lag also 2 Prozentpunkte über dem Standard&Poors-500-Aktienindex – und dies bei gleich großem Risiko.[16] Aus der Sicht der Anleger ist das ein hervorragendes Ergebnis, denn wenn bei gleichem Risiko ein höherer Gewinn erzielt wird, so ist das Kapital gut angelegt.

Hedge Funds folgen je nach Management unterschiedlichen Strategien, was sie voneinander unterscheidet: Bei der traditionellen Variante werden wie weiland bei Jones selektiv Wertpapiere auf Termin gekauft und verkauft, mit dem Ziel, unter dem Strich den größtmöglichen Gewinn zu erzielen. Diese Strategie wird von knapp einem Drittel aller Funds verfolgt.[17]

Eine weitere Variante sind die so genannten »ereignisgetriebenen« Funds. Sie wollen ihre Rendite auf der Basis von Veränderungen der Unternehmensstrategien und der damit verbundenen Kursschwankungen erzielen. Diese Strategie funktioniert nur, wenn die Hedge-Fund-Manager über einen Informationsvorsprung verfügen. Man kann sich fragen, ob dieser Informationsvorsprung durch eigene Analyse erarbeitet wird. Häufiger scheint er eher auf Insiderinformationen zu beruhen – den bekannten »Gerüchten«. Jedenfalls beschreiben die Mitarbeiter des Internationalen Währungsfonds, Eichengreen und Mathieson, in ihrem der Hedge-Fund-Industrie wohlwollend gegenüberstehenden Bericht das Hedge-Fund-Management als Konsumenten und nicht als Produzenten analytischen Know-hows.[18] Offensichtlich haben es Hedge-Fund-Manager nicht nötig, ihr Insiderwissen mit dem Hinweis auf Analytikerstudien zu kaschieren.

Ein Gewinnpotenzial für ereignisgetriebene Funds weisen Übernahmen und Fusionen von Unternehmen auf. Denn meistens steigt der Aktienkurs bei dem übernommenen Unternehmen bei Bekanntgabe der Übernahme schlagartig, während der Kurs der übernehmenden Unternehmung sinkt.

Ferner besteht die Möglichkeit, in die Aktien notleidender und daher risikoreicher Unternehmen zu investieren. Im Durchschnitt sind beispielsweise hochverzinsliche Obligationen von gefährdeten Unternehmen oder Staaten unter Berücksichtigung des Ausfallrisikos rentabler als diejenigen weniger riskanter Emittenten. Der Junk-Bond-König Michael Milken begründete seinen Erfolg mit dieser Portfolio-Theorie, die in neuerer Zeit wieder Unterstützung fand.[19] Bei näherem Hinsehen beruhte der Erfolg Milkens allerdings auf Marktmacht, Insiderinformationen und Marktmanipulationen.[20] Insgesamt fließen rund 17 Prozent aller in Hedge Funds investierten Kapitalien in diese Kategorie, die anteilig 12 Prozent aller Hedge Funds ausmacht.

Breiter ins Gespräch gekommen sind vor allem die so genannten Macro Hedge Funds wie die Quantum Fund Group von Georg Soros, Julian Robertsons Tiger-

und Jaguar-Funds oder auch Moore Capital Management. Georg Soros' Quantum Fund wurde durch seine Spekulation gegen das überbewertete englische Pfund im Jahre 1992 bekannt.

Soros nutzte Diskrepanzen aus, die sich zu Beginn der neunziger Jahre ergeben hatten: Damals flossen große Mengen ausländischen Kapitals in die Länder der ehemaligen ERM-Zone,[21] die sich aus den Gründerstaaten der EU zusammensetzte. Das ausländische Kapital wurde von den hohen Zinsen und der aufgrund wirtschaftspolitischer Vereinbarungen (Maastricht-Vertrag) erreichten Stabilität der europäischen Währungen angezogen. Doch zu Beginn des Jahres 1992 gerieten einzelne Länder in Schwierigkeiten: In Italien zogen die Arbeitskosten stark an, der finnische und der schwedische Handel stockten als Folge des Zusammenbruchs der UdSSR und das englische Staatsdefizit wuchs. Auf diese Entwicklung reagierten die Hedge Funds mit dem Verkauf europäischer Währungen auf Termin. Soros' Fund führte das Feld an und verkaufte für 10 Milliarden US-Dollar englische Pfund. Andere Hedge Funds und verschiedene Banken schlossen ähnliche Kontrakte ab und setzten das Pfund so stark unter Druck, dass es schließlich abgewertet werden musste. So konnten die verkauften englischen Pfund von den Hedge Funds zu einem niedrigeren Kurs wieder zurückgekauft werden.[22] Die Differenz zwischen Verkauf und Rückkauf entsprach einem Gewinn in Milliardenhöhe.

Später fuhren Macro Hedge Funds zusammen mit verschiedenen Banken eine reiche Ernte in Russland ein, indem sie in die volatilen russischen kurzfristigen Obligationen (»gosudarstvennye kaznacheyskie obligatsii«) investierten, die zum Teil bis zu 260 Prozent Profit abwarfen.[23] Allerdings ging die Rechnung der spekulierenden Banken und Hedge Funds nicht bis zum Schluss auf. Sie kalkulierten nicht mit der Möglichkeit, der Währungsfond könnte Russland fallen lassen.

Neuerdings gerieten die Macro Hedge Funds wieder ins Gerede, als sie in Südostasien aufgrund ihrer massiven Verkäufe einzelne Währungen zur Abwertung zwangen. So etwa den australischen Dollar. Dieser war aufgrund der allgemein sich verschlechternden Situation, aber auch bedingt durch den Preisverfall der von Australien exportierten Rohstoffe, unter Druck geraten. Die Hedge Funds beschleunigten seinen Fall durch Leerverkäufe in großem Stil. Erst mit dem Beinahe-Bankrott des LTCM-Funds kam es wieder zu einer Aufwertung des australischen Dollars.[24]

Ebenso waren Hedge Funds als Leader an den Spekulationen mit dem malaysischen Ringgit beteiligt, die schließlich im September 1998 zur Einführung von Kapitalverkehrskontrollen führten. Welchen Einfluss die Spekulation der Hedge Funds auf die Abwertungen dieser Währungen ausübten, ist umstritten. Im Speziellen wird den Hedge Funds vorgeworfen, sie hätten in Zeiten mit geringer Liquidität die Preise beeinflusst, Gerüchte gestreut und so gezielt desinformiert, um die Kurse in ihrem Sinne zu bewegen, auch mehr oder weniger koordiniert die entsprechenden Währungen unter Druck gesetzt.[25]

Von einzelnen Regierungen – insbesondere den USA – wurde der Einfluss der Hedge Funds als weniger gravierend eingeschätzt. Mag sein. In Wirklichkeit ist es aber eine Machtfrage, ob die Hedge Funds ihre Wirkung entfalten können oder nicht. Denn das Konzept der »freien«, »deregulierten« Finanzmärkte wird dann aufgegeben, wenn es um die Durchsetzung politischer Interessen geht. Als im Herbst 2000 die US-Regierung wieder einmal einen ihrer verschiedenen Versuche startete, Kolumbiens Wirtschaft zu stabilisieren, und dazu Hunderte von Millionen US-Dollar ins Land pumpte, stand die Erfolglosigkeit dieses politisch motivierten Manövers eigentlich von vornherein fest. Für die Hedge Funds war die Maßnahme der US-Regierung daher ein gefundenes Fressen, da es für sie ein Leichtes war, allfällige Kursschwankungen des Pesos als Folge der US-Zahlungen sofort zu ihren Gunsten auszunutzen. Dem kamen aber die US-Behörden zuvor, indem sie die Hedge Funds warnten, zu intervenieren – und diese lenkten angesichts der Macht der US-Finanzaufsichtsbehörden ein.[26]

Doch zurück zu den Strategien der Hedge-Funds: Eine weitere mögliche Strategie orientiert sich an der Arbitrage, beispielsweise dem Spekulieren auf Zinsveränderungen im globalen Rahmen. Gesucht werden Anomalien wie etwa das Niveau von Zinssätzen, die sich in nächster Zukunft im Verhältnis zu anderen Zinssätzen verändern dürften. Da es sich häufig um kleine Veränderungen handelt, wird hier mit einem großen Hebel gearbeitet.

Eine Variante dieser Strategie verfolgte der LTCM, der sich nach einer Konvergenzstrategie ausrichtete. Konvergenzstrategien gehen von der Hypothese aus, bestimmte Eckdaten in einem Wirtschaftskreislauf oder auch zwischen ähnlichen Unternehmen würden sich über die Zeit als Folge der Globalisierung annähern. So war das Management des LTCM der Ansicht, die Zinssätze würden sich in einem zunehmend verflochtenen, globalen Markt mehr und mehr angleichen. Der Hauptteil dieser Konvergenzwette bezog sich auf festverzinsliche Wertpapiere in den USA, in Japan und in Europa. So kaufte oder lieh sich der

LTCM große Volumina von wenig liquiden, tiefklassigen Wertpapieren (zum Beispiel Junk-Bonds) aus und verkaufte hochliquide, hochklassige Wertpapiere (zum Beispiel US-Schatzbriefe).[27] Diese Wetten auf prognostizierte Annäherungen wurden mit einem großen Hebel unterlegt, was trotz minimaler Veränderungen große Gewinne hätte erzeugen müssen. Aufgrund verschiedener Einflüsse wie etwa der Russlandkrise entwickelten sich diese Trends anders als erwartet. Es kam zu einer Flucht der Anleger in sichere Währungen, was die Zinsdifferenzen vergrößerte. Dies führte zum Beinahe-Zusammenbruch des LTCM. Rund 5 Prozent aller Hedge Funds arbeiten nach dieser Strategie.

Zu den durch die amerikanische Derivataufsichtsbehörde CFTC regulierten Hedge Funds gehören die so genannten »Managed Futures«. Diese nehmen bestimmte Marktinformationen wie etwa potenzielle Preisveränderungen von Rohstoff-Futures zum Anlass für Spekulationen. Eine Variation der Managed-Futures-Strategien ist das »short-selling«. Beim »short-selling« wird mit einem Rückgang der Börsenkurse gerechnet, also werden Kontrakte auf Termin verkauft. Diese Art von Hedge-Funds hat als Folge der einbrechenden Aktienkurse in jüngster Zeit stark an Bedeutung gewonnen. In einem Monat mit stark fallenden Aktienkursen wie dem August 2001 erreichten die »short-sellers« eine durchschnittliche Rendite von knapp 8 Prozent.[28] Sie repräsentieren knapp 19 Prozent aller Hedge Funds mit rund 16 Prozent des von Hedge Funds insgesamt verwalteten Kapitals.

Da das reine »short-selling« eine insgesamt riskante Investitionsstrategie ist und zum Teil auch einschränkenden rechtlichen Regelungen unterworfen ist – zum Beispiel ist es in den USA nicht gestattet, bei sinkenden Kursen »short-selling« zu betreiben – wurde ein ausgeglicheneres Strategiekonzept entwickelt: das so genannte »dedicated short bias«, was in etwa »dem kurzfristigen Verkauf zugeeignet« bedeutet. Bei dieser Strategie wird versucht, Kauf- und Verkaufsabsichten in etwa auszugleichen, wobei grundsätzlich eher eine Netto-Verkaufsposition aufgebaut wird. Die »dedicated short bias« gehören neben den Macro Hedge Funds bei insgesamt sinkenden Börsenkursen oder zunehmenden intranationalen Spannungen zu den mit Abstand rentabelsten Investitionen.

In den letzten Jahren sind die so genannten »Funds of Funds« ins Gerede gekommen. Das sind im Wesentlichen Funds, die ihrerseits in Hedge Funds investieren. Das kann die Risiken der Investitionen mindern, was diese Funds of

Funds einerseits für Kleinkunden, andererseits für institutionelle Anleger wie Pensionskassen interessant macht. Calpers etwa, die mächtige Pensionskasse der kalifornischen Beamten, beabsichtigt in den nächsten Jahren rund 5 Milliarden US-Dollar bei Hedge Funds anzulegen.[29] Fund of Funds umfassen rund 14 Prozent aller Hedge Funds.

Hedge Funds und die Banken

Die Hedge Funds agieren mit enger Unterstützung vonseiten der global orientierten Finanzhäuser, ohne deren Hilfe es ihnen kaum gelungen wäre, Spekulationen in größerem Ausmaß zu betreiben. Die großen Finanzhäuser vermitteln Kunden und beteiligen sich an oder gründen selber Hedge Funds. Das fällt ihnen insofern relativ leicht, als sie selbst ihre enormen Eigenmittel nach den gleichen Regeln anlegen wie die Hedge Funds. Überdies ist ein gemeinsames Vorgehen bei den Spekulationen beispielsweise gegen die von der Zentralbank eines Landes gestützte Währung aufgrund des größeren Volumens erfolgversprechender, handelt es sich doch bei solchen Spekulationen um Kraftproben, die nach dem Schema »The winner takes all« verlaufen.

Im Rahmen von Kooperationen werden den Hedge Funds vor allem von denjenigen Finanzhäusern Kreditlinien eingeräumt, die für die Hedge Funds den lukrativen Börsenhandel tätigen. Das fördert diskrete, gesetzwidrige Absprachen und die Abhängigkeit der Finanzhäuser von den Hedge Funds.

Dem LTCM etwa gelang es einerseits dank seines guten Rufes – zwei Nobelpreisträger waren im Management vertreten –, andererseits aber auch aufgrund der geschäftlichen Beziehungen mit seinem Brokerhaus, Kontrakte für den Kauf von Wertpapieren und deren späteren Verkauf praktisch zum Nulltarif zu erhalten. »No haircut!« war häufig eine der Kontraktbedingungen, die der Gründer des LTCM, John W. Meriwether bei den Brokern herausholen konnte.[30] Als »haircut« werden die Sicherheitsmargen bezeichnet, die als Garantiezahlung bei einem Broker zu hinterlegen sind, um etwaige Kursverluste von heute übernommenen und später wieder zurückzugebenden Wertpapieren auszugleichen.

Dem LTCM wurden insgesamt 110 Milliarden US-Dollar an ausgeliehenen Guthaben gegen eine Sicherheitsleistung von rund 500 Millionen US-Dollar zugesprochen.[31] Das entspricht theoretisch einem Hebel von rund 1:220, da dem eigenen Kapital in Höhe von einer halben Milliarde Dollar Wetten auf ins-

Im Schatten der Derivate

gesamt 110 Milliarden Dollar gegenüberstanden. Dieser Hebel ist allerdings nur dank dem drastisch zusammengeschrumpften Eigenkapital des LTCM erreicht worden. Beim LTCM soll das Verhältnis zwischen Eigenkapital und Schulden üblicherweise bei rund 1:50 gelegen haben.[32]

Im Normalfall ist der Hebel auch bei Hedge Funds kürzer. In einem Vortrag vor dem US-Kongress beruhigte der Präsident der Van Hedge Fund Advisors International, Steven A. Lonsdorf, seine Zuhörer mit der Mitteilung, nur wenige Hedge Funds würden einen stärkeren Hebel als 1:10 einsetzen.[33] Zum Teil dürfte der Hebel beim Eigenhandel der Banken tatsächlich noch höher liegen.

Horte der Verschwiegenheit

Doch zurück zu Jones: Die Investitionsstrategien von Jones – so der Tremont/TASS-Report – seien nichts Einmaliges gewesen. Das Neuartige und noch nie Dagewesene sei aber die Verschwiegenheit, mit der Jones 17 Jahre lang seine Transaktionen durchführte.[34] Jones legte mit seiner Mauer des Schweigens rund um Anlagepolitik und Rendite seines Hedge Funds die entscheidende Vorgabe für alle anderen Hedge Funds: umfassende Geheimhaltung.

Verschwiegenheit über die Anlagepolitik sogar gegenüber den Geldgebern war auch ein wichtiges Markenzeichen des berühmt-berüchtigten Hedge Funds Long-Term Capital Management. Tremont/TASS begründen diese Geheimhaltung der Hedge Funds mit der Möglichkeit, die betroffenen Unternehmen könnten ebenso wie andere Marktteilnehmer dank dieser Informationen Gegenstrategien zu einem eingegangenen Engagement entwickeln, vor allem etwa, wenn der Hedge Fund Leerverkäufe in größerem Stil tätigt: »Wenn Informationen über das Portfolio auf den Marktplatz durchsickern, können sie von anderen Marktteilnehmern gegen das Management verwendet werden und so zu Schaden führen. So kann etwa das Management des betroffenen Unternehmens den Informationsfluss stoppen.« Versiegt aber der Informationsfluss des Unternehmens, kann die Situation für den Hedge Fund unangenehm werden, da dann die zukünftige Entwicklung schwerer prognostizierbar ist und so die Risiken weniger kalkulierbar werden.

Die durch die Geschäftätigkeit der Hedge Funds selbst begründete und durchgesetzte Geheimhaltung wird durch die Komplexität der abgeschlossenen OTC-(Derivat-)Verträge zusätzlich verstärkt. Die Zehntausende von Kontrakten umfassenden Transaktionen konnten beim Beinahe-Zusammenbruch von LTCM nur mit Hilfe von Mitarbeitern abgewickelt werden. Und nach Aussage des Beamten bei der amerikanischen Notenbank, Patrick Parkinson, vermochten die wenigsten der Gegenparteien des LTCM, wenn überhaupt, dessen hochriskantes Risikoprofil richtig einzuschätzen, obwohl sie aufgrund ihrer Position über relativ zuverlässige Informationen über den Hedge Fund verfügten.[35]

Die merkwürdigste Spekulation ging hier die Schweizer Großbank UBS ein, schloss sie doch mit dem LTCM einen hochriskanten Derivatkontrakt auf den Erfolg des LTCM ab, als dessen Stern bereits am Sinken war. Die UBS verlor in der Folge 650 Millionen US-Dollar.

Kurz nach dem Zusammenbruch des LTCM-Funds wurde diskutiert, ob die größten Hedge Funds ihre Positionen nicht doch in regelmäßigeren Abständen und umfassender dem CFTC melden sollten. Sechs Monate später war dieser Vorstoß zu mehr Transparenz allerdings wieder im Sande verlaufen. In einer Rede setzte sich jedenfalls Alan Greenspan wieder einmal für weniger Auflagen und bürokratische Kontrollen sowie für vermehrte Eigenverantwortung der Anleger ein.[36]

Die Verschwiegenheit und die mangelnde Transparenz der Hedge Fund steht allerdings in einem krassen Kontrast zu den Forderungen, die die US-amerikanisch geprägten Finanzmärkte gegenüber verschiedenen Volkswirtschaften insbesondere von Schwellenländern erheben: Sie sollen ihre nationalen Buchhaltungen transparenter gestalten. Verschiedene Anleger, die während der Asienkrise mit dem thailändischen Baht spekulierten und dabei verloren, kritisierten, die thailändische Regierung habe wichtige Zahlen, die auf den schlechten Wirtschaftsgang hinwiesen, nicht veröffentlicht. Nach dem Vizepräsidenten des Investmenthauses Goldman Sachs, Robert Hormat, hat es diese Geheimhaltung den großen Investmentgesellschaften und Hedge Funds erschwert, ihre Investitionen nach realistischen Eckdaten auszurichten.

Der damalige Staatssekretär des US-Schatzamts, Robert Rubin, regte daraufhin an, es müsse Druck auf diese Länder ausgeübt werden, damit Vorschriften im Sinne größerer Transparenz stärker befolgt würden. Ein thailändischer Banker befürchtete allerdings, wenn seine Regierung all diese Regeln einführe, würden die thailändischen Banken in ausländische Hände übergehen.[37] Das Gebot der Transparenz kann so zur Durchsetzung von Hegemonialmacht- und Geschäftsinteressen eingesetzt werden.

Im Schatten der Derivate

Wurmfortsatz des »Private Banking«

Hedge Funds waren und sind ein exklusives Anlagevehikel für Reiche und ihre Privatbankiers, die nur zu gerne die Diskretion um diese Anlagepolitik weiterpflegen. Für Ende 1996 wird der Investitionsanteil von Privatpersonen bei Hedge Funds auf rund 80 Prozent aller Anlagen geschätzt.[38]

So fließt den Hedge Funds das Kapital über die üblichen Hochburgen des höchst lukrativen Private Banking zu, ist also abhängig vom Status des Bankgeheimnisses und dem Angebot an diskreten Dienstleistungen im jeweiligen Land: Beispielsweise soll sich rund ein Drittel des weltweit angelegten Privatvermögens in der Obhut der Schweizer Bankiers befinden – der größte Teil davon betrifft steuerflüchtige Vermögen aus dem EU-Raum, aber auch aus Afrika, Asien und Südamerika.

Bezeichnenderweise ist denn auch das dynamischste Zentrum des schweizerischen Privat-Banking, Genf, zu einem wichtigen Standort für Hedge Funds geworden, und zwar hinsichtlich der allgemeinen Verwaltung ebenso wie hinsichtlich des Anlagegeschäfts. Die Citco Fund Services, ein Fund-Administrator oder Verwalter im Besitz der Sandoz-Familie, hat beispielsweise 1998 ein Büro in Genf eröffnet.[39]

Auch die enge Zusammenarbeit zwischen dem Forschungsunternehmen Tremont/TASS und der CSFB bei der Gestaltung eines Hedge-Fund-Index ist ein Anzeichen für die wichtige Rolle von in der Schweiz domizilierten Unternehmen in diesem Bereich. Die Zürich Capital Market hat ebenfalls einen Hedge-Fund-Index kreiert. Indizes ermöglichen den Vergleich der verschiedenen Anbieter untereinander und schaffen so die Voraussetzung dafür, eine Auswahl unter den verschiedenen Hedge Funds zu treffen. Gleichzeitig können auf der Basis von Indizes Zertifikate ausgegeben werden.

Nach Angaben von Insidern aus dem Schweizer Bankgewerbe soll mindestens die Hälfte des weltweit angelegten Hedge-Fund-Vermögens seinen Weg zu den Funds über die Schweiz gefunden haben. Das heißt, die großen Privatkunden haben ihr Kapital in die Schweiz gebracht und von da aus wurde es dann an die Hedge Funds weitergeleitet. Die Schweiz wäre unter diesen Umständen eine zentrale Eingangs- und Verteilstation für Hedge Funds.

Neuerdings werden Hedge Funds auch für kleine Anleger geöffnet. So bietet etwa die Credit Suisse First Boston steuerbefreite Anlagen in Hedge Funds an.[40] In Deutschland besteht vor allem seit dem Jahr 2000 ein breites indirektes Angebot an Investitionsmöglichkeiten in Hedge Funds, und zwar in Form von Zertifikaten. Die Commerzbank hat eine Linie aufgebaut, ebenso die Deutsche Bank. Dazu bietet die Deutsche Bank (Cayman) Back-Office-Dienstleistungen für Hedge Funds an. Sie besorgt also die Ein- und Auszahlung der in Hedge Funds angelegten Vermögen und kauft und verkauft zugleich als Broker Wertpapiere und Derivate nach den Anweisungen der Hedge-Fund-Manager.

Die Aussichten für die Hedge Funds sind gut. Der Zufluss an Anlagegeldern wächst in jüngster Zeit stärker als in den letzten zehn Jahren, in denen jährlich im Durchschnitt rund ein Viertel mehr Hedge Funds gegründet wurden als verschwanden.[41] TASS schätzt heute die Zahl der Hedge Funds auf rund 5.000 mit einem – vorsichtig geschätzten – verwalteten Vermögen von 325 Milliarden US-Dollar. In den nächsten Jahren könnte sich die Summe der von Hedge Funds verwalteten Vermögen auf über 2.000 Milliarden US-Dollar erhöhen, wird beispielsweise in der *Financial Times* spekuliert.[42] Für das erste Quartal des Jahres 2001 stellt TASS Research einen Nettozufluss von 6,9 Milliarden US-Dollars in die Hedge Funds fest; verglichen mit dem Vorjahr, in dem der Nettozuwachs insgesamt 8 Milliarden betrug, entspricht dies mehr als einer Verdreifachung.[43] Die Wirtschaftsprüfungsgesellschaft KPMG rechnet für das Jahr 2006 mit einem durch Hedge Funds verwalteten Vermögen in Höhe von 1.800 Milliarden US-Dollar.[44] Zum Vergleich: Im Jahre 2000 lagen auf den inländischen Bankstellen in der Schweiz rund 1.100 Milliarden US-Dollar an Offshore-Vermögen.

Der oben beschriebene, optimistisch veranschlagte Anstieg an verwalteten Hedge-Fund-Vermögen ist vorstellbar, wird doch beispielsweise in den USA mit einem jährlichen Wachstum der reichen Bevölkerung (über 100.000 US-Dollar Einkommen pro Jahr oder 500.000 US-Dollar investierbares Vermögen) von 5 Prozent gerechnet. Die Zahl der sehr Reichen, die über mindestens eine Million US-Dollar investierbares Vermögen verfügen und somit potenzielle Kunden von Hedge Funds sind, soll gar noch schneller wachsen, nämlich um 14 Prozent jährlich.[45] Diese Gesellschaftsschicht dürfte in Zukunft zum interessanten Zielpublikum für Hedge Funds werden.

Überall präsent, doch nirgends greifbar

Ein weiteres einzigartiges Merkmal der Hedge Funds ist die geografische und juristische Trennung der verschiedenen Aufgabenbereiche eines Hedge Funds. So etwa zwischen dem Ort, wo die Anlagestrategie ausgearbeitet wird, und dem eigentlichen, administrativen Sitz der Gesellschaft. Nach dem Tremont/TASS-Report kontrollieren beispielsweise rund 90 Prozent der Fondsmanager die Kapitalanlagen der Hedge Funds aus einer in den USA ansässigen Managementgesellschaft heraus. Das bedeutet, dass die Entscheidungsmacht über die Spekulationen der Hedge Funds praktisch ausschließlich in den Händen von US-amerikanischen Managern liegt, ebenso fallen die nicht zu unterschätzenden Managementhonorare vorwiegend in den USA an.

Die Arbeitsteilung zwischen Management einerseits und Verwaltung bzw. Sitz andererseits hat einen einfachen Grund: die Umgehung von Steuern. Dies geht auch aus dem Bericht des Financial Stability Forums über die Offshore-Zentren hervor: »Im Fall des Long-Term Capital Management (LTCM) dürfte die Eintragung des Hedge Funds in einem Offshore-Zentrum (Cayman) vor allem von Steuerüberlegungen und weniger von dem Versuch, die amerikanischen Regulierungsvorschriften zu unterlaufen, geprägt sein, da die Hedge Funds sowohl in den USA als auch anderenorts keiner weitergehenden Regulierung unterworfen sind.«[46]

Auf den Cayman-Inseln beispielsweise ist es den amerikanischen Behörden aufgrund des lokal stark verankerten Bankgeheimnisses verboten, sich Informationen zu Kapitalanlagen und -transaktionen zu beschaffen, schreibt der legendäre New Yorker Staatsanwalt Robert M. Morgenthau in einem Beitrag in der *New York Times*.[47] Das stimmt nicht ganz. Letztlich sind auch die Beachtung des Bankgeheimnisses und die damit verbundenen Steuerdelikte auf den Cayman-Inseln abhängig von der stillschweigenden Akzeptanz durch die amerikanischen Behörden. In den achtziger Jahren beispielsweise lüftete die New Yorker-Staatsanwaltschaft das Bankgeheimnis bei der Bank-Leu-Niederlassung auf den Bahamas, um hinter die Insidergeschäfte und Börsenmanipulationen von Dennis B. Levine, Investmentbanker bei Drexel, Burnham und Lambert in New York, zu gelangen.[48]

Doch ohne die Engländer würden die Hedge Funds kaum so florieren. Denn obwohl die Politik der Hedge Funds in den USA bestimmt wird, so ist dennoch nur rund ein Drittel der Hedge Funds auch in den USA domiziliert.[49] Der Rest – also rund zwei Drittel der Hedge Funds – verfügt in einem der Offshore-Zentren über eine Briefkastenfirma, eine tatsächliche Niederlassung und/oder lässt sich durch einen Administrator vor Ort vertreten; das heißt, die Hedge Funds haben hier ihren juristischen Sitz. Die Engländer aber haben sich die lukrative Verwaltung der Konten von Offshore-Anlagen auf ihren ehemaligen Kronkolonien angeeignet: Ihre Gesellschaften stellen in großem Umfang die Verwalter der Hedge Funds, sie kontrollieren also den Zu- und Abfluss des Kapitals. Sie wissen demnach, wer wo was investiert, und kontrollieren so auch den Sekundärhandel mit dem Anlagekapital.

Die große Bedeutung der Engländer in diesem Geschäft kommt nicht von ungefähr. Es sind nämlich noch immer die Briten, die auf den verschiedenen Offshore-Inseln das Sagen haben: Auf den Cayman-Inseln beispielsweise werden sowohl der Gouverneur als auch der oberste Staatsanwalt von der britischen Regierung bestimmt.[50] So ist das einstige britische Seeräuberparadies führend unter den Hedge-Fund-Domizilen. Anstatt reiche Schiffe aus den Kolonien zu überfallen, profitieren heute die Caymanesen von der Steuerflucht und dem Wunsch der Anleger nach Geheimhaltung. Rund 19 Prozent aller Hedge Funds haben ihren Sitz auf den Cayman-Inseln.

Die Kronkolonien ermöglichen dem weltweit größten Offshore-Finanzzentrum London eine höchst attraktive Arbeitsteilung: Die regulierten Aktivitäten können in London stattfinden, wer aber ein umfassendes Bankgeheimnis schätzt und steuerbefreite sowie niedrig regulierte Aktivitäten will, der wird auf die von London politisch kontrollierten Kronkolonien oder die Kanalinseln verwiesen.[51]

In einem genialen Schachzug haben es nun diverse englische Kronkolonien wie die Bahamas und die Cayman-Inseln geschafft, die formellen gesetzlichen Rahmenbedingungen einzuführen, die es den USA ermöglichten, sie von der Liste der vermutlichen Umschlagplätze für schmutziges Geld zu streichen.[52] Dank der Einführung des von der FATF vorgesehenen Regelwerks zur Verhinderung der Geldwäsche mutierten die beiden britischen Kronkolonien zu »normalen« Finanzdienstleistungszentren. Gesetze dieser Art sind eine Formsache, wesentlich ist, ob die Bereitschaft besteht, sie auch durchzusetzen und einzuhalten. Tatsächlich liegt aber die Verantwortung zur Bekämpfung der Geldwäscherei und zur Kontrolle der einbezahlten Gelder bei dem Administrator eines

Funds, und der sitzt häufig in London oder auch in Dublin, wobei die Verantwortlichkeiten aufgrund komplexer juristischer Verhältnisse nicht immer einfach zu eruieren sind.

Im ersten Quartal des Jahres 2001 hat sich die Zusammenarbeit zwischen dem Mutterland Großbritannien und – vor allem – den Cayman-Inseln stark intensiviert. Insgesamt nahmen die grenzüberschreitenden Kredite im ersten Quartal des Jahres 2001 um 24,1 Milliarden US-Dollar zu, wobei drei Viertel dieses Betrags an caymanesische Nichtbanken, das heißt vor allem Hedge Funds, flossen. Die englischen Banken steuerten zu den Krediten an die Hedge Funds, die vorwiegend zur Erhöhung der Hebelwirkung dienen, rund die Hälfte bei.[53]

Ist aber das Kapital erst einmal eingeschleust und nicht beanstandet worden, so gilt es als »sauber«. Ebenso der Anleger, auch wenn er später größere Kapitalbeträge überweist. Denn ist der Kunde eines Hedge Funds oder einer Bank einmal als »sauber« deklariert worden, so wird die Herkunft des Kapitals auch zu einem späteren Zeitpunkt nicht mehr hinterfragt.[54] Bei allfällig auftauchenden Schwierigkeiten bezüglich Geldwäsche ist London jedenfalls eine gute Adresse, um Probleme zu lösen – auch nach den Attentaten vom 11. September und der damit verbundenen Jagd nach Geldwäschern. Wenn es in der jüngsten Vergangenheit zur Verurteilung von Geldwäschern kam, so betraf es einfachere Formen wie den Missbrauch von Wechselstuben. Für London gibt es auch keinen Anlass, diese Politik grundsätzlich zu ändern. Da der Finanzplatz London einerseits die EU im Rücken hat und andererseits die Hauptstadt des wichtigsten europäischen Partners der USA ist, verfügt er über eine beinahe unangreifbare Position im internationalen Machtgefüge.

Aufgrund ihres Angebots sind die Cayman-Inseln unterdessen zu einem der größten Finanzzentren der Welt geworden. In seinem Beitrag zum Beinahe-Zusammenbruch des Long-Term Capital Management in der *New York Times* hat Morgenthau auf die wachsende Bedeutung der Cayman-Inseln hingewiesen, nun nach den Städten New York, London, Tokio und Hongkong das fünftgrößte regionale Finanzzentrum der Welt. Die Aufsichtsbehörden der US-Banken hätten ihm bestätigt, es bestünden (im Jahre 1998) rund 500 Milliarden Dollar an Depositen auf dieser britischen Kronkolonie, was einer Verdoppelung seit 1994 entspricht. Von den 575 auf den Cayman-Inseln angemeldeten Banken und Trust-Gesellschaften würden nur 106 tatsächlich über eine physische Präsenz verfügen.[55] Immerhin haben 44 der 50 größten Bankunternehmen hier eine Niederlassung. Ferner gibt es auf Cayman 600 Fondsgesellschaften und 400 Versicherungsunternehmen.[56]

Auch die 1997 gegründete caymanesische Börse (CSX) weist ein sehr starkes Wachstum auf, führt sie doch bis zum Sommer 2001 rund 400 handelbare Titel in ihrem Sortiment. Gleichzeitig ist sie sehr eng mit den europäischen und amerikanischen Finanzmärkten verknüpft. So wurde die CSX beispielsweise im Juni 2001 in eine von den amerikanischen Börsen gegründete Selbstüberwachungsorganisation für Börsen aufgenommen. Dies könnte ein Schritt zu einer engeren Zusammenarbeit der US-Börsen mit der caymanesischen Börse sein. Ferner hat die CSX Kooperationsverträge mit Euroclear. Das heißt, wer an der caymanesischen Börse handelt und so allfällige Transaktionssteuern umgehen will, kann die weiteren Abwicklungen des Handels wie Kapitaltransfers und Verschiebung der Wertschriften kostengünstig in Europa vornehmen lassen.[57]

Weitere Kronkolonien, auf denen sich die Administrativsitze von Hedge Funds befinden, sind mit einem Anteil von 16,5 Prozent die britischen Jungferninseln (British Virgin Islands), auf den Bermudas wiederum sind es 11 Prozent und auf den Bahamas 7,2 Prozent. Der Rest verteilt sich auf die üblichen Steuerfluchtorte, aber auch auf durchaus normale, finanzkräftige Nationen wie Australien oder Kanada.

Hedge Funds: Ideal für Geldwäscherei

Die Kombination verschiedenster Einflussfaktoren – Domizil der Hedge Funds in Offshore-Zentren, die durch den Markt begründbare Geheimhaltung über Strategien, die Komplexität der Anlagen sowie die Verquickung mit dem an sich sehr diskreten, daher missbrauchsanfälligen Private Banking – machen die Hedge Funds zum undurchsichtigsten aller Anlagevehikel überhaupt. Das Bankgeheimnis wird mit Hilfe von Hedge Funds gewissermaßen potenziert, denn staatliche Aufsicht fehlt weitestgehend. Und die Möglichkeiten zur Beschaffung von legitimen Nachweisen für plötzlich vorhandene Vermögen sind schier unendlich.

In den USA aber kann einen Hedge Fund eröffnen, wer will. Kontrolliert wird er oder sie nicht.[58] Dazu ein kleines Beispiel: David Mobley, Mitte vierzig und charismatischer Abzocker. Ihm gelang es, sich als erfolgreicher Hedge-Fund-Manager darzustellen und rund 120 Millionen US-Dollar von mehreren hundert Investoren aufzutreiben. Er gab an, ein äußerst erfolgreiches Computerprogramm erfunden zu haben, und verklärte zudem seine Investitionsstrategie mit angeblich mystischem Wissen. Mobley fand die Unterstützung eines bekannten Psychologen, für dessen Buch er im Februar 1998 das Vorwort schrieb: »Seit ich Dr. Tharp (den Psychologen) getroffen habe, hat sich mein Selbstwertgefühl vervielfacht. Ich denke, dies ist auf viele der übernommenen Geheimnisse des Heiligen Grals zurückzuführen, die in diesem Buch beschrieben werden ...«[59]

Mobley bezahlte mit dem Geld der Investoren seine Schulden, kaufte seiner Tochter und sich selbst teure Häuser und Autos. Ein Teil des eingenommenen Geldes floss wieder an die Anleger zurück zum Beweis dafür, dass die angegebene Traumrendite erreicht worden war. Ihm drohen nun diverse Strafen: für Geldwäscherei bis zu zehn Jahren, fünf Jahre für Steuerbetrug und 20 Jahre für die Verwendung illegaler Gelder für Eigentumstransaktionen. Mobley konnte seine betrügerischen Aktivitäten rund acht Jahre lang aufrechterhalten. Hätten nicht betrogene Anleger Klage erhoben, wäre er noch heute im Geschäft.

So dürfte den Hedge Funds in Kombination oder in Ergänzung zu den Derivattransaktionen eine entscheidende Rolle bei der Reinigung schmutzigen Geldes unbekannter Herkunft zukommen, sei es, dass das Geld aus dem Verkauf von Drogen, aus Menschen- und Waffenhandel oder auch aus Steuerdelikten stammt. In ihrem Bericht vom April 1999 zu den Hedge Funds hat die Arbeitsgruppe des amerikanischen Präsidenten auf diesen Sachverhalt hingewiesen: »Was aber die Steuern betrifft, hat die Tatsache, dass eine große Zahl von Hedge Funds in Offshore-Zentren etabliert ist, die auch Steuerparadiese sind, zu der Frage geführt, ob sie nicht von dieser Situation profitieren würden und illegale Steuerhinterziehung sowie weitere unangebrachte Geschäfte tätigen würden.«[60] Diesen »unangebrachten Geschäften« ist bis jetzt allerdings noch nie jemand systematisch nachgegangen. Aufgeschreckt durch die Ereignisse vom 11. September wurde nun Ende Oktober 2001 eine Kommission eingesetzt, die sich aus Vertretern der Börsenaufsichtsbehörde, SEC, dem US-Schatzamt und der US-Notenbank zusammensetzt und die die Möglichkeiten der Geldwäsche über Hedge Funds untersuchen soll. Die Kommission soll ihren Bericht binnen Jahresfrist abliefern.[61]

Dabei bieten gerade die Hedge Funds mit ihren vielfältigen Möglichkeiten von »matched trade« und anderen konstruierten Kauf- und Verkaufsvereinbarungen gute Möglichkeiten zur Geldwäsche, wie wir sie vom Fall Capcom bzw. Ambros bestens kennen. Gewinne und Verluste können unter diesen arrangierten Kontrakten nach Belieben der einen oder der anderen Seite zugeschoben werden. Und ein allfälliger Gewinn kann immer als legitim dargestellt werden, denn die benötigten Dokumente zur Beglaubigung des »sauberen« Geldes aus einer Spekulationstransaktion können jederzeit erzeugt werden. Gleichzeitig stellt sich das Problem der Reintegration allfälliger schwarzer Kassen in einem beträchtlich geringeren Umfang, kann doch via Kreditkarte die Möglichkeit des Zugangs zu dem eigenen Spekulationskonto weltweit organisiert werden.

Die Hedge-Fund-Vertreter sind sich der vielfältigen Missbrauchsrisiken durch die fehlende Aufsicht bewusst. Sie möchten vor allem eine mögliche Schädigung von Anlegern verhindern, da dadurch der Ruf der Branche gefährdet werden könnte. Hin und wieder wird in diesem Zusammenhang auf die Arbeitsteilung zwischen Administration und Management der Funds als mögliches Kontrollinstrument verwiesen. Durch bürokratische Maßnahmen erhofft man sich eine Verhinderung von Missbräuchen. Aber offensichtlich funktioniert diese Art von Kontrolle nicht, wie beispielsweise der Fall des 500 Millionen US-Dollar schweren Hedge Fund »Manhattan Investment Fund« zeigte, der vernichtende Verluste erlitt.

Denn obwohl der Fund von einer Tochter des renommierten Buchprüfers Ernst & Young, dem Fund Administration Services (Bermuda) Ltd., verwaltet und von der internationalen Revisionsgesellschaft Deloitte & Touche kontrolliert wurde, gelang es dem Manager des Funds, Michael Berger, die Verluste über Jahre hinweg zu verheimlichen.[62] Die abgewiesenen Klagen betrogener Anleger gegenüber den Brokern von Berger, die von den Fehlspekulationen sowie den entsprechenden Verlusten Bergers wussten, trotzdem weiter Aufträge von Berger entgegennahmen und auf deren Bezahlung bestanden, zeigten aber, wie schwierig es ist, einem hochgradig arbeitsteiligen System klare Verantwortlichkeiten zuzuweisen. Nach Aussage der zuständigen Richterin besteht nur dann ein Rechtsbruch, wenn sich einer der Beteiligten direkt in der Bereitstellung falscher Gewinnauszüge engagiert.[63] Broker sind demnach nicht verpflichtet, betrügerische Machenschaften ihres Auftraggebers zu melden.

Die Struktur eines Funds

Wie komplex und letztlich auch intransparent aber die Abwicklung, Verwaltung und das Management von Fonds im Zeitalter des Internets und im Rahmen dieser hoch entwickelten, transnationalen Arbeitsteilung geworden sind, mag das nachfolgende, zufällig ausgewählte Beispiel zeigen, in das ein namhaftes deutsches Unternehmen sowie eine Schweizer Finanzgesellschaft verwickelt sind.

Im Zeichen der unsicheren Börse und der damit verbundenen Diversifikation des Engagements dürften Angebote zu derivatgestütztem Devisenhandel – wie das folgende – an Attraktivität gewinnen.[64] Denn das Ergebnis von Wetten auf Devisen ist relativ unabhängig vom Verlauf der Aktienkurse. Bei gleichzeitigen Wetten auf Änderungen von Devisenkursen und Änderungen der Börsenkurse wird so das Risiko diversifiziert und so insgesamt gemindert.

Die fraglichen Dienstleistungen werden von der Finanzgesellschaft First Securities and Trust Company SA mit Firmendomizil in Hergiswil im Kanton Nidwalden, aber den Büros in der noblen Bahnhofstraße in Zürich offeriert. Die First Securities and Trust Company bietet über das Internet den Forex-Handel an, also den Terminhandel mit Devisen. Die Leistungen umfassen einerseits die Hilfe bei der Einrichtung von Konten bei Schweizer Banken, andererseits die Einrichtung regulierter und unregulierter Konten für den Handel mit Devisen sowie die Ausführung entsprechender Transaktionen. Die so genannten SFA-regulierten Transaktionen werden über London ausgeführt, die unregulierten über Nassau, Bahamas.[65] Dabei sind die Transaktionen über die Handelskonten in Nassau günstiger zu haben. Denn in London muss man viermal mehr Geld als Sicherheitsmarge hinterlegen als in Nassau.

Ferner werden für unregulierte Transaktionen Offshore-Konten auf den Cayman-Inseln und auf den British Virgin Islands angeboten: auf Cayman im Rahmen des Fonds The Securities and Futures Performance Fund Limited (Mindesteinlage: 250.000 US-Dollar), auf den British Virgin Islands durch The Currencies and Financial Products Performance Fund Limited (Mindesteinlage: 50.000 US-Dollar) oder ebenfalls auf den British Virgin Islands durch den IQS Performance Fund, verwaltet durch IQS Capital Management Limited (Mindesteinlage: 100.000 US-Dollar). Die Verkaufsgebühr beträgt jeweils 5 Prozent, wobei die Managementgebühren 3 Prozent und die erfolgsabhängigen Performancegebühren 10 Prozent des Nettoprofits beim BVI-Fund betragen sollen. Alle diese Funds werden von der Londoner Tochter der Preussag, der AMT

(Amalgamated Metal Trading) Futures Limited, betreut. Die AMT gehört zu den ersten Anbietern von Managed Futures in Deutschland.[66]

Zum Teil werden die Konten als Omnibus-Konten geführt. Die deutsche Gesetzgebung verbietet Omnibus-Konten, weil bei ihnen der einzelne Anleger nicht mehr feststellen kann, was mit seinem Geld geschieht. Omnibus-Konten ermöglichen Geldwäscherei.[67]

Während die Zürcher Gesellschaft First Securities and Trust Company, die gewissermaßen als Einführungsbroker funktioniert, im Frühjahr 2001 die Preussag noch als Garanten für die Seriosität des ganzen Unternehmens erwähnt, wird der Name »Preussag« im Sommer aus unbekannten Gründen nicht mehr aufgeführt. Vielleicht will die Preussag bzw. ihre Tochter, die AMT, ihr Engagement nicht an die große Glocke hängen.[68]

Wie umfassend und komplex aber das ganze Geschäft organisiert ist, zeigen die näheren Angaben zu den in Cayman geführten Konten: Als Administrator wird eine Swiss Bank & Trust Corporation Limited[69] aufgeführt, Custodian oder Hüter der Wertpapiere – und vermutlich auch ausführender Broker – ist die Swiss Bank Corporation, also der Schweizerische Bankverein, den es nach seiner Fusion mit der UBS nicht mehr gibt. Revisoren sind Coopers & Lybrand, die nach der Fusion mit Price Waterhouse als eigenständiges Unternehmen ebenfalls nicht mehr existieren. Wie hoch und ob überhaupt eine Vermittlungsgebühr von der First Securities and Trust Company verlangt wird, geht aus der Website nicht klar hervor.

Aber es wird noch komplizierter: Als eigentlicher Verkaufsagent, also als »sales agent« tritt nicht die First Securities and Trust Company auf, sondern eine Forex Fidelity. Die Forex Fidelity führt zwei Adressen zur Kontaktnahme auf: eine in Nassau und eine bei einer Tessiner Niederlassung der FSTC. In Nassau dürfte – wie in diesen Fällen üblich – eine Briefkastenfirma bestehen, da zur Kontaktnahme eine Tessiner-Telefonnummer aufgeführt wird. In der Schweiz ist die Forex Fidelity nicht registriert.

Offshore-Gesellschaften auf den ehemaligen britischen Kronkolonien wie den Bahamas, Panama oder den British Virgin Islands zwecks »Steueroptimierung« zu führen und ihnen als Schweizer auch vorzustehen, ist in der Schweiz nichts Außergewöhnliches. Der Schweizer Nationalratspräsident Peter Hess präsidierte eine, bis er auf Druck der Öffentlichkeit sein Mandat aufgab.

Die Finanzgesellschaft First Securities and Trust Company hat eine abwechslungsreiche Geschichte hinter sich. Es ist einer der Firmenmäntel, die oft ihren

Besitzer wechseln und die neuerdings auch über das Internet angepriesen werden. Die Briefkastenadresse in Hergiswil war auch das Domizil der von Max Noser geführten SAL Investment AG. Nach *Börse Online* »... darf sich die SAL Investment AG ... mit einem geschätzten Schaden von mehr als 100 Millionen Mark ... in die lange Liste der Düsseldorfer Anlageskandale eintragen ...«.[70] Laut Handelsregistereintrag vom 18. März 1997 schied Noser zu diesem Zeitpunkt als Aktionär aus der SAL Investment aus und wurde durch Erich Schwörer ersetzt. Die SAL Investment wurde später von der Eidgenössischen Bankenkommission geschlossen.

Erich Schwörer war aber nicht nur bei der SAL Investment tätig, sondern auch bei der First Securities and Trust Company. Er hatte letztere mit Handelsregistereintrag vom 17. November 1998 als »Société Fiduciare Commerciale« erworben und sie anschließend umbenannt. Am 7. September 2000 ging die Gesellschaft an Werner Stoffel über.

Stoffel und Schwörer waren auch beim Royal Trust of Zurich unterschriftsberechtigt, den ab dem 31. März 2000 David Rowe präsidierte. Rowe ersetzte zu diesem Zeitpunkt Max E. Noser. Rowe hat in den USA ein Verfahren wegen Betrugs am Hals. Er soll Anlagen mit betrügerischer Rendite von bis zu 125 Prozent »garantiert« haben. Dabei wurden nach dem System Hedge Funds Daytradern mit einem Hebel von 1:10 für das Tagesgeschäft und 1:4 für das Nachtgeschäft Spekulationsmöglichkeiten zur Verfügung gestellt.[71] Im April 2001 gab das kanadische Office of the Superintendent of Financial Institutions eine Warnung zu dem Royal Trust of Zurich heraus. Für den Royal Trust of Zurich wurde die gleiche Adresse angegeben, unter der auch die First Securities and Trust Company angemeldet ist: Bahnhofstraße 64 in Zürich.

Vor diesem komplexen Hintergrund stellen sich die gleichen Fragen wie bei allen Hedge Funds: Wer ist eigentlich zuständig für die finanz- und bankentechnische Überwachung dieses Gebildes, das als Investment Manager die in London domizilierte Tochter eines Deutschen Mischkonzerns aufführt (Amalgamated Metal Trading ist zu 99,4 Prozent Tochter der Preussag), dessen juristisches Domizil teilweise in einer Kronkolonie liegt und das wiederum als Administrator eine Swiss Bank and Trust Corporation sowie als Custodian, das heißt als Hüter allfälliger Wertschriften, eine Swiss Bank Corporation ausweist, wobei als Revisor die nicht mehr existierende Firma Coopers & Lybrand erwähnt wird. Beim Deutschen Bundesaufsichtsamt für das Kreditwesen sieht man sich außerstande zu intervenieren, da die Preussag kein Finanzinstitut und daher nicht den entsprechenden Gesetzen unterstellt ist. Immerhin stellt die Westdeutsche Landesbank den Vorstandsvorsitzenden der Preussag, und demnach sollten bei der Preussag Grundkenntnisse über potenzielle Risiken der Vermögensverwaltung vorhanden sein.

Hedge-Fund-Manager mit Mafiakontakten

Im Juni 2000 wurden 120 Personen in New York und Umgebung verhaftet, die in großem Maßstab Anleger betrogen hatten. Die Anlagebetrüger bildeten ein Joint Venture diverser Mafiafamilien, angeführt von einem gewissen Robert A. Lino, Hauptmann der Bonanno-Familie, einem klassischen Mafiaclan. Mit von der Partie waren auch Vertreter anderer Mafiafamilien: der Gambino, der Genovese und der Colombo.

Der Fall umfasst alles, was man im Rahmen von Anlagebetrügereien im kriminellen Stil erwartet: Preistreibereien von Wertpapieren über das Internet, Morddrohungen, Einseifen von Anlegern per Telefon, Erpressung, Zahlungen von »kickbacks«, das heißt überhöhten Kompensationszahlungen, die im Sack von Beteiligten verschwinden, Geldwäscherei und vieles mehr. Nach dem Staatsanwalt umfasste die Gruppe der Angeklagten zehn Mitglieder von fünf Mafiafamilien, einen früheren New Yorker Polizeidetektiv, 57 lizenzierte und nichtlizenzierte Aktienhändler, zwölf Aktienverkäufer, 30 Angestellte oder Managementmitglieder von Unternehmen, deren Aktien in den Betrug involviert waren, zwei Buchprüfer, einen Anwalt, einen Investitionsberater und einen Hedge-Fund-Manager.

Der Hedge-Fund-Manager, der mit einem »substanziellen Engagement«[72] mit von der Partie war, war Glenn B. Laken. Glenn B. Laken war an der Chicago Mercantile Exchange als Händler akkreditiert und gilt als guter Bekannter des Playboy-Herausgebers Hugh Hefner. Laken wurde beschuldigt, er habe illegal Bestechungsgelder für einen Pensionskassenverwalter erwirtschaftet, die dazu dienten, den Pensionskassenverwalter zu bewegen, Anlagekapital der Pensionskasse in den von Laken verwalteten hoch riskanten Hedge Fund zu investieren. Die Bestechungsgelder seien unter anderem durch überhöhte Handelskommissionen (»churning«) erzielt worden.[73] Daneben sei über arrangierte Transaktionen der Preis für Aktien hoch getrieben worden. All das sei mit Wissen und mit Absprache der Mafia durchgeführt worden.[74]

Laken war auch Hauptaktionär eines Unternehmens, das einen Online-Newsletter zur Bekämpfung von Aktienbetrügereien über das Internet herausgab.[75] Gemäß der Philosophie der Hedge Funds hat er so versucht, sein juristisches Risiko zu hedgen, indem er eine Gegenposition zu seinem juristisch missbräuchlichen Verhalten aufbaute.

Laken gab sich unschuldig. Er stellte nach Vorliegen der Anklage einen Antrag an die CFTC auf weitere Zulassung als Börsenhändler. Dies wurde ihm verweigert, da er schon früher in verschiedene Aktienbetrügereien, das heißt in »arrangierte Transaktionen« oder »matched trades«, verwickelt gewesen war. Wie wir wissen, eignen sich arrangierte Transaktionen ideal für Geldwäscherei.

Interessant ist, wie das CFTC die Ablehnung von Lakens Gesuch begründete und wie hilflos die Aufsichtsbehörde gegenüber jeglicher Art von Betrug oder auch arrangierten Transaktionen und der damit potenziell verbundenen Geldwäsche ist. Letztlich bleibt der CFTC bloß noch der Appell an die Moral der Börsenhändler, was angesichts der Verhältnisse an den Finanzmärkten wie ein schlechter Witz anmutet:

»Börsenhändler spielen eine wichtige Rolle im offenen Börsenhandel für die Legitimität der Terminbörsen ... Es gibt aber Anreize für Börsenhändler und Broker, private Vereinbarungen im Rahmen der Börse abzuschließen, die nicht nur die Legitimität einer Präsenzbörse unterminieren, sondern auch den Kunden in seinem berechtigten Bedürfnis nach dem besten Preis. Weil Börsenhändler und Broker aber auf einer Tagesbasis ihre Geschäfte abwickeln, haben sie unzählige Möglichkeiten, nicht nur Übereinkünfte zur Schädigung der Anleger, sondern auch gemeinsame Strategien zur Durchsetzung von ungesetzlichem Vorgehen auszuarbeiten und umzusetzen. Konsequenterweise sind ungesetzliche Vereinbarungen, die die legitime Funktion der Börse untergraben, leicht zu treffen, aber schwer zu entdecken. ...Wenn zwei Händler zusammenarbeiten, um ihre arrangierten Transaktionen zu verbergen, ... kann sogar die Video-Überwachung ... betrügerisches Verhalten nicht verhindern.«[76]

Mit anderen Worten: Wenn zwei Händler vereinbaren, Geld mit Hilfe von arrangierten Transaktionen zu waschen, gibt es kein Mittel, um dies zu verhindern. Und bekanntlich sind in den USA Broker nicht verpflichtet, einen Verdacht auf Geldwäscherei zu melden. Einmal mehr gab es im Gefolge der Attentate vom 11. September ein Strohfeuer, diese Meldepflicht einzuführen. Das Strohfeuer dürfte bald wieder erlöschen.

Laufen die Märkte aus dem Ruder?

Mit den Hedge Funds erhält ein Phänomen eine entscheidende Bedeutung, das die Grundsätze einer offenen Gesellschaft und der damit verbundenen liberalen Märkte tangiert: das Spiel mit der umfassenden Geheimhaltung von Strategien und Investitionen einerseits und der bewussten Gerüchtemacherei andererseits, und dies vor dem Hintergrund riesiger Wetten, die auch Nationalstaaten in die Knie zwingen.

Dies verlangt neue Formen der Informationsverarbeitung sowie der Vermittlung von Angebot und Nachfrage. Denn trotz des Bedarfs an Geheimhaltung müssen potenzielle Gegenparteien für Kontrakte, für Käufe und Verkäufe, über irgendwelche Informationssysteme gesucht werden. Über die traditionellen Informationssysteme wie Fax oder Telefon ist aber die gesuchte Anonymität nicht möglich. Ist aber ein Handelsabschluss einmal getätigt worden, müssen entsprechende Kapitalströme fließen und allenfalls auch Wertschriften von einem Depot in ein anderes verschoben werden. Dabei spielt es keine Rolle, ob der Handel außerbörslich, also OTC, oder über eine regulierte Börse abgeschlossen wird.

In jüngster Zeit hat sich nun dank des Internets eine neue Form für Kontraktangebote eröffnet, die den Käufern und Verkäufern von Kontrakten und Wertpapieren die gewünschte Anonymität bietet: die so genannten »Electronic Communication Networks« oder ECNs. ECNs sind Internetplattformen, auf denen jeder der angeschlossenen Teilnehmer irgendeinen Kauf oder Verkauf von Wertpapieren oder anderen börsengehandelten Instrumenten offerieren oder auf entsprechende Angebote eingehen kann.

Das ECN übernimmt die Verbreitung der Angebote an interessierte Kreise.[77] Kann aber der Auftrag nicht innerhalb des eigenen Netzes erledigt werden, wird er an eine »normale« Börse weitergeleitet (»routing«). Diese ECNs haben vor allem im außerbörslichen, unregulierten Geschäft einen großen Anteil am Handelsvolumen erreicht, da sie ihre Dienste sehr günstig anbieten können. Rund ein Fünftel der bei der NASDAQ eintreffenden Aufträge soll beispielsweise von Instinet stammen, einem zu dem Nachrichtendienst Reuters gehörenden ECN.[78]

Im Unterschied zu den meisten regulierten Börsen sind die ECNs ausschließlich »order driven«, das heißt, die eingehenden Aufträge werden gleichzeitig allen Interessierten zugestellt. Für ein ECN ist daher eine möglichst große Liquidität noch wichtiger als für regulierte Börsen, an denen ein Market Maker als Gegenpartei auftreten muss. Market Maker sind im Allgemeinen die großen Banken des Landes, in dem die Börse betrieben wird. Bei dem Market-Maker-System haben die als Market Maker beschriebenen Finanzhäuser das Recht und die Pflicht, zu Kauf- und Verkaufsangeboten Kurse zu stellen. Dabei können die Market Maker für sie interessante Angebote machen, was wiederum zu Lasten der Gegenpartei geschieht. Der Brief/Geld-Spread soll bei Börsen mit Market Maker pro Titel bis zu 75 US-Cents betragen, während ECNs bloß eine Gebühr von wenigen Cents pro gehandelter Wertschrift verlangen.[79]

ECNs gelten als private Investmentgesellschaften und sind so zwar den üblichen Vorschriften, wie beispielsweise »Know your Customer« oder Aufzeichnungspflichten, unterworfen. Sie müssen aber all die zusätzlichen Aufwendungen der regulierten Börsen zur Aufrechterhaltung der Marktintegrität, wie etwa stetes Abklopfen der abgeschlossenen Käufe und Verkäufe im Hinblick auf Insiderhandel, Ad-hoc-Publizität und Offenlegungsvorschriften, nicht auf sich nehmen.

Neben dem bis vor kurzem ausschließlich auf institutionelle Anleger ausgerichteten Instinet – weltweit sind praktisch alle großen institutionellen Investoren und Finanzhäuser an Instinet angeschlossen – gibt es noch verschiedene andere ECNs, wie zum Beispiel den eher auf kleinere Kunden ausgerichteten Broker Charles Schwab und Archipelago. Die einzelnen großen ECNs sind über Querbeteiligungen untereinander vernetzt. Große Investmenthäuser und Vermögensverwalter sowie Instinet kauften beispielsweise im Jahr 2000 bedeutende Anteile von Archipelago. Archipelago bedient sowohl institutionelle Anleger als auch Privatkunden. Archipelago und Instinet sind wiederum, neben großen Finanzhäusern und der SWX (Schweizer Börse), Hauptaktionäre an der Londoner virt-x, der neu entstandenen elektronischen Börse, die paneuropäischen Handel mit Blue Chips betreiben will. Der wichtigste Player hinter der virt-x ist die Schweizer Großbank UBS, die von den vielfältigen Angeboten des Londoner Offshore-Marktes profitieren möchte.

Neuerdings ergänzen große, publikumsorientierte Unternehmen wie etwa Verlagshäuser – in der Schweiz zum Beispiel das Medienhaus Ringier mit »Borsalino« – ihre bis jetzt bestehenden Finanzdienstleistungen wie Information, Beratung oder Handel durch ein Finanzportal, das den internetgestützten Zugang zu Handelsplattformen ermöglicht. Die Grenzen zwischen eigentlichen Börsen, ECNs und elektronischen Handelsplattformen werden fließend, gleichzeitig besteht eine starke Tendenz hin zu vermehrter Deregulierung.

Was aber diese ECNs für potenzielle Geldwäscher und für andere Arten von missbräuchlichen Transaktionen interessant macht, ist – wie bei den Hedge Funds – die bei ihnen gesicherte Anonymität. So meinte etwa ein Vertreter eines der größten ECNs, Carol Vinzant von Island: »Einer der großen Vorteile dieses Modells ist die Anonymität (›privacy‹). Intern führen die ECNs nur die Größe und den Preis des Auftrags, nicht die Identität des Händlers. Bei der NASDAQ werden Aufträge nur mit dem Namen des ECNs aufgeführt.«[80]

Ähnlich argumentiert das mit Reuters affiliierte ECN Instinet in seinem Prospekt für sein eigenes IPO (»initial public offering«), das heißt seinen eigenen Gang an die Börse: »Wir denken, eines der größten Probleme für institutionelle Investoren sind heute die möglichen Auswirkungen auf den Markt selbst, wenn Identität und Handelsabsichten (des institutionellen Investors) bekannt werden.«[81] Diese Anonymität wird mit den Marktgesetzen begründet: Will etwa ein institutioneller Händler oder auch ein Hedge Fund größere Mengen an Wertpapieren oder anderen Kontrakten umsetzen und wird dies bekannt, so kann dies sogar auf den beabsichtigten Handel in Form einer für den Investor nachteiligen Preisänderung zurückschlagen.[82]

ECNs erlauben aber auch Abschlüsse, die an den regulierten Börsen verboten sind. So zum Beispiel das »crossing«.[83] Dabei tritt derselbe Investor sowohl als Käufer als auch als Verkäufer desselben Pakets auf und kann mit diesem Vorgehen den Kurs eines Papiers festlegen. Das »crossing« dient so der Kurspflege, kann aber auch zur Kursmanipulation und zum Aufblasen von Umsätzen, das heißt zum Vortäuschen von hoher Liquidität, verwendet werden. »Crossing« könnte auch problemlos zur Geldwäscherei eingesetzt werden.

Abgesehen davon, dass auch die regulierten Börsen weder Datenbanken über mögliche Handelsmuster für Geldwäscherei führen noch ihre bestehenden Datensätze entsprechend durchsuchen: Mit dem zunehmenden Marktanteil der ECNs am Handel mit Wertpapieren und deren Derivaten wird der Zugang der Behörden zu möglicher Geldwäscherei noch zusätzlich erschwert, wenn nicht gar faktisch verunmöglicht. Unterdessen ist die mangelnde Transparenz in den elektronischen Wertpapiermärkten auch zu einem Thema der Aufsichtsbehörden geworden.[84]

Epilog

Aus dem Randgebiet der Geldwäscherei betrachtet, entpuppen sich die Weltfinanzmärkte als ein von der Realität weitgehend abgelöstes Gebilde, das zu einem Selbstläufer geworden ist. Sie produzieren aus sich selbst heraus ihren eigenen Sinn, ihre globale Dynamik, die kaum auf lokale Gegebenheiten Rücksicht nimmt. Besteht ein kulturelles Gefälle, ein historisch gewachsener Unterschied, der sich kapitalisieren lässt, so werden im großen Maßstab Wetten auf Veränderungen abgeschlossen. Derivate sind das Instrument dazu, bei dem die einen gewinnen, was die anderen verlieren.

Regulatorische Differenzen und steuertechnische Unterschiede bilden die Basis für den weltweit ausgetragenen Wettbewerb der Standorte untereinander. Dabei ist jeder an diesem Geschäft beteiligt, als Betroffener oder indirekt – durch Pensionskassen oder Bankeinlagen etwa – als Mitwettender. Übrig bleibt nur eine groteske Wahl: Sich selbst spekulativ zu engagieren, ist ebenso absurd wie der Verzicht darauf.

Die internationalisierten Finanzmärkte sind das wichtigste Symbol und zugleich das zentrale Instrument der Globalisierung. Symbole aber entfalten ihre volle Wirkung und ihre Lebenskraft nur, solange sie nicht beschmutzt und nicht ernsthaft hinterfragt werden. Denn jede sichtbar gewordene Verunreinigung verlangt Vorschriften, Eingrenzungen, was auch mit zusätzlichen Aufwänden verbunden ist. Aus dieser Sicht grenzt schon allein die Frage nach einer möglichen Beziehung zwischen Geldwäscherei und Derivaten an Ketzerei. Diese Tabus dürfen nicht gebrochen werden.

Die Bemerkung des obersten Beraters des Untersekretariats »Enforcement« des US-Schatzamtes, Michael D. Langan, den Beweis für den Nutzen der Derivate für Geldwäscherei zu erbringen, entspreche der Arbeit eines Galileo Galilei, hat trotz der reichlich verzerrten Größenverhältnisse einen wahren Kern: Auch Galilei kämpfte letztlich gegen absurde Dogmen an, die ihre Existenzberechtigung aus ihrem Beitrag zur Machterhaltung der katholischen Kirche ableiteten. Die zwanghafte Aufrechterhaltung des Dogmas war die Reaktion einer verunsicherten Hierarchie auf sich abzeichnende Veränderungen.

Der Kampf gegen Dogmen ist immer auch ein Kampf gegen von oben herab verkündete Lehrmeinungen und gegen patriarchale Verhältnisse, in denen vorgegeben wird, was zu denken ist. Es sind feudale Verhältnisse, die sich so zu installieren drohen. Die Finanzmärkte mit ihrer Abschottung, mit dem gepflegten »Geheimwissen«, dem Bedarf nach Intransparenz, verbunden mit einer übermächtigen, aufgeblasenen Potenz, bilden einen guten Nährboden zur Züchtung feudaler Abhängigkeiten. Der Versuch, mit Hilfe der kritischen Vernunft zu den gemeinsamen Interessen zurückzufinden und die Realität neu zu definieren, war das traditionelle Mittel im Kampf gegen den Feudalismus. Dazu gehörte der Zwang auf die Fürsten, Rechenschaft über ihr Gebaren abzulegen.

Ob das heute angesichts der virtuellen Realitäten und der von Schaustellern repräsentierten Verantwortung noch möglich ist, ist eine andere Frage. Jean Baudrillard hat in seinem Essay über Amerika bereits Mitte der achtziger Jahre hellsichtig festgestellt: »Was neu ist an Amerika, das ist das Zusammenprallen des ersten Niveaus (primitiv und wild) und des dritten Typus (des Trug- oder Scheinbildes). Kein Niveau dazwischen ... Amerika ist weder ein Traum noch eine Realität. Es ist eine Hyperrealität ... Europa (und damit meint Baudrillard den kritischen Zustand dazwischen) ist verschwunden.«

All dies trifft auf die Finanzmärkte zu. Auch hier fehlt Selbstkritik weitgehend. Wenn aber als Folge von politischen Ereignissen durchaus begrüßenswerte Vorstöße zu vermehrter Kontrolle geldwäschereiverdächtiger Einrichtungen und Methoden unternommen werden, so hinterlässt die Begleitmusik – Abbau der Bürgerrechte – einen schalen Beigeschmack. Denn bisherige Erfahrungen zeigen, dass die getroffenen Maßnahmen und deren Durchsetzung häufig bloß das gesellschaftliche Machtgefälle widerspiegeln und verstärken; Transparenz aber, ein notwendiger Bestandteil jeder demokratischen Ordnung, verkommt so zum bloßen Herrschaftsinstrument.

Im Schatten der Derivate

Anmerkungen

Vorwort

[1] Ich danke Gian Trepp für die Überlassung der Rechte.
[2] Eine Ausnahme bildet die *Neue Züricher Zeitung*, die einen längeren Artikel zur Studie publizierte. Vgl. dazu *NZZ*, 28.8.1999.

1. Geldwäsche als organisiertes Geschäft

[1] Schumpeter, Joseph A.: *Business Cycles. A theoretical, historical and statistical analysis of the capitalist process*, 2 Bände, New York 1939, hier: Band 1, S. 87.
[2] Altvater, Elmar: *Geldwäscherei – Erste Überlegungen*, http://www.bundestag.de/gremien/welt/welt_1pm.html. Vortaten sind die der Geldwäsche vorausgehende Produktion und Veräußerung illegaler Waren.
[3] Naylor, R. T.: *Hot Money and the Politics of Debt*, Montreal 1994.
[4] Quirk, Peter: *Macroeconomic Implications of Money Laundering*, IMF Working Paper, Juni 1996.
[5] Zey, Mary: *Banking on Fraud. Drexel, Junk Bonds, and Buyouts*, New York 1993, S. 230.
[6] Robert, Denis/Ernest Backes: *Révélation$*, Paris 2001.
[7] Gold, Michael/Michael Levi: *Money Laundering in the UK: an appraisal of suspicion-based reporting*, London 1994, S. 2.
[8] Koenen, Krisztina: *George Soros im Gespräch mit Krisztina Koenen*, Frankfurt am Main, 1994.
[9] Tilly, Charles: *War Making and State Making as Organized Crime*, in: *Bringing the State Back In*, edited by Evans, Peter B., Rüschemeyer and Skocpol, Theda, Cambridge 1985, S. 186.
[10] *The New York Times*, 15.10.1995.
[11] *The New York Times*, 4.1.1998, zitiert nach: Saber, Nasser: *Speculative Capital. The Invisible Hand of Global Finance*, Edinburgh 1999, S. 153.
[12] Zitiert aus: Fried, David: *Rationalizing Criminal Forfeiture*, in: *Journal of Criminal Law and Criminology*, Vol. 19, No. 2, 1988, S. 363.
[13] *The Wall Street Journal*, Interactive Edition, 17.9.1998.
[14] *The Washington Post*, 9.6.1999.
[15] *efinance*, 31.7.2000.
[16] Jung, Joseph: *Von der Schweizerischen Kreditanstalt zur Credit Suisse Group. Eine Bankengeschichte*, Zürich 2000, S. 257ff.
[17] Zu der Affäre sind verschiedene Websites sehr informativ, u.a. auch: Zeldin, Michael/Dave Gilles: *The Russian Art of Money Laundering*, http://www.pwcgolbal. com, und: *Statement of Richard L. Palmer before the House Committee on Banking and Financial Services on September 21, 1999*, http://www.house.gov/ financialservices/92199pal.htm.

[18] US-General Accounting Office (GAO-01-120): *Possible Money Laundering Through U.S. Banks*, Washington, Oktober 2000, S. 6.

[19] Rider, B.A.K.: *Fei Ch'ien Laundries: The Pursuit of Flying Money*, in: *Journal of International Planning*, 1(2), 1993, S. 77ff.

[20] The Wall Street Journal, Interactive Edition, 3.10.2000.

[21] Gold/Levi: *Money-Laundering in the UK*, S. 57.

[22] Fax von Graham Saltmarsh vom 5.3.1999.

[23] *Finanz und Wirtschaft*, 4.3.1998, S. 35.

[24] Naylor: *Hot Money*, S. 386.

[25] Sikka, Prem: *Calling the City to Account*, in: *The Tribune*, 4.4.1997.

[26] Findeisen, Michael: »*Underground Banking*« in Deutschland, Wertpapier-Mitteilung, Heft 43/2000.

[27] Partnoy, Frank: *F.I.A.S.C.O. – Blut an den weißen Westen der Wall Street Broker*, erweiterte Taschenbucherstausgabe, München, 4/2000, S. 133ff.

[28] *Neue Zürcher Zeitung*, 13.10.2000.

2. Derivate – Geschichte, Ideologie, Funktionsweise

[1] Miller, Merton H: *Financial Innovations and Market Volatility*, Cambridge, Mass., 1991, S. 4, zit. nach: Steinherr, Alfred: *Derivatives – The Wild Beast of Finance. A Path to Effective Globalisation?*, Chichester 2000, S. 20.

[2] *A Survey of Corporate Finance*, in: *The Economist*, 27. 1. 2001.

[3] *The Wall Street Journal*, 23.9.1996.

[4] Swan, Edward J.: *Building the Global Market. A 4000 Year History of Derivatives*, London 2000, S. 28ff.

[5] Hilferding, Rudolf: *Das Finanzkapital*, 2. Auflage, Wien 1920.

[6] Roover, Raymond de: *Il Banco Medici della origini al declino (1397–1494)*, Florenz 1970, zitiert nach: Le Goff, Jacques: *Kaufleute und Bankiers im Mittelalter*, Frankfurt am Main 1989, S. 32.

[7] Zitiert nach: Le Goff: *Kaufleute und Bankiers im Mittelalter*, S. 32.

[8] Shiller, Robert J.: *Irrationaler Überschwang. Warum eine lange Baisse an der Börse unvermeidlich ist*, Frankfurt am Main/New York 2000, S. 61.

[9] Gramer, Wolfgang, *Das Wartezeitproblem der Bausparkassen*, Berlin 1983.

[10] *Tax-News.com*, Meldung vom 10.7.2001: *Cash 4 Titles*.

[11] Karl Polanyi: *The Great Transformation. Politische und ökonomische Ursprünge von Gesellschaften und Wirtschaftssystemen*, Frankfurt am Main 1995.

[12] Braudel, Fernand: *Der Alltag*, S. 519f.

[13] Zu den Geschäften der Metallgesellschaft findet sich in dem Buch von Steinherr, *Derivatives. The Wild Beast of Finance*, eine gute Zusammenfassung. Vgl. dort S. 62ff.

[14] Bender, Johann Heinrich: *Verkehr mit Staatspapieren im In- und Ausland*, Göttingen 1830.

15 Ebenda.
16 Leitner, Friedrich: *Das Bankgeschäft und seine Technik*, 4. Auflage, Frankfurt am Main 1920, S. 620f.
17 Holz, Leonhard: *Die Prämiengeschäfte*, Berlin 1905, S. 20.
18 *The New York Times*, 19.9.1997.
19 Vinzenz Bronzin: *Theorie der Prämiengeschäfte*, Wien 1908; eine Forschungsarbeit zu Bronzin, seiner Theorie und deren historischem Hintergrund ist vorgesehen: W. Hafner/H. Zimmermann: *Professor Bronzin's contributions to modern option pricing*.
20 Louis Bachelier: *Théorie de la Spéculation*, und: *Théorie Mathématique du Jeu*, jeweils Paris 1995.
21 *Scientific American: A Calculus of Risk*, May 1998, S. 95.
22 Bronzin: *Theorie der Prämiengeschäfte*, S. 42f.
23 Bernstein, Peter L.: *Wider die Götter. Die Geschichte von Risiko und Risikomanagement von der Antike bis heute*, Berlin 1997.
24 Weber, Adolf: *Geld, Banken, Börsen*, Leipzig 1939, S. 337.
25 Hilferding: *Das Finanzkapital*, S. 199ff.
26 Vergleiche dazu: Saber: *Speculative Capital. The Invisible Hand of Global Finance*, S. 148.
27 Die Vergleichszahl von drei Viertel bezieht sich sowohl auf den Marktwert dieser Instrumente, das heißt den Wert, zu dem sie unter den eigentlichen Kontraktparteien gehandelt werden, als auch auf den Kapitalbetrag, der dem eigentlichen Geschäft unterliegt.
28 Kaderli, Rudolph/Edwin Zimmermann (Hg.): *Handbuch des Bank-, Geld- und Börsenwesens der Schweiz*, Thun 1947.
29 Leitner, Friedrich: *Das Bankgeschäft und seine Technik*, 4. Auflage, Frankfurt am Main 1920, S. 609.
30 Alle Angaben aus: *SOFFEX-Produkte im Zinsbereich*, herausgegeben von SOFFEX – Swiss Options and Financial Futures Exchange AG, Dietikon, Zürich 1994.

3. Geldwäsche mit Derivaten

1 Commission Regulation 1.35(a-1).
2 § 34a Wertpapierhandelsgesetz (WpHG).
3 Miller, Merton H.: *Merton Miller on Derivatives*, New York 1997, S. 106.
4 Vgl. dazu *Time*, 22.10.2001: Banking on Secrecy.
5 *The Wall Street Journal*, Interactive Edition, 9.3.2001.
6 Arthur Andersen: *Analyse der Bedeutung und Erscheinungsformen der Wirtschaftskriminalität im Schweizerischen Bankwesen*, Zürich, 16.11.1994.
7 Department of the Treasury: Senior Adviser to the Under Secretary Enforcement.

8   U.S. Congress, Office of Technology Assessment (OTA), *Information Technologies for Control of Money Laundering*, Washington 1995, S. 68.

9   Mehr zu den Hedge Funds in Kapitel 6.

4. Geldwäsche mit Derivaten: Ein Praxisbeispiel aus Deutschland

1   »Kamal Adham war zwischen Mitte der sechziger und Ende der siebziger Jahre der wichtigste Verbindungsmann der CIA im Nahen Osten, er war einer der führenden Köpfe der BCCI bei der Übernahme von First American und im Übrigen ein wichtiger Strohmann der Anteilseigner der BCCI. Er war und ist eine der Schlüsselfiguren in der Affäre um die BCCI.« Aus: Senator John Kerry and Senator Hank Brown: *The BCCI Affair: A Report to the Committee on Foreign Relations*, United States Senate, Dezember 1992; im Folgenden zitiert als »Kerry-Report«.

2   Vgl. dazu den Bericht von Rainer Begasse, Wirtschaftsreferent: *Zu dem Ermittlungsverfahren gegen die Angeschuldigten Günter Bökels, Hans Jürgen Funk und Dipl.-Kfm. Richard Sax wegen Verdachts des Betruges gem. § 263 StGB und des Verdachts der Untreue gem. § 266 StGB zum Nachteil der Kapitalanleger der AMBROS S. A. und der Rainbow Investment Fund Ltd.*, Düsseldorf, November 1992, S. 38: »... die Ambros S. A. hat seit Jahren ein klassisches Schneeballsystem betrieben, um auf diese Weise ihren Geschäftsbetrieb aufrechtzuerhalten.« (Im Folgenden zitiert als »Bericht Begasse«.)

3   *Verwalter im Performance-Test*, in: *WirtschaftsWoche* vom 14.11.1986 und *DM*, 10/86, wo die Sax Vermögensverwaltung unter den führenden deutschen Vermögensverwaltern aufgeführt wird.

4   Vgl. dazu: *Konkursverfahren über das in Deutschland befindliche Vermögen der Ambros S. A., Calle 53 Obbario/Torre Bancosur, Panama-Stadt, Republik Panama*; Amtsgericht Duisburg, Aktenzeichen 7 N 148/91, S. 8.

5   Aussage Richard Sax vom 15.4.1991, Wirtschaftsstrafverfahren der Staatsanwaltschaft Düsseldorf, Aktenzeichen 28 Js 102/90.

6   Ebenda.

7   Bericht Begasse, S. 111f., und Aussage Richard Sax vom 15.4.1991, Wirtschaftsstrafverfahren der Staatsanwaltschaft Düsseldorf, Aktenzeichen. 28 Js 102/90.

8   Bericht Begasse, S. 13f. und S. 47.

9   *vbs-time*, Nr. 3 vom März 1989.

10 *vbs-time*, Nr. 5 vom Juni 1989.

11 Mündliche Aussage eines ehemaligen VBS-Vertriebsmitarbeiters.

12 *vbs-time*, Nr. 10/90.

13 *Impulse*, 4/1988.

14 *Capital*, 5/1986.

15 Aussage Richard Sax vom 13.4.1991, Wirtschaftsstrafverfahren der Staatsanwaltschaft Düsseldorf, Aktenzeichen 28 Js 102/90, handschriftliche Ergänzung zur Vernehmung vom 25.4.1991.

[16] Zu diesem Aspekt vgl.: Truell, Peter/Larry Gurwin: *False Profits – The Inside Story of BCCI, the World's Most Corrupt Financial Empire*, New York 1992, S. 147ff., sowie den Kerry-Report, Dezember 1992, Kapitel 21: *Capcom: A case story of money laundering*, ferner Adams, James Ring/Douglas Frantz: *A Full Service Bank. How BCCI Stole Billions Around the World*, New York, 1992, S. 216ff.

[17] Vgl. dazu den Kerry-Report, Dezember 1992, Kapitel 21.

[18] Ebenda.

[19] Bandung Productions, transcript, *The Fraud of the Century*, 11. 9. 1991, S. 53–59. Zitiert nach: Kerry-Report, Dezember 1992, Kapitel 21.

[20] Ian Watt, zitiert nach: Kerry-Report, Dezember 1992, Kapitel 21.

[21] Truell/Gurwin: *False Profits*, S. 234ff.

[22] Ebenda, S. 217.

[23] »Incompetence, errors made by unsophisticated amateurs venturing into a highly technical and sophisticated market«, zitiert aus: Bingham, The Right Honorable Lord Justice, *Inquiry into the Supervision of the Bank of Credit and Commerce International*, London 1992.

[24] Joint Unanimous Written Consent of Directors and Shareholders of Capcom Futures, Chicago, 16.4.1987.

[25] Stephan Early, General Counsel to the CBOT testified before the Subcommittee; Kerry-Report, Kapitel 21.

[26] Bericht Begasse, S. 95ff.; Schulungsunterlagen VBS GmbH.

[27] Aussage Hans-Jürgen Metzler am 27.8.1991 in Köln.

[28] Mohammed Saghir, Direktor der Capcom Chicago, versuchte in seiner Zeugenvernehmung in Luxemburg den Anschein aufrechtzuerhalten, er sei bei der Sitzung in London nicht anwesend gewesen. (Zeugenvernehmung vom 27.8.1991.)

[29] Aussage von Hans-Jürgen Metzler vom 28.8.1991.

[30] Kerry-Report, Kapitel 21, sub *Capcom and Ambros*.

[31] Bericht Begasse, S. 26ff.

[32] Brief von Rechtsanwalt Volker Pflanz an die VBS GmbH zu Händen Günther Bökels vom 3.5.1988.

[33] Vgl. dazu den *Gerlach-Report* vom 6.4.1988 und insbesondere die Anlegerschutz-Analyse Nr. AA 454.

[34] Aussage Michael Hemmers, Landespolizei Fürstentum Liechtenstein, vom 11.7.1991.

[35] Adams/Frantz: *A Full Service Bank*, S. 203ff.

[36] *The Wall Street Journal*, 22. 11. 1991.

[37] National Futures Association, *Report of Actions taken during the 4th Quarter 1990*, NFA Case Nt. 90-BCC-029: »The Complaint alleged that an associated person of Capcom made misrepresentations to one customer and placed unauthorized trades in the account of another Capcom customer (C.R. 2-4) and that on July 11, 1989, Capcom failed to collect margin for one customer account at the

required level (F.R.Sec. A8-a). The Complaint also alleged that based on the above allegations, Capcom failed to diligently supervise its employees and agents in the conduct of their commodity futures activities (C.R. 2-9).«

[38] Aussage von Donald Longmore, National Futures Association, vor dem Central Regional Business Conduct Committee, Chicago, 19.7.1990.

[39] »There is evidence that Capcom engaged in money laundering for a variety of clients both in the United States and in London. For example, some 50 transactions were identified in the Futures, Inc. accounts with insufficient or no supporting documentation regarding the source or disposition of funds. These transactions totalled more than $125,000,000.« (Kerry-Report)

[40] Das Fifth Amendment der US-Verfassung beinhaltet das Recht eines Verdächtigen zur Aussageverweigerung, um sich nicht selbst belasten zu müssen.

[41] After reviewing the Saghir/Zaheer transactions, Gerald Beyer, Vice President for the CME, told the Subcommittee that »... on a personal level, when I was involved in this investigation, I was certain that it involved drug money and laundering of money. But there was no way we could prove that. We discussed that in our committee; we discussed that among ourselves.« (Kerry-Report)

[42] Brief von Kevin Call vom 9.7.1992.

[43] »... nor will we ever learn the full story of how BCCI's complicated frauds were committed. Many records were falsified or simply distroyed; in numerous cases cash transactions were never recorded.« Aus: Truell/Gurwin: *False Profits*, S. 435.

[44] Nach der Aussage von Richard Sax vom 3.7.1991 »arbeitete Metzler ... besonders eng mit Longmore zusammen«.

[45] Aussage von Hans-Jürgen Metzler vom 29.8.1991.

[46] Bericht Begasse, S. 88.

[47] Kerry-Report, Kapitel 21; Kommentar des Kerry-Berichts: »Incredibly, it appears that the CFTC and the self-regulatory organizations have never even made a criminal referral for possible money laundering.«

[48] Partnoy: *F.I.A.S.C.O. – Blut an den weißen Westen der Wall Street Broker*, S. 248.

[49] »Akbar used Capcom and its accounts to conceal the source of the funds and ›transform‹ them into facially legitimate business capital, brokerage fees, and bank account deposits.« Aus: Kerry-Report, Kapitel 21.

[50] Kerry-Report, Kapitel 21.

[51] Hans-Walter Jungen: *Universelles Leben. Die Prophetin der Endzeit und ihr Management*, München 1998, S. 268f.

[52] Vgl. Jungen, *Universelles Leben*, S. 404, wo er die Schriften Richard Wagners erwähnt; Kerry-Report, Kapitel 21, sub *Ambros*.

[53] Bayerischer Verwaltungsgerichtshof, Aktenzeichen 7 CE 93.2403.

[54] Jungen, *Universelles Leben*, S. 270.

[55] Aussage von Hans-Jürgen Metzler vom 29.8.1991.

[56] Ebenda.

57 Jungen, *Universelles Leben*, S. 268.

58 Ebenda, S. 270f.

59 Allerdings führt Pfarrer Werner Thiede im Materialdienst der EZW 7/1993, (S. 215) aus: »... nach Angaben der Staatsanwaltschaft, die im Laufe der Ermittlungen dem Verbleib der Millionen nachgegangen war, sei aber nichts entdeckt worden, was dafür sprechen könnte, dass Gelder in UL-Richtung geflossen seien«. Jungen hingegen schreibt: »... dass über so genannte ›Sitzgesellschaften‹ in Liechtenstein größere Summen an Einrichtungen und Institutionen flossen, die der Glaubensgemeinschaft UL nahe stehen.« (Jungen, *Universelles Leben*, S. 269.)

60 Bericht Begasse, S. 126f.

61 Auch Longmore wechselte zu Brody White in New York. Zeugenvernehmung von Mohammed Saghir vom 27.8.1991 in Luxemburg.

62 *Main-Post*, 1.10.1993, zitiert nach: Jungen: *Universelles Leben*, S. 269.

63 Mitchell, Austin/Prem Sikka et alius: *The BCCI Cover-Up*, edited by Association For Accountancy & Business Affairs, Basildon 2001.

64 Truell/Gurwin: *False Profits*, S. 369.

65 *San Francisco Weekly*, 19.9.2001.

66 Beaty, Jonathan: *The Outlaw Bank*, New York 1993.

67 *The Wall Street Journal*, 28.9.1999.

68 Truell/Gurwin: *False Profits*, S. 369.

69 *The Wall Street Journal*, 28.9.1999.

70 Ebenda.

71 *Harper's Magazine*, Februar 2000.

72 *The Wall Street Journal*, 27.9.2001.

73 Washington Business Journal, 30.4.2001.

74 IntelligenceOnline No 413, *http://www.intelligenceonline.fr/*

75 *ABCNews* 8.7.1999.

76 James Woolsey hearing, US Counterterrorism strategy, Senate Judiciary Committee, US Senate, 3.9.1998.

77 *Le Nouvel Observateur*, 4.10.2001, S. 82.

78 *Harper's Magazine*, Februar 2000.

79 *The Wall Street Journal*, 27.9.2001.

80 *Le Nouvel Observateur*, 4.10.2001, S. 82: »On comprend mieux, dans ces conditions, pourquoi certaines institutions financières ou organisations charitables d'Arabie Saoudite et des pays du Golfe ont été 'oubliées' dans la liste de George W. Bush. Reste à savoir si les enquêteurs chargés de s'attaquer à l'hydre terroriste s'en tiendront à cette première liste publique, très incomplète, ou s'ils ont dressé en secret une autre liste de cibles qui ne peut pas, pour des raisons diplomatiques, être divulguées.«

81 *The New York Times*, 25.10.2001.

82 Judicial Watch, Press Release, 28.9.2001.

5. Japan oder die hohe Kunst, mit Hilfe von Derivaten das Gesicht zu wahren

[1] Partnoy: *F.I.A.S.C.O. – Blut an den weißen Westen der Wall Street Broker*, S. 286. Diese Aussage von Frank Partnoy ist naiv. So schreibt die Organisationssoziologin Mary Zey: »In the United States of the late 1970s, it was estimated that 30 percent of all corporate liquidations were the result of fraud ... The proportion increased in the 1980s to approximately 46 percent. This, of course, was fraud that was detected. We do not know to what extent undetected fraud contributed to the success of some organizations and the demise of others ... I came to realize that the extent of securities fraud in the 1980s was greater than I had ever imagined, certainly much greater than what was being reported in the press or prosecuted in the courts.« Aus: Zey: *Banking on Fraud*, S. 233.

[2] *Financial Times*, 18.6.1999.

[3] Jongsoo Lee: *The »crisis« of non-performing loans*, in: *Banking in Japan*, by William M. Tsustsui, London 1999, S. 246.

[4] OECD-Erhebungen, zitiert in: *Financial Times*, 18.6.1999.

[5] Hartcher, Peter: *The Ministry. The Inside Story of Japan's Ministry of Finance*, London 1998, S. 2f.

[6] Taka, Iwao: *The House of Nomura and the Japanese Securities Scandals*, *http://rider.wharton.upenn.edu/-ethics/cases/nomura.html*.

[7] Fabre, Guilhem: *Les Prospérités du Crime*, Editions de l'Aube, Paris 1999, S. 88ff.

[8] Vgl. dazu etwa Seymour, Christopher: *Yakuza Diary. Doing Time in the Japanese Underworld*, New York 1996.

[9] *Business Week*, 16.12.1996.

[10] *Financial Times*, 22.1.1998.

[11] *The Wall Street Journal Europe*, 23.10.1997.

[12] Pons, Philippe: *Misère et crime au Japon – du XVIIe siècle à nos jours*, Paris 1999, S. 373.

[13] *Financial Times*, 12.12.1995.

[14] Vgl. dazu Fabre: *Les Prospérités du Crime*, S. 87f.

[15] *Toyo Keizai*, 25.4.1998, Spezialausgabe über »Yamaichi Shouken«.

[16] Partnoy: *F.I.A.S.C.O. – Blut an den weißen Westen der Wall Street Broker*, S. 286.

[17] Hartcher: *The Ministry*, S. 181.

[18] *The Nihin Keizai Shimbun*, Monday Morning Edition, 5.3.2001.

[19] Ostrom, Douglas: *Bears, Scandals and Reforms Pummel Japanese Financial Markets*, Japan Economic Institute, March 20, 1992, NO. 11B.

[20] *Toyo Keizai*, 25.4.1998, Spezialausgabe über »Yamaichi Shouken«, und: *Neue Zürcher Zeitung*, 20.3.1998.

[21] *Financial Times*, 6.4.1999.

22 E-Mail vom 28.2.2001.
23 *Yomiuri Shimbun,* 19.11.1999.
24 AFXnews (UK),1.9.1999.
25 AFXnews Europe, 3.8.1999.
26 Aus: *The Weekly Post,* 29.3./4.4.1999.
27 Aus: *The Weekly Post,* 29.3./4.4.1999.
28 *Financial Times,* 30.7.1999.
29 *Yomiuri Shimbun,* 19.3.2001.
30 Vgl. dazu Partnoy: *F.I.A.S.C.O. – Blut an den weißen Westen der Wall Street Broker,* und den Artikel von Kevin Pekar in der *Neuen Zürcher Zeitung* vom 26.10.1999.
31 Partnoy: *F.I.A.S.C.O. – Blut an den weißen Westen der Wall Street Broker,* S. 313.
32 Ebenda, S. 164.
33 Vgl. Vietze, Axel: *Accounting for financial risk corporations. Is fair value accounting for financial instruments the solution?,* Bamberg 1999.
34 *Financial Times,* 17.8.2001.
35 *Bloomberg News,* 24.5.2000.
36 *Neue Zürcher Zeitung,* 9.3.2001.
37 Unter anderem hat er für das englische Derivatlehrbuch von Francesca Taylor ein Kapitel mit dem Titel »Die Funktion des Compliance-Verantwortlichen in einem Derivatunternehmen« verfasst. (Taylor, Francesca: *Mastering Derivatives Markets. A Step-by-Step Guide to the Products, Applications and Risks,* London 1996.)
38 Thomson, Richard: *Apocalypse Roulette. The Lethal World of Derivatives,* London 1998, S. 94ff.
39 E-Mail vom 28.2.2001.
40 *Tages-Anzeiger-Magazin,* Nr. 21/26.5.2001.

6. Hedge Funds – Leitwölfe der internationalen Spekulation

1 Da es den Hedge Funds verboten ist, sich über die traditionellen öffentlichen Medien anzupreisen, findet der Informationsfluss praktisch ausschließlich über das Internet statt. Als etwas chaotische Ausgangsbasis für Recherchen ist das virtuelle Dorf Albourne zu empfehlen. *http://village.albourne.com.*
2 Sharma, Sunil: *Regulation of Hedge Funds,* in: Eichengreen/Mathieson: *Hedge Funds and Financial Market Dynamics.* Banken, die Kapitalien bei Hedge Funds anlegen, verlangen normalerweise periodisch Rechenschaft über die wichtigsten Positionen.
3 Report of the President's Working Group on Financial Markets, April 1999.
4 Gesetz über Kapitalanlagegesellschaften (KAGG), § 8d Abs. 1 und § 8f Abs. 1.
5 Bei einem »total return equity swap« wird der gesamte wirtschaftliche Ertrag eines bestimmten Finanzwertes, der zum Maßstab der Gewinnentwicklung ge-

nommen wird, gegen variable Zahlungen und mögliche Verlustausgleiche getauscht.

6 *The Wall Street Journal*, Interactive Edition, 21.11.2001.

7 *Tax Shelters for Business Flourish as IRS Scrutiny Fades*, in: *The New York Times*, 19.12.2000.

8 *Financial Times*, 22.10.2001.

9 *Fortune*, 8.6.1998.

10 *Financial Times* 18.9.1997.

11 Zur Spekulation und ihrer inhärenten Funktion für die Kapitalmärkte sind die Werke von Hilferding: *Das Finanzkapital*, und Saber: *Speculative Capital*, lesenswert.

12 *European Fund Manager*, Spring 2001, Fund Administration Supplement.

13 Tremont Partners, Inc. & TASS-Investment Research Ltd.: *The Case for Hedge Funds*, S. 4. Die Studie kann von *hedgeworld.com* heruntergeladen werden.

14 Vgl. dazu auch Eichengreen, Barry/Donald Mathieson: *Hedge Funds. What Do We Really Know?*, IMF Economic Issues, No. 19, 1999.

15 Koenen: *George Soros im Gespräch mit Krisztina Koenen*, S. 75. Für heutige Renditen vgl. etwa die Managed Account Reports, MAR/Hedge, New York; *http://marhedge.com*, oder auch Van Hedge Fund Advisors International Inc.

16 Cottier, Philip: *Hedge Funds and Managed Futures*, Bern 1997.

17 Die nachfolgende Übersicht soll einen grundsätzlichen Einblick in die vielfältigen Strategien der Hedge Funds verschaffen und stellt in diesem Sinne keine umfassende Systematik dar. Sie orientiert sich am Tremont/TASS-Bericht.

18 Vgl. dazu die Ausführungen von Eichengreen/Mathieson: *Hedge Funds and Financial Market Dynamics*, S. 10.

19 Vgl. Brewer III, Elijah / William E. Jackson III: *Requiem for a Market Maker*, Working Papers Series, Federal Reserve Bank of Chicago, Dezember 1997 (WP-97-25).

20 Vgl. dazu Zey: *Banking on Fraud*.

21 Die ERM-Zone umfasste die Kernwährungen der zukünftigen EU in einer Währungsschlange mit festgelegten Schwankungsbreiten der Wechselkurse.

22 Eichengreen/Mathieson: *Hedge Funds and Financial Market Dynamics*.

23 Cohen, Ariel: *Russian Money Laundering: Questions Congress Should Ask*, in: *The Heritage Foundation Backgrounder*, 22.9.1999.

24 Vgl. dazu: *Report of the Market Dynamics Study Group*, Financial Stability Forum, Working Group on Highly Leveraged Institutions, Annex I.

25 Financial Stability Forum: *Report of the Working Group on Highly Leveraged Institutions*, 5.4.2000, S. 124ff.

26 Nach dem Tremont/TASS-Bericht sollen rund 4 Prozent aller Hedge Funds mit einem verwalteten Vermögen von rund 15 Prozent dieser Strategie folgen.

27 Eichengreen/Mathieson: *Hedge Funds: What Do We Really Know?*

28 *Risk & Reward*, October 2001

29 *CBS MarketWatch*, 10.9.2001.

30 Lowenstein, Roger: *When Genius failed. The Rise and Fall of Long-Term Capital Management*, New York 2000, unter dem Stichwort »haircut«.

31 Jorion, Philippe: *Risk Management Lessons from Long-Term Capital Management*, University of California at Irvine, Irvine 2000.

32 *The Economist*, 3.10.1998.

33 10.1.1998; Statement von Steven A. Lonsdorf.

34 »What was unique, however, was that Jones operated in complete secrecy for seventeen years.«, Tremont Partners, Inc. & TASS-Investment Research Ltd.: *The Case For Hedge Funds*, S. 4.

35 Parkinson, Patrick M.: *Progress Report by the President's Working Group on Financial Markets*, testimony before Committee on Agriculture, Nutrition and Forestry, U.S. Senate, December 16, 1998, zitiert nach: Lowenstein: *When Genius failed*.

36 *Remarks by Alan Greenspan before the Futures Industry Association*, Boca Raton, Florida, March 19, 1999, zitiert nach: Lowenstein: *When Genius failed*.

37 Zu der Diskussion vgl. Saber: *Speculative Capital*, S. 165ff.

38 *Background Note on the Hedge Fund Industry*, Prepared by the IMF for the FSF HLI Working Group, Annex D.

39 *Hedge MAR*, Issue No. 82, October 2000.

40 *The Guardian*, 25.11.2000.

41 Unterdessen sollen die Hedge Funds fähig sein, ein ebenso großes Kapitalvolumen zu mobilisieren wie alle US-amerikanischen Handelsbanken (»commercial banks«) zusammen. Aus: Davies, Howard: *Shedding Light on Hedge Funds*, Speech hold on Inaugural European Hedge Fund Forum Dinner. Zunehmend engagieren sich auch Pensionskassen in Hedge Funds.

42 *Financial Times*, 12.5.2001.

43 Vgl. dazu: *International banking and financial market developments*, in: *BIS Quarterly Review*, September 2001, S. 18.

44 Rao, Rama/Jerry J. Szilagyi: *The Coming Evolution of the Hedge Fund Industry. A Case for Growth and Restructuring*, KPMG, März 1998, S. 15.

45 *Ebenda*, S. 11.

46 *Report of the Working Group on Offshore Centres*, Financial Stability Forum, 5.4.2000, S. 15.

47 *The New York Times*, 13.11.1998.

48 Vgl. dazu Stewart, James B.: *Club der Diebe*, Berlin 1999, S. 286ff.

49 Das häufig erwähnte Argument gegen eine bessere Überwachung der Hedge Funds, sie würden dann einfach in ein weniger reguliertes Domizil ausweichen, ist unter diesen Umständen höchst fragwürdig. Merkwürdigerweise verweisen auch die IMF-Forscher Barry Eichengreen und Donald Mathieson auf dieses Argument. Das mag mit ihrer Nähe zur Hegde-Fund-Industrie zusammenhängen. Ohne diese Nähe hätten sie wohl kaum zuverlässige Informationen er-

halten. Eichengreen/Mathieson: *Hedge Funds and Financial Market Dynamics*, S. 22.

50 Vgl. dazu *Review of Financial Regulation in the Crown Dependencies*, United Kingdom, November 1998, *http:/www.official-documents.co.uk/document/cm41/4109-i.htm*.

51 Zur Rolle von London als größtem Offshore-Finanzzentrum vgl. Cassard, Marcel: *The Role of Offshore Centers in International Financial Intermediation*, IMF Working Paper, September 1994, WP/94/107.

52 *Wall Street Journal*, 3.7.2001.

53 Vgl. dazu *International banking and financial market developments*, in: *BIS Quarterly Review*, September 2001, S. 18.

54 Andersen, Eric, Manager of Fund Services for Amicorp Fund Services, Netherlands Antilles: *The Practical Impact of Anti Money-Laundering Legislation in the Various Offshore Jurisdictions*, *http://www.hedgefundnews.com/news_n_info/article_detail.php?id=247*. Der Artikel ist auch bei *Hedge Fund News*, Mai 2001, erschienen.

55 *The New York Times*, 13.11.1998.

56 U.S. Congress, Office of Technology Assessment, *Information Technologies for the Control of Money Laundering*, S. 11.

57 *Cayman Islands Stock Exchange News*, Juli 2001.

58 *Wall Street Journal*, 20.10.2000.

59 *St. Petersburg Times*, 21.7.2001, und *Naples News*, 17.4.2001.

60 Vgl. dazu das Kapitel *Offshore Financial Centres and Tax Havens* in *Hedge Funds, Leverage, ant the Lessons of Long-Term Capital Management, Report of te President's Working Group on Financial Markets*, April 1999.

61 Financial Times, 30.10.2001

62 *Barron's*, 17.1.2000.

63 *Risk & Reward*, Juni 2001.

64 Auf der Suche nach Hinweisen zu »omnibus account« im Internet mit Hilfe verschiedener Suchmaschinen stieß ich zufällig auf den »Fall«.

65 Warum diese Konten noch als SFA-reguliert beschrieben werden, ist unklar. Die SFA oder Securities and Futures Authority befindet sich seit 1998 in der Auflösung und soll in der nächsten Zeit vollständig in die FSA oder Financial Services Authority eingebaut werden.

66 *Risk & Reward*, Juni 2001.

67 Vgl. Kapitel 3.

68 Vgl. dazu die Websites *www.dollarinvest.com/forex/swiss/fxbus.htm* und *www.dollarinvest.com/forex/fidelity/amtfund.htm* sowie für Amalgamated Metal Trading: *www.amtfutures.co.uk/fm.assp*.

69 Bei einer Swiss Bank Trust Corporation auf Cayman wurde auch der rätselhafte Rainbow Investment Fund von Donald Longmore platziert.

70 *Börse Online*, 17/1998.

Im Schatten der Derivate

71 United States of America vs. David Rowe, Michael Burns and Waylon Mc Mullon, Northern District of California.

72 United States of America before the Commoditiy Futures Trading Commission, in Matter of Glenn B. Laken, CFTC Docket No. SD 00-05: »Laken's role in the criminal organization described in the Lino indictment was substantial.«

73 *Chicago Tribune*, 15.6.2000.

74 United States of America against Robert A. Lino, Southern District of New York, 2000, U.S. Dist. LEXIS 18753.

75 *Business 2.0*, January 2001 Issue, *http://www.business2.com*

76 United States of America before the Commoditiy Futures Trading Commission, in Matter of Glenn B. Laken.

77 Die amerikanische Börsenaufsichtsbehörde definiert ECNs als »automatisierten Mechanismus, der dafür sorgt, dass Angebote von Market Makern breit an dritte Parteien weitergeleitet werden und so die Ausführung von Aufträgen durch ein anderes als ein sich überkreuzendes System (›crossing system‹) ermöglicht«. Vgl. dazu Securities Exchange Act Release No. 37619A (Sept. 6. 1996).

78 Vgl. dazu etwa *Forbes*, 10.10.2000.

79 *Barron's*, 26.7.1999.

80 *Fortune*, 22.11.1999, S. 251; »privacy« wird in Finanzkreisen etwa auch mit »Bankgeheimnis« übersetzt.

81 IPO: *Instinet Group Incorporated*, 17.5.2001, S. 53.

82 Neben den Gebühren und allfälligen Steuern sind dieser Effekt sowie der Bidask-Spread die entscheidenden Größen für die Attraktivität einer Börse; im Englischen werden diese »Nebeneffekte« unter dem Begriff »market impact« zusammengefasst. Zum »market impact« verschiedener Börsen gibt es im Internet verschiedene Untersuchungen. Ein theoretisches Modell ist unter *http://www.barra.com/Newsletter/nl166/MIMNL166.asp* zu finden.

83 Vgl. Beschreibung zum IPO von Instinet.

84 Vgl. *Neue Züricher Zeitung*, 27.3.2000.

Quellen

Background Note on the Hedge Fund Industry, Prepared by the IMF for the FSF HLI Working Group, Annex D

Bank for International Settlements (BIS), *Central Bank Survey of Foreign Exchange and Derivatives Market Activity*, BIS, Basel, Mai 1999

Bank for International Settlements (BIS), *Central Bank Survey of Foreign Exchange and Derivatives Market Activity*, BIS, Basel, Mai 1996

Bank for International Settlements (BIS), *OTC Derivatives: Settlement Procedures and Counterparty Risk Management*, Report by the Committee on Payment and Settlement Systems and the Euro-Currency Standing Committee of the Central Banks of the Group of Ten Countries, Basel, September 1998

Basle Committee on Banking Supervision and the Technical Committee of the International Organization of Securities Commissions (IOSCO), *Trading and Derivatives Disclosures of Banks and Securities Firms. Results of the Survey of Public Disclosures in 1998 Annual Reports*, Basel, Dezember 1999

Begasse, Rainer, *Zu dem Ermittlungsverfahren gegen die Angeschuldigten Günter Bökels, Hans Jürgen Funk und Dipl.-Kfm. Richard Sax, wegen Verdachts des Betruges gem. § 263 StGB und des Verdachts der Untreue gem. § 266 StGB zum Nachteil der Kapitalanleger der AMBROS S. A. und der Rainbow Investment Fund Ltd.*, Düsseldorf, November 1992

Bingham, The Right Honorable Lord Justice, *Inquiry into the Supervision of the Bank of Credit and Commerce International*, London 1992

Botschaft zum Bundesgesetz zur Bekämpfung der Geldwäscherei im Finanzsektor (Geldwäschereigesetz, GwG vom 17.6.1996)

Federal Money Laundering Cases, US Department of Justice, Criminal Division, Asset Forfeiture and Money Laundering Section; Compiled by Stefan D. Cassella, February 3, 1997

Federal Register, January 7, 1998 (Volume 63, Number 4), Federal Register Online (wais.access.gpo.gov) (DOCID:fr07ja98-24), *Proposed Rules Bunched Orders*

Financial Action Task Force on Money Laundering (FATF):

1996–1997 Report on Money Laundering Typologies Excercise Public Report

1997–1998 Report on Money Laundering Typologies Excercise Public Report

1998–1999 Report on Money Laundering Typologies Excercise Public Report

1999–2000 Report on Money Laundering Typologies Excercise Public Report

2000–2001 Report on Money Laundering Typologies, FATF-XII

1999 Survey on Regulation of Over-the-Counter Derivatives Transactions, March 3, 1999

Financial Stability Forum, *Report of the Market Dynamics Study Group*, Working Group on Highly Leveraged Institutions, Annex I, London 2000

Financial Stability Forum, *Report of the Working Group on Highly Leveraged Institutions*, London, 5. 4. 2000

International banking and financial market developments, in: BIS Quarterly Review, September 2001

National Futures Association, *Report of Actions Taken during the 4th Quarter 1990*, NFA Case Nt. 90-BCC-029, Chicago 1990

Rede von Michel Camdessus, Managing Director des Internationalen Währungsfonds am Plenarmeeting der Financial Action Task Force on Money Laundering in Paris, 10. 2. 1998

Report of the President's Working Group on Financial Markets, Washington, April 1999

Rundschreiben des Bundesaufsichtsamtes für den Wertpapierhandel an die Verbände der Finanzdienstleistungsunternehmen, der Kreditwirtschaft und der Verbraucherschützer der Bundesrepublik Deutschland vom 21. 10. 1998 (Omnibuskonten)

The BCCI Affair. A report to the Committee on Foreign Relations, United States Senate, by Senator John Kerry and Senator Hank Brown, December 1992, 102d Congress 2d session, Senate Print 102-140

United States of America against Rober A. Lino, Southern District of New York 2000 U.S. Dist. LEXIS 18753

United States of America before the Commoditiy Futures Trading Commission, In Matter of Glenn B. Laken, CFTC Docket No. SD 00-05, *Opinion an Order*

U.S. Congress, Office of Technology Assessment (OTA), *Information Technologies for the Control of Money Laundering*, OTA-ITC-630, Washington, DC., U.S. Government Printing Office, September 1995

US-General Accounting Office, *Possible Money Laundering Through U.S. Banks*, GAO-01-120 Washington, Oktober 2000

Wirtschaftsstrafverfahren der Staatsanwaltschaft Düsseldorf, Aussage Hans-Jürgen Metzler, Amtsgericht, Geschäfts-Nr. 150 Gs 5307/91, div. Vernehmungen vom 27.08.1991–19.09.1991

Wirtschaftsstrafverfahren der Staatsanwaltschaft Düsseldorf, Aussage Richard Sax, Aktenzeichen 28 Js 102/90, div. Vernehmungen vom 26.03.1991– 13.05.1991

Literatur

Adams, James Ring/Douglas Frantz, *A Full Service Bank*, New York 1992

Bachelier, Louis, *Théorie de la Spéculation*, Paris 1995

Bachelier, Louis, *Théorie Mathématique du Jeu*, Paris 1995

Baudrillard, Jean, *Amérique*, Paris 1986

Beaty, Jonathan, *The Outlaw Bank*, New York 1993

Bender, Johann Heinrich, *Verkehr mit Staatspapieren im In- und Ausland*, Göttingen 1830

Bernstein, Peter L., *Wider die Götter. Die Geschichte von Risiko und Risikomanagement von der Antike bis heute*, Berlin 1997

Binswanger, Mathias, *Stock markets, speculative bubbles and economic growth. New dimensions in the co-evolution of real and financial markets*, Cheltenham 1999

Bosworth-Davies, Rowan/Graham Saltmarsh: *Money Laundering. A practical guide to the new legislation*, London 1994

Braudel, Fernand, *Der Alltag. Sozialgeschichte des 15. bis 18. Jahrhunderts*, München 1985

Brewer, Elijah III/William E. III Jackson, *Requiem for a Market Maker*, Working Papers Series, Federal Reserve Bank of Chicago, Dezember 1997 (WP-97-25)

Bronzin, Vinzenz, *Theorie der Prämiengeschäfte*, Wien 1908

Cassard, Marcel, *The Role of Offshore Centers in International Financial Intermediation*, IMF Working Paper, Washington, September 1994 (WP/94/107)

Cottier Philip, *Hedge Funds and Managed Futures*, Bern 1997

Eichengreen, Barry/Donald Mathieson, *Hedge Funds and Financial Market Dynamics*, IMF Occasional Paper, Washington, Mai 1998 (Occasional Paper 166)

Eichengreen, Barry/Donald Mathieson, *Hedge Funds: What Do We Really Know?*, IMF Economic Issues No. 19, Washington 1999

Fabre, Guilhem, *Les Prospérités du Crime*, Editions de l'aube, Paris 1999

Findeisen, Michael, »*Underground Banking*« *in Deutschland*, in: *Wertpapier-Mitteilungen*, Heft 43/2000

Flemberg, Bernhard Alfred F., *Die Ablasstheologie Kardinal Cajetans (1469–1534)*, Köln 1998

Fried, David, *Rationalizing Criminal Forfeiture*, in: *Journal of Criminal Law and Criminology*, Vol. 19, No. 2, 1988

Galitz, Lawrence, *Financial Engineering. Tools and Techniques to Manage Financial Risk*, London 1995

Gehrig, Bruno/Heinz Zimmermann, *Fit for Finance. Theorie und Praxis der Kapitalanlage*, Zürich 1996

Gold, Michael/Michael Levi, *Money-Laundering in the UK. An Appraisal of Suspicion-based Reporting*, London 1994

Gömmel, Rainer, *Entstehung und Entwicklung der Effektenbörsen im 19. Jahrhundert bis 1914*; in: *Deutsche Börsengeschichte*, hrg. von Rainer Gömmel u.a., Frankfurt am Main 1992

Gramer, Wolfgang, *Das Wartezeitproblem der Bausparkassen*, Berlin 1983

Hafner, Wolfgang/Gian Trepp, *Finanzderivate. Die Risiken*, Zürich 1995

Hartcher, Peter, *The Ministry. The Inside Story of Japan's Ministry of Finance*, London 1998

Hilferding, Rudolf, *Das Finanzkapital*, 2. Auflage, Wien 1920

Holz, Leonhard, *Die Prämiengeschäfte*, Berlin 1905

Huffschmid, Jörg, *Politische Ökonomie der Finanzmärkte*, Hamburg 1999

Jung, Joseph, *Von der Schweizerischen Kreditanstalt zur Credit Suisse Group. Eine Bankengeschichte*, Zürich 2000

Jungen, Hans-Walter, *Universelles Leben. Die Prophetin der Endezeit und ihr Management*, München 1998

Kaderli, Rudolph/Edwin Zimmermann (Hg.), *Handbuch des Bank-, Geld- und Börsenwesens der Schweiz*, Thun 1947

Koenen, Krisztina, *George Soros im Gespräch mit Krisztina Koenen*, Frankfurt am Main 1994

Kreyenbühl, Thomas, *Ein Schiff wird kommen. Perspektiven einer ehemaligen Metropole*, in: *Triest – Am äußersten Ufer*, Heft 10, Oktober 1994

Landes, David, *Wohlstand und Armut der Nationen. Warum die einen arm und die anderen reich sind*, Berlin 1999

Le Goff, Jacques, *Kaufleute und Bankiers im Mittelalter*, Frankfurt am Main 1989

Lee, Jongsoo, *The »crisis« of non-performing loans*, in: *Banking in Japan*, by William M. Tsustsui, London 1999

Leitner, Friedrich, *Das Bankgeschäft und seine Technik*, 4. Auflage, Frankfurt am Main 1920

Lowenstein, Roger, *When Genius Failed. The Rise and Fall of Long-Term Capital Management*, New York 2000

Maillard, Jean de, *Un monde sans loi*, Paris 1998

Miller, Merton H., *Merton Miller on Derivatives*, New York 1997

Miller, Merton H., *Financial Innovation. The Last Twenty Years and The Next*, in: *Journal of Financial and Quantitative Analysis*, Vol. 21, December, S. 459–471

Mitchell, Austin/Prem Sikka et alius, *The BCCI Cover-Up*, edited by: Association For Accountancy & Business Affairs, Basildon 2001

Moser, James, *Die Lehre von den Zeitgeschäften*, Berlin 1875

Naylor, R. T., *Hot Money and the Politics of Debt*, Montreal 1994

Ostrom, Douglas, *Bears, Scandals and Reforms Pumme, Japanese Financial Markets*, Japan Economic Institute, March 20, 1992, NO. 11B Washington

Partnoy, Frank, *F.I.A.S.C.O. – Blut an den weißen Westen der Wall Street Broker*, erweiterte Taschenbucherstausgabe, München, April 2000

Paulus, Nikolaus, *Geschichte des Ablasses am Ausgang des Mittelalters*, Paderborn 1923

Paulus, Nikolaus, *Geschichte des Ablasses im Mittelalter*, Paderborn 1922

Polanyi, Karl, *The Great Transformation. Politische und ökonomische Ursprünge von Gesellschaften und Wirtschaftssystemen*, Frankfurt am Main 1995

Pons, Philippe, *Misère et crime au Japon – du XVIIe siècle à nos jours*, Paris 1999

Quirk, Peter, *Macroeconomic Implications of Money Laundering*, IMF Working Paper, Washington, Juni 1996

Rao, Rama/Jerry J. Szilagyi: *The Coming Evolution of the Hedge Fund Industry: A Case for Growth and Restructuring*, KPMG, März 1998

Rider, B. A. K., *Fei Ch'ien Launderies. The Pursuit of Flying Money*, in: *Journal of International Planning*, 1(2), 1993

Robert, Denis/Ernest Backes, *Révélation$*, Paris 2001

Roover, Raymond de, *Il Banco Medici della origini al declino (1397–1494)*, Florenz 1970

Saber, Nasser, *Speculative Capital. The Invisible Hand of Global Finance*, Edinburgh 1999, vol 1

Saber, Nasser, *Speculative Capital & Derivatives. The Nature of Risk in Capital Markets*, Edinburgh 1999

Schumpeter, Joseph A., *Business Cycles. A theoretical, historical and statistical analysis of the capitalist process*, 2 Bände, New York 1939

Seymour, Christopher, *Yakuza Diary. Doing Time in the Japanese Underworld*, New York 1996

Sharma, Sunil, *Regulation of Hedge Funds*, in: Barry Eichengreen/Donald Mathieson, *Hedge Funds and Financial Market Dynamics*, IMF Occasional Paper, Washington, Mai 1998 (Occasional Paper 166)

Shiller, Robert J., *Irrationaler Überschwang. Warum eine lange Baisse an der Börse unvermeidlich ist*, Frankfurt am Main/New York 2000

Sikka, Prem, *Calling the City to account*, in: *The Tribune*, 4. April 1997

SOFFEX – Swiss Options and Financial Futures Exchange AG (Hg.), *SOFFEX-Produkte im Zinsbereich*, Zürich 1994

Steinherr, Alfred, *Derivatives – the Wild Beast of Finance. A Path to Effective Globalisation?*, Chichester 2000

Stewart, James B., *Club der Diebe*, Berlin 1999

Swan, Edward J., *Building the Global Market. A 4000 Year History of Derivatives*, London 2000

Taylor, Francesca, *Mastering Derivatives Markets. A Step-by-Step Guide to the Products, Applications and Risks*, London 1996

Thomson, Richard, *Apocalypse Roulette. The Lethal World of Derivatives*, London 1998

Tilly, Charles, *War Making and State Making as Organized Crime*, in: *Bringing the State Back In*, edited by Evans, Peter B./Dietrich Rüschemeyer/Theda Skocpol, Cambridge, 1985, S. 186

Trepp, Gian, *Swiss Connection*, Zürich 1996

Truell, Peter/Larry Gurwin, *False Profits. The Inside Story of BCCI, the World's Most Corrupt Financial Empire*, New York 1992

Vietze, Axel, *Accounting for financial risk corporations. Is fair value accounting for financial instruments the solution?*, Bamberg 1999

Vontobel, Werner, *So funktioniert die Wirtschaft. Klassische Fragen und neue Antworten*, Wien/Frankfurt am Main 2000

Weber, Adolf, *Geld, Banken, Börsen*, Leipzig 1939

Zey, Mary, *Banking on Fraud. Drexel, Junk Bonds, and Buyouts*, New York 1993

Der neue Boom:
Kapitalmarktkriminalität

Wilhelm Lachmair
Vorsicht Luftgeschäfte!
Schwindelhafte Kapitalanlagen
– die Anbieter und Ihre Tricks
256 S. · geb. m. SU
€ 21,90 · sFr 37,00
ISBN 3-8218-1602-3

Immer häufiger werden Anleger mit Beteiligungssparplänen, dubiosen Fondsanteilen oder wertlosen Immobilienkrediten geködert. Der Autor beschreibt anhand prominenter und spektakulärer Fallbeispiele, wie man sich schützen kann.

»Eine leicht verständlich geschriebenen Fallsammlung, die Anleger zum Nachdenken zwingt«
Wirtschaftswoche

»Die Lektüre dieser Enzyklopädie der Luft-, Schwindel- und Scheingeschäfte immunisiert gegen jede Art von kapitalem Unsinnsangebot« Capital

Eichborn.
Kaiserstraße 66
60329 Frankfurt
Telefon: 069 / 25 60 03-0
Fax: 069 / 25 60 03-30
www.eichborn.de

Wir schicken Ihnen gern ein Verlagsverzeichnis.

Der nächste Crash kommt ganz bestimmt!

Wolfgang Filc
Gefahr für unseren Wohlstand
Wie Finanzmarktkrisen
die Weltwirtschaft bedrohen
224 S. · geb. m. SU
€ 22,90 · sFr 41,–
ISBN 3-8218-1656-2

Asien, Südamerika ... und bald auch Europa? Warum kommt es immer wieder zu Finanzmarktkrisen? Was passiert dabei? Wer bestimmt über Rettungs- und Hilfsprogramme, und wie sehen sie aus? Werden Finanzmarktkrisen gezielt inszeniert, um Raubzüge gegen ganze Volkswirtschaften zu führen?

Wolfgang Filc entlarvt die internationale Finanzwelt. Kenntnisreich und auch für Laien verständlich zeigt er, wie Finanzmarktkrisen entstehen, welche Personen und Institutionen »das vielleicht größte Casino der Welt« beherrschen und welche Ziele sie verfolgen.

»Die Neuordnung der internationalen Finanzmärkte ist der archimedische Punkt einer an Wohlstand, Gerechtigkeit und Solidarität mit den Schwächeren orientierten Politik. Dieses Buch ist geeignet, klare Positionen zu dieser Frage in die öffentliche Diskus-sion einzubringen.«
Oskar Lafontaine im Nachwort

 **Eichborn.**
Kaiserstraße 66
60329 Frankfurt
Telefon: 069 / 25 60 03-0
Fax: 069 / 25 60 03-30
www.eichborn.de

Wir schicken Ihnen gern ein Verlagsverzeichnis.